第一届欧亚区域国别研究博士后论坛论文集

欧亚区域合作的新趋势与新挑战

New Trends and Challenges in Eurasian Regional Cooperation

主　编◎孙壮志
副主编◎马　强　许晓然　徐樱露

中国社会科学出版社

图书在版编目（CIP）数据

欧亚区域合作的新趋势与新挑战：第一届欧亚区域国别研究博士后论坛论文集 / 孙壮志主编. -- 北京：中国社会科学出版社，2024. 6. -- ISBN 978-7-5227-3640-2

Ⅰ. F150. 54-53; F130. 54-53

中国国家版本馆 CIP 数据核字第 2024PE0975 号

出 版 人　赵剑英
责任编辑　郭曼曼
责任校对　郝阳洋
责任印制　王　超

出　　版　中国社会科学出版社
社　　址　北京鼓楼西大街甲 158 号
邮　　编　100720
网　　址　http：//www.csspw.cn
发 行 部　010-84083685
门 市 部　010-84029450
经　　销　新华书店及其他书店

印　　刷　北京明恒达印务有限公司
装　　订　廊坊市广阳区广增装订厂
版　　次　2024 年 6 月第 1 版
印　　次　2024 年 6 月第 1 次印刷

开　　本　710×1000　1/16
印　　张　19.5
字　　数　288 千字
定　　价　98.00 元

序

孙壮志

这本以“欧亚区域合作的新趋势与新挑战”为主题的文集，既是第一届欧亚区域国别研究博士后论坛的成果，也包括多年以来我们研究所出站博士后在科研岗位上完成的代表作，厚积薄发，有不少关于俄罗斯和欧亚国家政治经济发展、对外交往和区域合作的深刻思考和独创观点，值得一读。

学术界对“欧亚空间”并没有形成一种共识，也很少有“圈外”学者使用这样的地区概念。这个冷战后出现的新地理“空间”，可以包括作为全球性大国的俄罗斯以及部分过去属于苏联一部分的新独立国家，其特殊定义带有鲜明的地缘政治和地缘经济色彩。具体说有四个版块，即俄罗斯，中亚五国（哈萨克斯坦、乌兹别克斯坦、吉尔吉斯斯坦、塔吉克斯坦和土库曼斯坦），南高加索阿塞拜疆、格鲁吉亚、亚美尼亚三国，地处东欧的乌克兰、白俄罗斯和摩尔多瓦三国。我们从事这个独特区域研究的学者，深知把握这个地区数十年变化的轨迹以及每个国家的政治、经济、社会状况和外交走向，需要付出多少艰辛的努力。因此，每一篇文章都凝聚了作者很多心血，正是因为有这些难得的付出，我们依然对这一学术上相对“边缘”，但仍然不断发展壮大的学科充满信心。过去国际关系、国际政治的实践难以摆脱“以欧美为中心”的体系，相应的理论研究也受到影响。随着世界之变、时代之变、历史之变带来国际格局的深刻调整，大国关系也在加速演进，世界的力量对比正在发生剧烈变化，我们研究的区域以及研究的成果，其重要性也会逐步显现出来。

一

之所以我们的研究区域和成果很重要，是因为俄罗斯和欧亚地区已经经历和正在经历的“变”。首先，“变”是制度层面的根本改变。从20世纪初走上转型之路，俄罗斯和欧亚国家政治、经济、社会管理体制发生了很大变化，在形式上接受西方的发展模式，实际上根据自身国情不断进行“调适”，国家治理上坚持自己的政策选择，保持和恢复了不少传统的做法，同时根据形势发展经常有所创新，维持了国内的基本稳定。经济发展也是几经波折，试图改变传统的以资源和原料生产为支柱的不合理结构，主动寻求数字和科技转型，增强自身产业的国际竞争力。欧亚新独立国家还面临现代民族国家构建的艰巨任务，在巩固自身的主权和独立的同时，需要不断完善政治、经济、安全的管理体制，强化主体民族的地位和国内的凝聚力。虽然各国都出台了中长期发展规划，提出一系列宏大的目标，但要真正走上国家强盛和现代化之路，还需要更大力度地推进全方位改革。

其次，“变”还集中体现为国家间关系的复杂性。本来走出同一个国家行为体，起点相似，体制相同，又有着非常密切的历史文化联系，地理上、经济上都难以完全分割，但区域的“一体化”对这些国家来说却非常艰难。20世纪90年代初成立的独立国家联合体虽然多数欧亚国家都先后加入，但合作虚多实少，统一安全空间的设想没有实现，只是2010年签署了自由贸易区协定，合作算是有了一些实际进展；21世纪初成立的俄罗斯主导的经济和安全机制都没有涵盖整个地区，2015年启动的欧亚经济联盟目前只有5个成员，集体安全条约组织只有6个成员。在乌克兰危机升级后地区国家又进一步发生分化。有的国家间因为领土、民族等问题还发生了流血冲突，如阿塞拜疆和亚美尼亚围绕纳戈尔诺-卡拉巴赫归属爆发的冲突持续30多年，成为国际热点，外部势力积极介入，给地区的和平带来不利影响。

最后，“变”同样表现在发展前景具有很强的不确定性。随着大国博弈和乌克兰危机的延宕升级，欧亚地区的安全格局、国家关系正在经历新一轮调整和变化，各国内部的问题在特殊背景下也容易被放大。俄罗斯需要长期应对来自西方的、持续的经济和安全压力，在极限制裁的情况下努力改变经济发展的模式，实现替代的任务非常繁重，通过外交上的“转向东方”寻找新的对外经济合作伙伴，同时还要加强对内部的控制，避免出现社会动荡，危及政权安全。欧亚国家既要保证经济的稳定增长，注重民生保障，又要坚持在选择发展道路保持自主性，有效抵御来自外部的干预和渗透，避免国内的矛盾在各种因素的催动之下转向激化。未来对这些国家来说安全威胁更多来自非传统领域，从政治、文化、经济、生态的安全到网络信息、意识形态安全，需要各国与国际社会建立更加良好的互动关系，营造良好的外部环境，开展多边合作，打造更加有效的危机应对和安全保障机制。

二

之所以我们的研究区域和成果很重要，是因为俄罗斯以及欧亚国家与中国历史上和现实中的“近”。首先，“近”是地理上、地缘上的相互亲近。“远亲不如近邻”。中国与俄罗斯、中亚国家有着7000多公里的共同边界，苏联时期曾经发生过冲突，中苏关系正常化以后开始着手建立睦邻友好原则，1991年随着苏联解体，中国在北方和西北方向的邻国由一个变成四个（俄罗斯、哈萨克斯坦、吉尔吉斯斯坦和塔吉克斯坦），谈判的对象也由一个变成四个。随着1996年《关于在边境地区加强军事领域信任的协定》在上海的签署和1997年《关于在边境地区相互裁减军事力量的协定》在莫斯科的签署以及“上海五国”机制的启动，特别是2001年中国与俄罗斯、哈萨克斯坦、乌兹别克斯坦、吉尔吉斯斯坦、塔吉克斯坦作为创始成员的上海合作组织宣告成立，中国和俄罗斯及中亚国家的双边和多边合作快速发展。双方在谈判的基础上签署国界协定，宣布要彻底解决冷战遗留的历史问题，建立和平友好的新边界，成为名副其实的“好邻居”。地缘上的便利，还为跨境合作、地方合作以及交通、能源等领域的合作创造了良好的条件，成为双方合作的一大优势。

其次，“近”还体现为国家间关系的紧密程度。30多年来双边关系快速提升，已经达到前所未有的高度，并且成为新型国家间关系的典范。从与中亚国家上千年“丝绸之路”的历史交往，到今天我们与该地区国家建立的全面战略伙伴关系，双边和多边合作都不断深化，机制和平台越来越多达到了很高的水平。比如中俄已经建立新时代全面战略协作伙伴关系，双方有政府间合作委员会，还有中俄友好、和平与发展委员会，地方合作理事会等机制。中国和哈萨克斯坦已经建立永久全面战略伙伴关系，双方的合作委员会成立于2004年5月，当时有9个分委会，负责协调各个领域的合作，后来又成立了环保合作委员会。中俄、中国和中亚国家之间的政治、经济、安全、人文合作体现出高水平、宽领域、多层次的特点，不受外部环境变化的影响和左右。中国与白俄罗斯也成为全天候全面战略伙伴，中白“巨石”工业园成为“一带一路”上的示范项目。

最后，“近”还体现为各自的核心利益以及地区和国际事务中相互支持，对共同关心的国际问题表达共同的立场和看法。中国与俄罗斯及欧亚国家的国情、经济水平和文化传统有很大差异，面临的内外挑战也各不相同，但能够相互尊重主权独立和领土完整，彼此平等相待，能够在相互交往中照顾到对方的实际利益，特别是核心利益。比如在中国与俄罗斯、中亚国家及白俄罗斯在签署发展战略伙伴关系的文件中，都会明确强调，相互给予更加坚定有力的战略支持，支持对方走自身发展道路和维护本国核心利益，不断加强和扩大互信合作。在国际和地区形势发生急剧变化的今天，中国与俄罗斯及欧亚国家坚持走符合本国国情的发展道路，维护真正的多边主义，反对外来干涉，共同打击“三股势力”，反对霸权主义和霸凌行径，是推动国际关系民主化和多极化进程的重要力量。另外，双方在发展经验上的相互借鉴，积极探寻走向现代化的新途径，也进一步拉近了彼此的距离。

三

之所以我们的研究领域和成果很重要，是因为俄罗斯以及欧亚国家在新的国际背景下的“亲”。首先，国之交在于民相亲，双方不断夯实增进人民之间友好情谊的政治基础。中国与俄罗斯以及欧亚国家的关系经历了曲折的发展历程，2001—2002 年中国与俄罗斯、哈萨克斯坦、吉尔吉斯斯坦签署双边《睦邻友好合作条约》，2007 年与塔吉克斯坦先后签署双边《睦邻友好合作条约》，2013 年、2014 年和 2015 年分别与乌兹别克斯坦、土库曼斯坦、白俄罗斯签署《友好合作条约》，是双边关系中最重要和最具基础性的文件，近几年条约期满后都得到延期。这些条约中都专门强调了民间往来的重要性，表示要承继历史传统，确立“世代友好”的新原则，决心使两国人民的友谊世代相传，并且以最高法律文件的形式固定下来。这在中国外交的其他方向上是很少见的，说明欧亚地区在中国民间外交当中具有特殊的地位。

其次，“亲”体现为人文交流不断扩大，各种平台不断增多。中国与俄罗斯从 2006 年起开始互办“国家年”，作为落实《中俄睦邻友好合作条约》的重要举措，通过举办文化节、教育展、科技交流、智库论坛等丰富多彩的活动，增进相互间的了解和认知，提升在人文领域的交流层次和水平。政府间合作机制涵盖的人文领域越来越多，青年、媒体、地方的交流越来越受到重视。包涵更多人文内容的中国—中亚合作论坛迄今已经举办十届，2021 年在武汉举行首届上海合作组织民间友好论坛、2022 年在中国的古城西安举行中国—中亚民间友好论坛、2023 年在青岛举行上海合作组织民间友好论坛暨友好城市论坛。此外，2023 年借首次中国—中亚峰会在西安成功举行并正式启动中国—中亚元首会晤机制的契机，中国—中亚通讯社论坛、中国—中亚人权发展论坛、中国—中亚智库论坛、“中国—中亚高等教育合作论坛”先后举行，聚焦不同主题，并且都实现了机制化。

中国与俄罗斯、欧亚国家互派留学生的数量不断增多，孔子学院、鲁班工坊在这些国家受到年轻学生的追捧。中国和哈萨克斯坦率先签署互免签证的协议，也表明了未来商务、旅游、探亲访友在中国和俄罗斯及欧亚国家之间会越来越便利。

最后，“亲”还体现为中国与该地区国家携手构建更加紧密的双边和地区命运共同体。命运共同体就是你中有我、我中有你，共同发展，共享繁荣。这个理念是习近平主席2013年3月作为国家元首首次出访，在俄罗斯莫斯科国际关系学院发表重要演讲时正式提出的。同一年9月习近平主席又在哈萨克斯坦提出共建“丝绸之路经济带”的倡议。中国领导人提出的国际关系新理念得到俄罗斯和欧亚各国的高度认同，这些国家都支持中国提出的人类命运共同体和全球发展倡议、全球安全倡议、全球文明倡议，主动出台本国的中长期战略规划与中国的“一带一路”倡议对接合作，如哈萨克斯坦提出的“光明之路”新经济政策、吉尔吉斯斯坦的“2026年前国家发展纲要”、塔吉克斯坦的“2030年前国家发展战略”、土库曼斯坦的“复兴丝绸之路”战略、“新乌兹别克斯坦”2022—2026年发展战略等。中国与俄罗斯、欧亚国家的合作还对地区的稳定和发展作出贡献，使上海合作组织命运共同体、中国—中亚命运共同体等“中国智慧”“中国方案”能够在地区层面率先实践，成为良好的示范。

四

本论文集收录的文章涉及的领域和问题比较宽泛，尽可能地为大家提供了一个相互交流和展示自己的平台。虽然文集中既有学术水平颇高的上乘之作，也有还稍显稚嫩的入门文章，但每一篇论文都凝聚了作者的心血，都是经过独立思考和认真创作、最终呈现给大家的研究成果。我们编撰起来出版，一方面是对这些年轻学者学术能力的肯定；另一方面也希望能够吸引同样对这些问题感兴趣的专家学者进行讨论。遗憾的是，俄罗斯东欧中亚研究所因为研究领域的限制，自博士后建站以来顺利出站的年轻学者人数还不多，文章的数量因此也确实有限，希望未来能够有更多的优秀年轻学者参与到我们的队伍中来，共同推动这样一个重要区域的研究达到更高的水平，结出更多的硕果。

很难忘2023年6月在四川大学美丽的校园里举办的第一届欧亚区域国别研究博士后论坛，得到了川大国际关系学院领导的鼎力相助，特别是我的老朋友李志强院长和毕业于我们俄罗斯东欧中亚研究所、师从李静杰所长的沈影老师，给予了特别的关照。周到的安排和热情的接待让参会的研究所同事以及应邀参会的博士研究生、博士后有了非常好的研讨环境。这样的氛围对参会的年轻学子来说是非常值得珍惜的，相信未来也能够成为他们走上治学之路的前进动力。当然，论坛能够顺利举办，也要感谢中国社会科学院人事教育局博士后管理办公室的支持和帮助，给予我们直接的指导。

中国社会科学院俄罗斯东欧中亚研究所办公室的各位同事，特别是负责博士后工作的许晓然不仅承担了博士后论坛具体繁杂的会务工作，还主动联系作者，对论文进行初步筛选。中国社科院俄罗斯研究中心副秘书长马强从征文、初评到论坛的召开，全过程支持保障了论坛的顺利进行。研究所一些老师参与了投稿的评审工作，认真负责，提出不少宝贵的修改意见。这些同事的辛苦劳动保证了博士后文集能够顺利面世，而且基本上都是无私奉献，可以说，没有这些同事的付出，就不会有这次成功的论坛和这样一本文集。当然，文集的编辑出版还受到其他一些主客观条件的限制，有些参加论坛的博士生撰写的论文没有选入，敬请谅解。文集存在的不足之处，也敬请读者批评指正。

是为序。

2023年12月26日于北京

目录

第一篇

特　稿

区域国别学的研究方法

庞大鹏[①]

2022年9月，最新版研究生教育学科专业目录在交叉学科门类中设置一级学科——区域国别学。在区域国别学一级学科设立之前，学界已对其研究方法和内容进行了积极探讨，普遍感到区域国别学存在原创性概念缺失和分析理论框架难以搭建的问题。究其根本原因，还是在于区域国别学属于跨学科交叉研究这一天然属性，决定了其研究方法具有整体性和综合性的特点。可以说，区域国别学是典型的交叉学科，只有从不同学科视角贡献知识增量，通过融合、碰撞和创新，才能最终形成学科共识。

一 身份认同：区域国别学的平台意义

区域国别学具有重要的学科平台意义。对于从事区域国别问题研究的学者来说找到了一个共同的身份认定。以中国社会科学院国际学部八个研究所为例，此前只有世界经济与政治研究所有明确的学科导向：世界经济、国际政治、国际关系和国际政治经济学。其他区域国别研究所的学科均为自身研究方向的“加总求和”，比如俄罗斯东欧中亚研究所的优势学科是“俄罗斯学”，由俄罗斯政治、俄罗斯经济、俄罗斯外交和俄罗斯历

① 庞大鹏，中国社会科学院俄罗斯东欧中亚研究所副所长，研究员，博士生导师。主要研究领域为国际政治学、区域国别学、俄罗斯及欧亚问题。

史四个研究方向共同组成，四个方向各有核心议题，而且与其他研究所的研究方向“自动结界”，相对封闭。其实，从严格的学科意义来说，“俄罗斯学”称为“俄罗斯问题研究”更为合适。

现在，区域国别学一级学科的设置让中国社会科学院国际学部除世界经济与政治研究所外其他七个区域国别研究所（俄罗斯东欧中亚研究所、欧洲研究所、西亚非洲研究所 / 中国非洲研究院、拉丁美洲研究所、亚太与全球战略研究院、美国研究所、日本研究所）有了一个共同的身份。当然，即使有了这个共同的身份认同，目前区域国别学依然还是学理性不强，其根本原因就在于基本假定、专有概念、理论范畴、重大议题、边界范围、检验方法这六个构成学科的基本要素众说纷纭，没有形成广泛共识。

即使学科要件还需要群策群力共同建设，但形成这种身份认同至少具有如下意义。其一，区域国别研究“跨学科”“多学科”和“交叉学科”的天然属性得到承认。其二，尽管各研究所研究对象不同，但是研究内容和研究方法具有共通性，这就为多学科融合发展开辟了广阔空间。其三，有利于从“三大体系”建设的高度构建具有中国特色的区域国别学。世界之变、时代之变、历史之变正以前所未有的方式展开，区域国别学建设需要站在大历史观、大战略观的高度，加强研究规划的制定，为推动中国特色大国外交，提高中国国际影响力、塑造力和感召力，构建人类命运共同体提供智力支撑。

二　系统研究：区域国别学的看家本领

系统研究，指历史研究和现实研究的统一。历史研究和现实研究是一对矛盾。如果只有历史研究，没有现实研究，或者只有现实研究，没有历史研究，那么系统研究就是不完整的，或者说就谈不上系统。区域国别研究此前一直强调历史研究和现实研究的统一，区域国别的研究者也都把成为区域通或者国别通视为自己的安身立命之本。可以说，关于具体区域和国别的系统研究是区域国别学有别于其他学科的看家本领。

区域国别学成为一级学科后对于系统研究提出了更高的要求。区域国别学的二级学科设置及一般研究路径也是系统研究的题中之义。目前，区域国别学尚未就二级学科的设置达成共识。究竟是按照区域设置还是按照专业设置，莫衷一是。根据中国社会科学院国际学部的研究所设置，区域国别学可以按照世界区域和重要国别设置二级学科，即欧亚方向、欧洲方向、西亚非洲方向、拉美方向、亚太方向、北美方向，并加强美国、俄罗斯、日本、印度等重要国家的国别研究。

在二级学科方向设置基础上，加强跨学科综合研究，力求构建区域国别学建设的一般路径。可以从区域观认知的演变、地缘与文明概念下的区域内涵、世界政治中的区域构成三个视角切入，研究区域国别政治（国家构建；国家认同；制度观念）、区域国别经济（发展模式；经济结构；经济机制）、区域国别文化（历史传承；文化认同；文明多样性）、区域国别外交（区域关系；双边关系；外部联系）、区域国别安全（传统安全；非传统安全；安全与发展）、区域国别合作（时代环境；一体化构建；合作制度）、区域国别治理（国际体系；全球治理；地区治理）。

在各区域研究的基础上，区域国别学的系统研究必然具有整体性和综合性的特点。可以探索将“两史一路一文明”作为区域国别学系统研究的核心路径。

“两史”，即区域国别史和全球通史，这是区域国别学的研究底色，也是研究基础。比如，研究俄罗斯需要掌握俄国史、苏联史、中俄关系史等区域国别的历史，也需要研究全球通史中的俄罗斯。俄罗斯从来不是一个孤立的个体，它一直是世界历史和世界政治的一部分。通过各个历史时期世界政治的发展轨迹和俄罗斯同期发展主题的比较，可以更好地理解俄罗斯发展的历史进程与基本特点。

“一路”，即发展道路，各国从各自的实际国情和历史文化出发，选择适合自己的发展道路。发展道路问题涉及各国如何走向现代化、如何融入当代世界等重大战略问题。

“一文明”，即区域国别的地域独特性及文明，既包括研究国家本体以及本国和本区域的共同心理特征即国民性，更要研究国家本体背后依托的文明。世界是一个整体，单就层次结构而言，可以简单划分为国家—区域—世界。每一个国家都在一定区域之内，各个区域构成整个世界。国家和区域既具有地理特点和地缘属性，也具有文化内涵和文明特征，因此世界是丰富多彩的。世界文明的多样性，是人类社会的基本特征，也是人类文明进步的动力。区域国别研究强调的地域独特性本质上与世界文明的多样性对立统一。

三　理论研究：区域国别学的发展瓶颈

区域国别研究时至今日依然有一大痼疾，突出的问题是研究的理论性不够。在这个问题上程度不同地存在着两种倾向。一种倾向是只重视搜集材料，忽视理论，缺少深入的理论分析，其研究成果往往停留在就事论事、材料堆砌的水平上。另一种倾向是忽视大量搜集和占有丰富的资料，往往从概念或想当然出发，食洋不化，空洞议论。从概念到概念，大而不当。这两种倾向的共同点是将理论和实际隔离起来。区域国别学这两个理论研究困境的解决，必须是理论与实践的结合，聚焦三个理论研究方向。

一是对国家行为根源的研究。比如，俄罗斯何以为俄罗斯？什么是俄罗斯？从俄国历史如何看历史俄国？这也是区域国别研究特别看重的国家特性问题，找寻区域国别学的独特性和特殊性。同时，仅仅停留在特殊性是不够的，从特殊经验中发现一般知识也是区域国别学的目标。比如，通过研究国家行为根源进而探寻国家兴衰根源就是从特殊到一般的飞跃。

二是中长历史时段的经验总结。这里的中长历史时段指的是社会时间而不是地理时间，并且有重大历史事件作为一般认为的时间划分点。比如，苏联解体后俄罗斯的转型与发展即为一个具有重大理论价值和现实意义的课题。

三是对中层理论的改造与推进。区域国别新问题新挑战层出不穷，不断冲击现有的中层理论，因此在运用现有的中层理论对区域国别的研究对象进行分析时，应当根据实际改造理论，新增加一个维度或者改变一个维度，提出新的分析框架，从而推进理论创新，以求抓住事物的整体、本质、内在联系和发展规律。运用理论—改造理论—推进理论—提出理论，这可能是一条切实可行的理论发展路径。

总之，区域国别学在把握身份认同的基础上，应继续加强“两史一路一文明”的系统研究，并聚焦国家行为根源研究、中长历史时段经验总结和中层理论的改造和创新。

四　历史研究：区域国别学的学科底色

从根本上看，历史研究是一切社会科学的基础，区域国别学也不例外。历史是区域国别学的底色，需要在前述系统研究和理论研究的基础上，对区域国别学的历史研究方法进行细化。具体而言，需要实现地区史和全球史的统一、区域历史与区域现实的统一以及世界视角与中国视角的统一。这“三个统一”是探究区域国别学历史研究自身特色的应有之义，也是区域国别学学科建设的起点。

首先，实现地区史和全球史统一的系统探索。世界是一个整体。全球大国和地区支点国家构成世界政治的重要本位。同时，每一个国家都在一定区域之内，这个区域既具有地理特点，也具有文明特征。区域国别学基于三个支点构建：本国观察视角、对象国特殊性以及区域国别共同性，也就是说，区域国别学是以中国学者视角为主，以具体区域国别为个案，站在全球的视野，通过比较与综合分析，挖掘重要历史事件的内在联系，探讨区域国别发展的共性规律。

区域国别史的重要著作，也是研究俄国史的案头书——瓦西里·奥西波维奇·克柳切夫斯基的《俄国史教程》，其第一卷第一讲阐述历史研究对于理解俄罗斯的重要性，实际上说明了区域国别研究的底色是历史，对理解区域国别学的历史研究具有重要的启示意义。

从横向来看，历史是时间的运动，既需要研究历史的过程，也要总结对历史过程的认识。也就是说，历史研究本身自然形成一个框架方法，从认识论的角度看分为历史社会学和区域文明史。历史社会学是基础，区域文明史是研究历史过程的结果。历史社会学研究区域国别形形色色的物质线索和精神线索，这些线索构成了文明史结果所依赖的力量和方法，是观察文明史的动力。

从纵向来看，历史也包括地区史和全球史之间的关系。地区史往往自我形成一个天然的叙事要素。实际上，任何地区史的发展变化不是完全孤立的，全球史就强调把世界历史作为一个整体来考察。只有站在全球的视野，了解各地区相互影响的历史才能更好地理解人类历史进程，研究构成人类共同生活的一般规律。大体而言，这也是微观史学和宏观史学的区别。宏观史学层面的根本性、全局性和战略性的问题让人心旌摇曳。地区史和全球史统一的系统探索可以将前述“两史一路一文明”作为核心路径。

其次，建立区域历史和区域现实统一的整体探索。历史与现实统一的综合研究，其努力方向是理解人类社会生活精神和物质各要素之间的相互联系和相互影响，把握影响人类社会根本性的战略问题，抓住人类社会的整体本质、内在联系和发展规律。在区域历史和区域现实统一的整体探索中需要注意以下三个问题。

其一，重视历史资料的系统性。重视对区域国别发展横向线索与纵向脉络的把握，掌握历史资料的系统性。区域国别研究需要对历史档案、历史节点重大事件、历史意义的文献等进行充分的文本分析。文本分析是区域国别研究的基本功。只有形成历史思维，才能理解我是谁的身份认定、从哪里来的民族叙事、去向哪里的前景展望。坚持求真求实，通过掌握事物运动的全过程，才能实现研究工作中历史和现实的统一。

其二，重视历史要素的综合性。区域国别的发展是一个复杂的系统工程，涉及政治、经济、外交、安全、社会、文化等诸方面，这需要在跨学科基础上加强综合性研究。信息科技革命时代的区域国别学研究已经不仅仅是传统学科之间的融合，还需要新兴技术的支持，理解人工智能等新兴要素之间的相互联系与相互影响。只有形成战略思维，才能把握住影响区域国别全局的、长远的、根本性的重大问题。除了学科的综合，还要有全球、地区与国别三个研究层面的综合意识。区域国别学的学科属性要求通才，但百科全书式的通才在当今时代已经难以产生。从这个意义上说，区域国别研究客观上更加要求团队研究。“横看成岭侧成峰”，多面体综合研究靠单打独斗远远不能满足实事求是的本质要求了。

其三，重视历史实践的学理性。运用理论对研究对象进行剖析是为了揭示事物的内在机理和本质规律。理论是科学研究的分析工具，理解和掌握理论对于研究区域国别问题同样是有用且必要的。现代政治学、经济学、社会学等都是基于历史实践研究人类行为思想的结晶，其基本原理、分析视角和框架体系均可以用来研究区域国别问题。也正是有了社会科学的已有成果作为参照系，才能把区域国别问题放在一个比较研究的国际视野上，才有可能在研究中体悟出哪些是一般性的规律问题，而哪些又具有研究区域和对象国的特殊性。问题在于，仅仅运用已有理论是不够的。区域国别研究中出现的新问题新现象要求在科学研究的基础上总结提炼出新的理论，甚至需要把对区域国别很多已有问题的再认识重新上升到新的理论高度，进而提出新的理论观点和方法。这是研究过程的飞跃和归宿。

最后，开拓世界视角与中国视角统一的时代探索。区域国别学的历史研究也需要在历史视域中倾听时代回音。归根到底，区域国别学是时代发展的产物：正是由于中国前所未有地靠近世界舞台中心，世界格局的发展变化具有了内生性，因此了解区域国别的基本国情并稳妥协调中国与国际社会的关系就成为中国面临的重大战略任务，区域国别学应运而生。从诞生之日起，区域国别学就需要为了中华民族伟大复兴的战略全局深入研究世界百年未有之大变局，这就要求区域国别学既要加强世界视角，更要加强中国视角。

加强世界视角是时代的要求。世界之变、时代之变、历史之变正以前所未有的方式展开，人类社会面临前所未有的挑战。世界进入新的动荡变革期，国际政治陷入大国竞争时代，竞合与遏压导致经贸领域平行体系的意识形态化和高科技领域的“去风险化”，对抗与制裁引发国际政治格局力量分化组合，地缘风险大幅上升。加强世界视角意味着除了继续关注上述战略问题外，还需要深入研究影响人类社会长远发展的重要因素。当今时代，科技革命集中到数字经济和绿色转型，人工智能推动科技链式革命。ChatGPT的出现甚至挑战存在论本身，人类究竟是只有一种主体即人本身还是随着科技革命的推进出现多种类主体？低碳经济与绿色转型引发连锁反应，资源民族主义加剧关键初级产品危机。其他诸如人口结构老龄化、气候变化和生态失衡等为表征的全球挑战都已经成为影响人类社会重大且紧迫的问题。世界经济与政治的发展与区域国别的发展息息相关。

加强中国视角的含义是基于世界变化，着眼中国利益，提出中国概念。世界格局的演进方向越来越取决于中国自身的选择和行动。胸怀天下的中国抉择要求区域国别学的历史研究需要在“三个统一”的基础上，继续立足时代前沿，胸怀“国之大者”，聚焦事关党和国家事业发展的全局性、前瞻性、战略性问题，更好地形成概念自觉，构建中国特色区域国别学。从学科融合的视角研究对地区国家的发展、稳定有影响的战略问题、热点问题，对全球发展倡议、全球安全倡议和全球文明倡议在各区域国别的推进做深入研究，提出中国主导、引领和参与周边地区及国际组织多边合作的方案和思路，更好维护中国的长远战略利益。世界战略格局的演变，马克思主义和习近平新时代中国特色社会主义思想的发展，中国的国家安全和现代化建设事业，都在呼唤着中国的社会科学工作者，加强对区域国别学的研究。

综上所述，区域国别学致力于研究特殊性基础上的一般性，既研究世界各区域与国别的各种文明、社会制度和发展模式，又深挖其相互关系，明确人类社会和国际政治一般的发展目标，形成观察区域国别发展所面临的机遇与挑战的自主知识体系，并形成检验其最终发展结果的一般标准。

第二篇

俄罗斯的政治经济与社会

“集体记忆”与政治稳定的逻辑分析

——基于普京时期主流媒体关于“20 世纪 90 年代”的回忆活动

王方圆[①] 凌梦远[②]

【摘要】21 世纪以来，社会和政治动荡在发展中国家的现代化进程中屡见不鲜，甚至出现一系列“颜色革命”，使东欧和独联体国家发生剧烈的社会变革和政治变更，为刚刚从“西方式民主化”转型至政府主导型现代化路径的俄罗斯敲响了警钟。俄罗斯的政治精英们选择的应对策略之一就是重新激活 20 世纪 90 年代的“集体记忆”以获得民众支持，维护国家政治稳定。普京自 2000 年执政后，对俄罗斯的媒体界进行了改革，政府掌握了大多数的主流媒体，从而为政府主导展开 20 世纪 90 年代俄罗斯创伤性回忆运动提供了可行性。厘清俄罗斯“集体记忆”唤起活动与政治稳定的相互关系及实践机制，分析“集体记忆”的选择、呈现和构建，可以为现代化中的国家如何维持政治稳定提供思路。

【关键词】“集体记忆”；唤起活动；政治稳定

政治稳定是所有正处于现代化建设中的国家持续发展的根本前提。但

① 王方圆，北京外国语大学国际关系学院博士研究生。

② 凌梦远，北京外国语大学国际关系学院博士研究生。

现实情况是，不管是发达国家还是发展中国家，在其现代化进程中都会或多或少地出现不稳定状况。尤其是发展中国家，更易出现社会骚乱、经济不稳、暴力冲突甚至军事政变。中东欧和欧亚地区此起彼伏的“颜色革命”和动荡的社会政治局势就是例证。导致这些状况的原因错综复杂，包括历史因素和外部因素的合力、国家内部政治社会化不够充分、社会动员不当、政治参与渠道不畅等。转型进程中，旧的政治文化逐渐瓦解而新的体系尚未形成，势必会引起社会中经济、文化和公众心理等各层面的不适应，继而影响政治稳定。但这并不意味着相对的稳定无法实现。政治稳定是现代化稳步推进的前提。许多正在进行现代化建设的国家都在试图结合本国国情，寻找各种途径来获得和维持相对的政治稳定。建立政治文化认同，实现政治社会化便是维持政治体系的重要手段之一。因为共同的思想文化基础和共同的理想是一个国家或民族社会政治稳定的基础。

1991 年苏联解体以后，俄罗斯联邦作为一个独立国家开启了对现代化的探索。本文以俄罗斯为例，主要考察其政府为维持政治稳定而主导的集体回忆活动。叶利钦执政时期，俄罗斯经历了经济和政治制度的大变迁，由苏联时期的社会主义经济、政治模式向西式的资本主义模式转变，但这是一个复杂的过程，俄罗斯的政治经济和社会文化都受到了很大的冲击。2000 年俄罗斯进入普京时期[①]，普京上台后迅速改变策略，再次带领俄罗斯走上政府主导型的现代化之路。国家发展路径的转变也产生了一系列挑战，如何处理叶利钦时期出现的问题对于得到公众认同并推行现有政策极其重要。2022 年 10 月 8 日，俄罗斯《消息报》报道称，全俄社会舆论中心 7 日公布的一项最新民调结果显示 81.1% 的俄罗斯受访者表示信任总统普京。[②] 可以看出普京政府的支持率一直居于高位，其维护政权的措施极其富有成效。普京政府采取的系列措施中就包括重视和收回原先由寡头控

---

① 对于“普京时期”目前学界尚无明确的界定，本文中所涉及普京时期设定为普京第一次就任俄罗斯总统以来至今，虽然普京还于 2008—2012 年担任俄罗斯政府总理，但其政策具有一定的延续性，并于 2012 年重新担任总统至今，故均纳入“普京时期”的范畴之内。

② 《俄民调：超八成民众信任普京》，《环球时报》2022 年 10 月 9 日第 2 版。

制的大众传媒，政府逐渐直接或间接地掌握了主流媒体的话语权，保证了国家的叙事渠道，这也为主导回忆活动提供了条件。

一　政治稳定与“集体记忆”的理论回顾

“政治稳定”是政治发展研究中的重要概念，很多学者提出了自己的解释。塞缪尔·亨廷顿（Samuel Huntington）认为，政治稳定包含两个基本要素，即秩序性和继承性。秩序性意指没有政治暴力、压抑，或体系的解体。继承性则指未发生政治体系关键要素的改变、政治演进的中断、主要社会力的消失，以及企图导致政治体系根本改变的政治运动[①]。而在《变化社会中的政治秩序》一书中，亨廷顿深刻分析了政治稳定与经济发展、政治发展之间的关系，指出处于现代化过程中的发展中国家因为存在期望与现实之间的落差，容易滋生动乱、产生政治上的不稳定。因此，对于发展中国家来说，建立一个能够保持政治稳定的强大政府才是最重要的。杰克·普拉诺（Jack C. Plano）等人则认为稳定是指系统的组成部分保持或恢复到固定关系的一种状态，稳定往往被看作没有发生根本的或破坏性的变化，或者是把变化看作可以接受的或是被限制在特定范围内的。因而，政治稳定通常是指政府的最高领导层很少发生变化，或是指在一段相当长的时间里保持相同的宪政形式和过程，抑或是指在一个国家的政治过程中相对地说没有暴乱和内部骚乱。[②]

政治稳定的关键问题是如何维系一个政治共同体，而维系政治共同体的关键在于实现政治社会化。自柏拉图和亚里士多德以来，政治哲学家一直认为，集体的、联系在一起的人类心理——例如精神、习俗、宗教和传统等，对于维持政治共同体至关重要。现有的社会学研究和心理学研究都表明，文化可以通过内化的文化价值观影响个人政治态度和行为，“文化之于社会相当于记忆之于个人，它包括社会经验中的作用，因此值得传给

① 邓伟志主编：《变革社会中的政治稳定》，上海人民出版社 1997 年版，第 23 页。
② 邓伟志主编：《变革社会中的政治稳定》，上海人民出版社 1997 年版，第 23-24 页。

后代”[①]。从建构主义出发，记忆可以被视为一种社会建构的现象。“记忆”作为一种认知行为常见于日常生活，最早局限于心理学和教育学领域。“记忆”中个人主义与集体主义的探讨出现较晚，“集体记忆”概念的提出要追溯到法国社会学家莫里斯·哈布瓦赫（Maurice Halbwachs），他在著作《论“集体记忆”》中首次提出“集体记忆”的概念，“记忆”自此完成由个人到社会的升华。哈布瓦赫认为“每一种社会群体皆有其对应的‘集体记忆’，借此该群体得以凝聚及延续。”他进而论证说，个体就是通过社会的群体身份来获取、定位和回溯记忆的[②]。根据哈布瓦赫的论点，过去的概念被不断重建，以符合一个群体当前的利益。因此，对一个特定的群体或社会如何回忆过去的考察，有助于理解该群体当前的社会结构和传统。苏联著名心理学家利维·维果茨基（Lev Vygotsky）的文化历史发展理论也提出，人的发展受社会文化历史的影响，从而为社会记忆对个人能够产生影响提供了理论支撑。之后，保罗·康纳顿（Paul Connerton）在著作《社会如何记忆》中，将“集体记忆”的概念再次延伸。他提出“控制一个社会的记忆，在很大程度上决定了权力等级”[③]。因为在漫长历史长河中的千万个事件中，只有少数成为社会的“集体记忆”，而有权力选择并塑造这些“集体记忆”的往往是统治阶级。官方纪念日、纪念展览馆等是一个国家“集体记忆”的载体，服务于政治文化和社会，“集体记忆”的塑造与传播无疑成为政治文化的社会化过程，因此，如何选择和组织“集体记忆”是一个至关重要的政治问题。

大众媒介作为一种信息媒介也是影响民众政治观念的重要渠道，政府可以利用大众媒介，通过“选择、组织、重述‘过去’，创造一个群体的共同传统，诠释该群体的本质及维系群体的凝聚”[④]。因为“媒体文化为

---

① Harry C. Triandis, and Eunkook M. Suh, “Cultural Influences on Personality”, *Annual Review of Psychology*, Vol.53, No.1, 2002, p.133.

② Maurice Halbwachs, *On Collective Memory*, University of Chicago Press, 1992, pp.38, 119. 转引自王明珂《华夏边缘：历史记忆与族群认同》，社会科学文献出版社 2006 年版，第 27 页。

③ ［美］保罗·康纳顿：《社会如何记忆》，纳日碧力戈译，上海人民出版社 2000 年版，第 1 页。

④ 王明珂：《华夏边缘：历史记忆与族群认同》，社会科学文献出版社 2006 年版，第 28 页。

认同提供了强有力的形象与场景，它们有可能直接影响人们的行为，同时提供行动、时尚和风格的榜样”①。如何将短暂的社会记忆转变为可以代代相传的长期“集体记忆”是每个政府都面临并需要解决的问题。从现在的全球各个国家的组织形式来看，主要包括：组织学习、利用大众媒体、建立遗址和纪念碑、定期重新激活记忆并增强集体参与的纪念仪式等。虽然记忆的社会形式是短暂的，但记忆的政治和文化形式则是为长期使用而设计，在政治稳定的前提下，它可以完成政治文化的社会化，甚至在几代人之间传播。然而在某些特殊时期或紧急情况下，大众媒体的优势就得到凸显。因为它可以覆盖足够多的受众，它的议程设置功能可以把公众的注意力转移或者集中到某一事件上，也正因为如此，大众媒体在现代政治生活中有着强大的渗透力和影响力。

关于俄罗斯“九十年代”的“集体记忆”建立于20世纪90年代之后。俄罗斯政府如何充分利用大众媒介重新选择并唤起某些“集体记忆”以应对不同的国内外政治经济变化的大环境，这些选择又受到哪些因素影响。对于所有正在进行现代化建设的国家来说都有借鉴意义。

二　政府主导回忆活动的前提条件

（一）国家叙事渠道的逐步回归

1991年苏联解体后，叶利钦开启了俄罗斯社会制度的剧烈转型。在叶利钦的两届总统任期内，俄罗斯的经济和政治转型并没有带来预期的经济效益，反而导致了严重的经济危机和居民生活水平的灾难性下降，以及犯罪、腐败、贫困、失业和收入不平等的迅速增加。不仅如此，俄罗斯国内政治斗争和社会冲突频发，民族矛盾复杂尖锐。政府威信力与执政力缺失、中央权威的下降导致地方势力膨胀，局势不稳，社会动荡，寡头政治发展失控，为寡头

① ［美］道格拉斯·凯尔纳：《媒体文化：介于现代与后现代之间的文化研究、认同性与政治》，丁宁译，商务印书馆2004年版，第184页。

控制媒体提供了可能性，俄罗斯进入寡头媒体时代，截至1999年，俄罗斯寡头们所建立起来的传媒帝国（参见图1）[①] 几乎已经控制了俄罗斯境内的绝大多数媒体。这些媒体包括被认为是最客观和高度专业的电视网络之一的俄罗斯独立电视台（HTB），以及俄罗斯最早的商业日报之一《科默森特日报》。寡头们利用媒体的优势，在权力游戏中将这些优势转化为具体的好处和举措，媒体成为获得他们政治资本的武器。在这期间媒体发挥的作用是利益相关者们有目共睹的，因此掌握大众媒体话语权的重要性日益凸显。

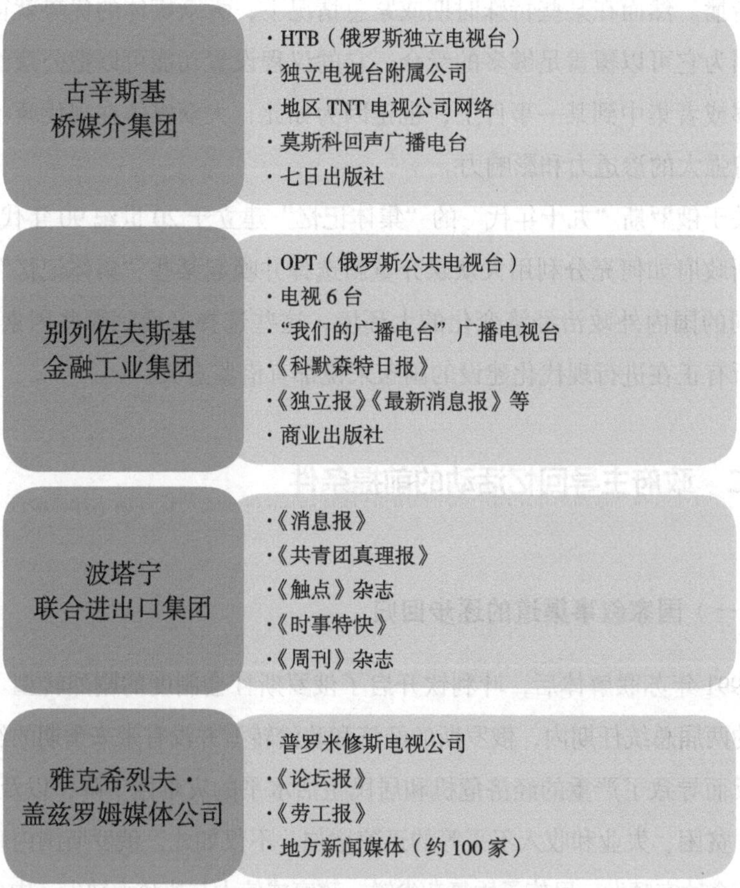

古辛斯基
桥媒介集团
· HTB（俄罗斯独立电视台）
· 独立电视台附属公司
· 地区 TNT 电视公司网络
· 莫斯科回声广播电台
· 七日出版社
别列佐夫斯基
金融工业集团
· OPT（俄罗斯公共电视台）
· 电视6台
· “我们的广播电台”广播电视台
·《科默森特日报》
·《独立报》《最新消息报》等
· 商业出版社
波塔宁
联合进出口集团
·《消息报》
·《共青团真理报》
·《触点》杂志
·《时事特快》
·《周刊》杂志
雅克希烈夫 ·
盖兹罗姆媒体公司
· 普罗米修斯电视公司
·《论坛报》
·《劳工报》
· 地方新闻媒体（约100家）

图1　寡头对媒体的掌控情况

① ［英］卡瑟琳 · 丹克斯：《转型中的俄罗斯政治与社会》，欧阳景根译，华夏出版社2003年版，第1页。

2000 年 3 月普京当选俄罗斯联邦第 2 任（第 3 届）总统。上台以后，普京采取了一系列铁腕措施整治“七大寡头”，积极推进俄罗斯政党改革和建设。2001 年 3 月，普京签署《政党法》，从此开始了以法治党的改革之路。与此同时，普京发起了一系列根本性的经济改革，进一步促进了经济复苏，国际油价的上涨也为俄罗斯经济形势的好转起到了推动作用。根据俄罗斯国家统计局的数据，2000—2007 年，俄罗斯居民的实际收入增长了 150%，俄罗斯 GDP 总量由 1999 年的 48230 亿卢布增长到 2007 年的 332470亿卢布[①]。普京执政期间的一系列作为，为俄罗斯政治多元化发展带来新的生机。因此，许多俄罗斯民众将普京的上台视为结束 20 世纪 90 年代混乱时期的转折点，把普京视为稳定和发展的象征。

2000 年对于俄罗斯的媒体来说同样是转折性的一年，普京执政后强化国家媒体理念，旨在增强中央政府的话语权，并逐步推行相关法律，寡头控制媒体的生存空间日渐萎缩。自此以后，政府对媒体的管控范围扩大，大众对官方媒体的信任程度较高，这就为政府进行有组织的回忆唤起活动提供了可行性。

这一过程始于 2001 年 1 月俄罗斯国有天然气工业股份公司收购 NTV（俄罗斯独立电视台）的控股权，“由此开启了整个社会媒体业态转型的新时期”[②]。2002 年，OPT（俄罗斯公共电视台）更名为“第一频道”，标志着鲍里斯·别列佐夫斯基的退出。2004—2005 年，全俄国家电视广播公司改组，“俄罗斯电视台”“俄罗斯广播电台”“文化频道”“俄罗斯之声”等 89 个地区级国家电视广播公司和 110 个广播电视转播中心被收入旗下，俄罗斯各地区主要电视和广播频道变成了全俄国家电视广播公司的分支机构[③]。本次转型一直持续到 2014 年 TV Rain（也称 Dozhd）退出有线和卫星电视市场。TNS Russia 2014 年的数据显示（参见图 2），十大电视频道的收视率

① Федеральная служба государственной статистики, “Национальные счета”, https://rosstat.gov.ru/statistics/accounts.

② 魏大方：《我看俄媒体发展转型这十年》，《中国记者》2011 年第 8 期。

③ ［俄］亚·尼·扎苏尔斯基主编：《俄罗斯大众传媒》，南京大学出版社 2015 年版，第 290-291 页。

占总收视率的70%。前三个频道——俄罗斯第一频道（14.4%）、俄罗斯国家电视台（13.2%）和НТВ（11.3%）占比达38.9%。ТНТ、СТС、第五频道、РЕН ТВ紧随其后，收视率分别为6.8%、5.9%、5.6%和4.2%[①]。表中可以看到，排名前10的电视台中有6家电视台为国有或国有控股企业。

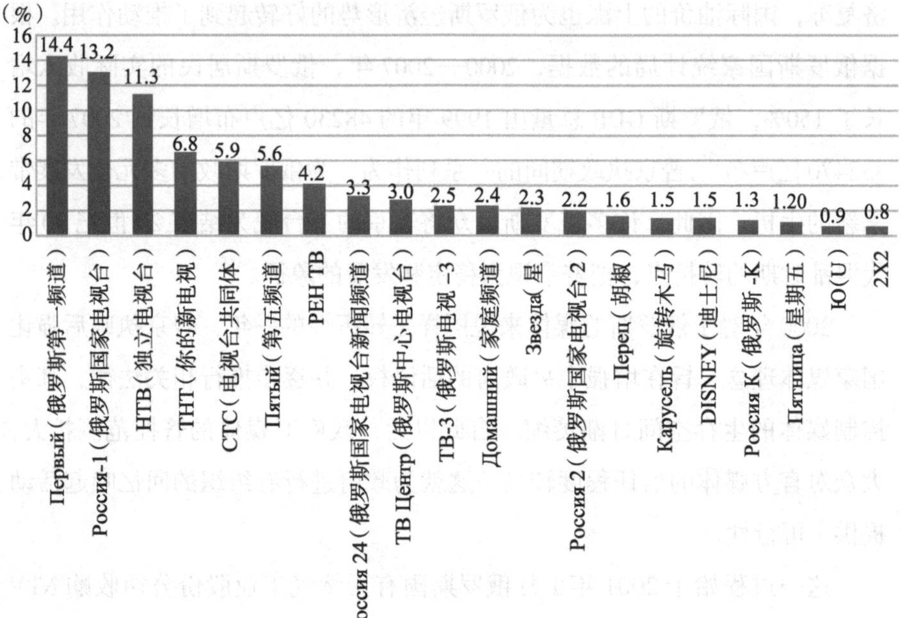

图2　俄罗斯各电视频道收视率占比情况

资料来源：TNS Russia。

表1　2013—2015年俄罗斯民众每日观看电视时长　（小时）

年份	每日观看时长	
	居民	观众
2013	3.59	5.30
2014	4.04	5.39
2015	4.06	5.49

资料来源：TNS Russia。

① “Россия 24 впервые вошла в Топ-10 телеканалов по доле аудитории”, https://adindex.ru/news/media/2014/11/20/117586.phtml.

列瓦达中心2016年5月进行的一项全俄罗斯民意调查显示，即使在2015年，85%的俄罗斯民众仍然主要通过电视了解俄罗斯和世界，并且绝大多数俄罗斯人认为电视是主要信息来源——60%的公民每天观看新闻节目，电视观看的强度远远高于收听广播节目的强度①。同时，俄罗斯调研公司TNS Russia的研究也证实了这一点：2015年，俄罗斯人平均看电视的时间达到每天4.06个小时（参见表1）②。以上数据可以大致反映出俄罗斯政府对主流电视媒体控制范围的广泛以及民众对媒体的依赖程度。

（二）俄罗斯民众对政府的信任文化

戴维·伊斯顿（David Easton）强调，弥散性支持与政治制度稳定性具有密切的关系，坚实的民众支持可以稳固政治体制。但是，一个政治系统仅仅依靠政府积极的政治文化输出来获取民众的支持是不够的。马克斯·韦伯（Max Weber）强调了民众对政府正当性认可的重要性，罗纳德·英格尔哈特（Ronald Inglehart）探讨了信任文化与政权稳定的相互作用关系。这都是文化与政治关系的不同方面，它们相互补充，显示出公民文化之于政治制度的重要作用。正如英格尔哈特所说，“民主制度能否经历风雨生存下来取决于它们是否已在公民中建立起来深层的文化归属”③。回顾俄罗斯史，无论是沙皇俄国还是俄罗斯帝国时期，长期父权式的管理模式使俄罗斯人民产生了对权威依赖和服从的依附型政治文化。正如俄罗斯著名的思想家彼得·雅科夫列维奇·恰达耶夫所说，“俄国人民从来都只将政权视为严厉程度不同的家庭权威，任何一位君主，无论他是怎样的，对于人民来说都是一位父亲”④。苏联解体后，俄罗斯的西式民主化进程以失败告终，俄罗斯政治体制向权威主义回归。普京上台后采取的政策措施顺应了

① “ТВ БЕЗ АЛЬТЕРНАТИВЫ”，https://www.levada.ru/2016/06/06/tv-bez-alternativy/.

② “ТВ-аудитория: кто и как смотрел телевизор в 2015 году”，https://adindex.ru/publication/analitics/channels/2016/09/26/137188.phtml.

③ ［美］罗纳德·英格尔哈特：《现代化与后现代化：43个国家的文化、经济与政治变迁》，严挺、祁玲玲译，社会科学文献出版社2013年版，第188页。

④ ［俄］恰达耶夫：《箴言集》，刘文飞译，云南人民出版社1999年版，第2页。

俄罗斯民众的期盼，同时也受到俄罗斯传统政治文化的深层影响。弗拉季斯拉夫·苏尔科夫在2019年发表的《长久的普京之国》一文中提出，“俄罗斯社会只信任第一号人物”。他指出“俄罗斯国家的现代模式始于信任，并以信任为基础”[①]。毫无疑问，这第一号人物便是普京。全俄社会舆论研究中心的数次民调结果也证实了苏尔科夫的论断，民众只信任普京总统并认可他的工作。[②]

俄罗斯这种人际信任与权威认可的政治文化特征，也同样作用于对官方媒体的态度。2015年全俄民意调查研究中心针对民众对俄罗斯大众媒体的信任度所做的调查显示，43%的受访者认为互联网上的新闻、分析和官方网站是可靠的信息来源。而针对某些争议事件的解释，55%的受访者更愿意接受电视广播中对各种互联网资源的解释，18%的受访者相信博客和社交网络（2013年这一占比为22%）。根据他们所获得的数据，俄罗斯中央媒体的可信度保持着相当高的水平。75%的受访者信任中央电视台，其次是中央媒体（54%）和中央广播电台（52%）[③]。因此，基于民众对政府的信任和认可，以及政府对媒体的掌控，俄罗斯政府有能力为大部分俄罗斯民众制定信息议程，进而完成“集体记忆”的唤起。

三 “集体记忆”唤起活动的呈现与建构

现代社会转型过程中，各方利益交织，利益分配格局不可避免地被打破重组，原有共同体架构中的认知、共识也会随之出现裂痕。俄罗斯现代

---

① “Владислав Сурков: Долгое государство Путина”, Автор K-News, 2 ноября 2019 года, https://knews.kg/2019/02/11/vladislav-surkov-dolgoe-gosudarstvo-putina/.

② 全俄社会舆论研究中心网页的政治板块拥有一项关于“政治领导人的信心”的调查，该调查采用每日电话访问，并取七日内平均值的调研方式。从调查结果的检测可以看出普京的信任率一直处于高位。

③ “СМИ в России: потребление и довериеТВ сохраняет внимание и доверие большинства россиян. Газеты продолжают сдавать позиции, Интернет-СМИ перестали расти”, ВЦИОМ НОВОСТИ, 7 мая 2015, https://wciom.ru/analytical-reviews/analiticheskii-obzor/smi-v-rossii-potreblenie-i-doverie-.

化路径的转变，政策的变革和重塑、社会利益关系的调整，使普京政府必须面对如何避免民众对此产生抵触以及如何整合和维系社会成员关系等一系列问题。叙事框架是“集体记忆”的重要组成部分，是历史话语的主导形式。这意味着现代史不仅是一部历史事件编年史，还是一个以有意义的方式安排这些事件的故事[①]。也就是说俄罗斯政府应对这些问题需要一个新的“集体记忆”建构的过程，包含政治文化的传播、政治价值的建构、政治态度的学习、政治人格的塑造等，但是这一过程需要有大众媒介的助力。

（一）回忆唤起工具的选择

政治社会化过程中，大众媒介的作用应被充分重视，因为电视、网络、广播等可以迅速及时地将政治信息传播到整个社会，辐射到社会的各个层面。但在规模庞大的信息面前，民众并不一定有足够的时间和能力甄别各种信息的真伪，而且各类大众媒介的传播内容也很难被政府控制并满足其特定的需求。然而，推动回忆活动的大众媒介不仅需要覆盖范围广、影响程度高，同时需要为政府筛选信息并准确递送，以保证民众能够找到并接受自己需要的政治信息。普京上台后，经过一系列改革措施，政府掌握了大部分主流媒体的控制权，这些媒体对民众的影响力非常大，已经基本具备了议程设置的功能，确立了其在公民政治社会化过程中的主体地位，当仁不让地成为回忆唤起活动的主要工具。

（二）回忆内容的选择和积极调动

在国内外因素双重诉求的引导下，俄罗斯政治精英们引导开展了特殊的“集体记忆”回忆活动。从2003年开始，除了领导人在公开场合会反复提及外，俄罗斯主流媒体也开始关注20世纪90年代的负面情况。例如2003年上映了一些关于20世纪90年代的社会犯罪剧，如《彼得堡强盗》《大盗》，以及电影《暴君》《寡头》等，俄罗斯独立电视台HTB电视频道

---

① White Hayden, *Content of the Form: Narrative Discourse and Historical Representation*, John Hopkins University Press, 1987.

推出63集“20世纪90年代”系列纪录片，主要讲述的是20世纪90年代“新俄罗斯人”的诞生、私有化、刑事杀人案件等以重大政治事件为背景的私人故事，以反映当时社会的各种问题。通过对俄罗斯主流媒体网站的检索可以发现，有关20世纪90年代相关新闻报道或视频中，“90-e”（90年代）总会和“经济衰退”“缺乏法治”“混乱”“腐败”以及“犯罪”绑定出现。同时，在社交媒体中，“Не хочу возвращаться в 90-е”（我不想回到90年代）成为公众热议的话题。

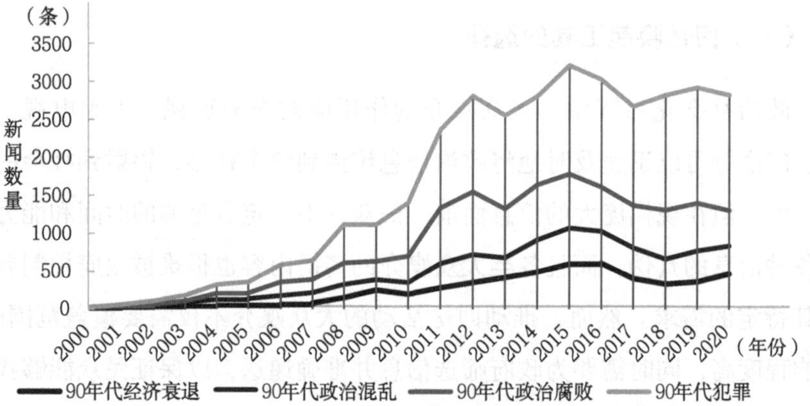

图3　2000—2020年俄罗斯主流媒体热议话题

通过在Intergrum Worldwide[①]网站搜索2000—2020年联邦新闻、电视广播、通讯社以及在线出版物中的关键词——“90年代经济衰退”“90年代政治混乱”“90年代政治腐败”以及“90年代犯罪”可以看出，20世纪90年代的负面信息不停地被强调，尤其在临近总统选举、杜马选举或者其他某些关键时期逐渐增多。可以看出，这是一场有组织和精心制作的记忆调动活动，是由政治机构、国家自上而下对记忆的制度化，目的是通过大众媒体和公共话语进行灌输和政治宣传来强化民众记忆，将相对短期的可塑性记忆转化为长期的文化和政治记忆。

① Intergrum Worldwide（中东欧大众媒体平台数据库）是一个俄罗斯和独立国家联合体的电子档案库。Intergrum为全球用户提供中东欧（苏联）地区最大的大众媒体信息平台，包括莫斯科等重要地区的报纸、杂志、在线媒体、新闻电报档案及其他64000多种信息来源，每天平均更新536000篇文章，以及过去30年的全文数字档案资料库。

这场回忆活动的叙事节奏遵循常见的进步和衰落情节线，使用了一种典型的进步叙事——“混乱时代”的叙事包含着衰落的情节，反衬出现在的进步与安定。

虽然“集体记忆”筛选与重构的过程涉及历史修正主义的伦理和政治相关性的适度，但是这里我们把重点放在了重建冲动本身，历史记忆是过去发生的事情，它与现在的关系无外乎两种——类比关系和纯粹的历史连续性。记忆重构的目的便是让人们进行过去与现在的感知类比。如果过去的事件与现在的事件相似，它便可以为我们提供“象征性资源”——代表我们当前的价值观和意图的方式，从而塑造和激励我们现在的行动。因此，回忆运动展开的两个重要指向是，俄罗斯的政治精英们为了促进和加强民众的意识和政治倾向，对“集体记忆”进行战略性回顾并使用那些与当前感觉相对应的过去元素，以此让俄罗斯民众相信现状比潜在的政治选择更可取，正是现任总统在任期内所采取的有效措施才带来现在稳定的发展，特定的历史事件可以为现在政府的行动提供参考，为普京和统一俄罗斯党创造了政治支持，同时维持政局稳定。

四 “集体记忆”唤起活动的政治动力

国家作为现代世界的首要“权力容器”，往往是在一个共同的民族核心基础上形成的，为现代国家提供文化渊源、图腾象征和历史记忆。[①]然而从记忆的角度出发，国家并不像个人那样能够独立拥有记忆的功能，目前我们所谈到的有关政治的“集体记忆”都是政府为国家“制造”的符号、文字、图像、仪式、地点和纪念碑等，是一种自上而下的构建，目的是让记忆在意识形态形成和面向政治行动的集体身份构建层面上发生作用。“集体记忆”的载体是特定的一个群体，目的是将“记忆”有规律地、集体地

① Anthony Giddens, *The Nation-State and Violence*, Cambridge: Polity Press,1985,p.13.

被重新激活，以达到群体身份的稳定[①]。因此，国家对特定“集体记忆”内容的选择及话语表述方式可以反映出具体政治诉求。而对于转型之后的俄罗斯政府来讲，主要有以下两方面诉求。

（一）维护政治稳定

政府引导下进行的历史回忆活动在各个国家并不少见，特朗普就曾在美国总统竞选活动中使用“让美国再次伟大”的口号来连接一个曾经辉煌的、强大的美国。还有一种情况是对负面历史事件的回忆活动，此类活动大多是为了使社会群体同质化，防止爆发战争。20 世纪最突出的例子之一是对战争的记忆，第二次世界大战结束后，许多国家都对第一次和第二次世界大战进行了隆重的纪念活动，例如俄罗斯每年 5 月 9 日举行的卫国战争胜利日阅兵式及系列庆祝活动，法国每年都会举办的第二次世界大战盟军诺曼底登陆纪念活动，英国以及美国的“阵亡将士纪念日”等。人们如此反复地纪念战争，是因为希望此类活动可以成为警告当代人不要重蹈覆辙的一种方式。

在所有这些例子中，政治精英们战略性地选择突出历史事件的光明面或黑暗面，调整历史的表现方式，以塑造和展示与当前政治诉求相契合的“集体记忆”。从社会心理学角度分析，以负面“集体记忆”为例，对于经历过某段艰难时刻的人们来说，他们会以现有的生活现状为参考点来评估过去，对现有生活的满意度会增加。因此，2000 年以后普京政府选择 20 世纪 90 年代作为记忆唤起活动的主要内容的原因在于，20 世纪 90 年代的“西式民主化”转型对俄罗斯而言并不成功，而普京上台后又带领俄罗斯走向了另一种发展新路径。发展路径的转变也在某种程度上意味着对旧的政治社会形态和结构的解构，这个过程势必会产生矛盾和冲突，从而引发社会成员对新路径的质疑和不信任，产生强烈的不安全感。因此，俄罗斯的政治精英们使用大众传媒选择性强化某些创伤性记忆，进而对政治信仰进行策略操纵——让民众认为政治现状是优越的、现任政府是称职的，新

① ［德］阿莱达·阿斯曼著，陶东风编译：《个体记忆、社会记忆、“集体记忆”与文化记忆》，《文化研究》2020 年第 3 期。

的发展路径是正确的，从而消除上述负面社会心理，将其转化为对现有政策的支持。不仅如此，激活创伤性回忆的效果会根据人群创伤程度的增加而加强。从俄罗斯官方披露的选举数据中可以明显看出，经历过那段“艰难”时期的地区对普京的支持率会根据回忆唤起活动的频繁程度而增加。

（二）应对“后苏联空间”内的博弈

2005 年 4 月 29 日，普京在向俄罗斯联邦议会发表的国情咨文中这样描述俄罗斯在过去 14 年的命运——“苏联的崩溃是上个世纪最大的地缘政治灾难。对于俄罗斯人民而言是真正的悲剧，成千上万的公民和同胞留在了俄罗斯疆土之外，解体如同传染病也传染了俄罗斯自身。……寡头集团对媒体拥有绝对控制权，只为自己的公司利益服务。民众生活贫困成为一种普遍现象。所有这一切都是在经济严重下滑、财政不稳定和社会福利系统瘫痪的背景下发生的。”普京还明确表示，“不会容忍俄罗斯领土上的类似事件”，他将采取“合法但强硬的手段”来应对任何动荡[①]。在总统制国家中，传统的国情咨文演讲主要是审查政府过去一年的表现并概述其未来发展方向。而此次普京演讲中“苏联解体”如此突出表达并将其置于全球背景之下的原因不难猜测——21 世纪，一场场由美国操纵或支持、打着所谓“自由、民主”旗号、以政权更迭为目的的“街头革命”在东欧、中亚、中东、北非等地不断上演，并被冠以“玫瑰革命”“橙色革命”“郁金香革命”“茉莉花革命”等名号。[②]

2003 年 11 月格鲁吉亚发生“玫瑰革命”，一年后乌克兰和吉尔吉斯斯坦也分别发生“橙色革命”和“郁金香革命”，抗议活动造成的政治混乱为俄罗斯的政治精英们敲响了警钟。虽然不可否认，这些国家发生“颜色革命”的根本原因在于国内长期积累下来的各种政治经济矛盾，但本国的新闻报道、舆论引导，以及西方传媒的宣传鼓动对事件发展所起到的推动作用也是不容

---

① “Послание Президента Российской Федерации от 25.04.2005 г. б/н”, http://kremlin.ru/acts/bank/36354.

② 《“颜色革命”之恶果 美式民主之灾祸》，半月谈，2021 年 12 月 16 日，http://m.banyuetan.org/gj/detail/20211216/1000200033136201639623425899159617_1.html。

忽视的重要因素。起初这一系列“颜色革命”虽然引起了俄罗斯政治精英们的警惕，也采取了一些措施，但没有过多的反应。直至2014年的乌克兰危机之后，“颜色革命”展示出其“传染性”，俄罗斯官方对“颜色革命”的态度发生了明显的变化。2014年11月，普京在主持俄罗斯联邦安全会议时强调：“我们看到了所谓颜色革命浪潮导致的悲惨后果。对我们来说，这是一个教训和一个警告。我们应该采取一切必要的措施，这样俄罗斯就不会发生类似的事情。”①2015年12月31日，普京签署的《2020年前俄联邦国家安全战略》中，甚至直接使用了“颜色革命”一词，将其明确列为俄罗斯国家安全威胁之一。俄罗斯各级官员和各类官方媒体提及“颜色革命”的频率也明显上升。

苏联解体后，伴随着“西式民主化”政策，许多外国媒体入驻俄罗斯，成为西方国家同俄罗斯在“后苏联空间”展开政治博弈的场所。西方对俄罗斯境内反对派力量始终保持着各种支持，并发动多轮对俄罗斯经济制裁，利用大众传媒发布反政府言论，利用各种“信息战”诋毁俄罗斯政府形象、宣扬西式民主等行动。俄罗斯甚至面临比周边国家更严峻的国家安全挑战。为维护国内政治和社会局势稳定，俄罗斯必须重视社会力量与民众认同，避免为“颜色革命”提供土壤。尤其是在普京上台后，20世纪90年代初的记忆尚未被重建以适应新的政治现实，因而，保证国家对主流媒体的管控，进行官方政治文化构建，对保证国家话语权，维持现有政治现状，推行现行发展路径具有重要意义。

因此，创伤性回忆活动开展的一个重要的外部因素是，俄罗斯周边国家因“西方民主化”思潮影响发生政权更迭，政治精英们担心这种思潮会波及俄罗斯，影响俄罗斯民众的价值判断。于是政府开始在国家管控的媒体中展开负面历史的回忆运动。其实从2003年开始，直至今日，俄罗斯的执政者们都在提防爆发类似的“颜色革命”。“集体回忆”活动便是其用来降低俄罗斯民众对政治变革渴望的一种策略——将20世纪90年代的衰退与“西式

① “Vladimir Putin: We Must Stop a Ukraine-style ‘Coloured Revolution’ in Russia”, https://www.telegraph.co.uk/news/worldnews/europe/ukraine/11243521/Vladimir-Putin-we-must-stop-a-Ukraine-style-coloured-revolution-in-Russia.html.

民主”建立联系，将那些历史负面事件与国家发展现状的积极方面进行对比。媒体的反复提及可以提醒俄罗斯民众注意20世纪90年代的经济衰退和社会困难，而这些困难恰恰是倡导学习西方的力量试图在俄罗斯实施“西方式民主”所导致的结果。处于当下相对安稳生活中的俄罗斯民众，在大众媒体唤起记忆的活动下，也很容易将20世纪90年代混乱的经济和政治与当下的稳定进行对比，这就为政治稳定提供了社会层面的保证。

结 语

社会的和谐稳定对国家命运和人民利益而言至关重要。“政权的机制不仅仅是强迫，而是说服。”① 因此，政权的稳固不能只依赖暴力机关的威慑，也可以依赖更微妙的方法——国家的政治叙事，因为政府对信息和媒体的管控已经开始在确保政权获得政治支持方面发挥特别重要的作用。“集体记忆”唤起运动便是一个主要策略。然而“集体记忆”是一种中介记忆，它需要有物质媒介和实践的支持才能发挥作用，这种作用的影响程度一方面取决于政治教育的效率，另一方面取决于民众爱国或民族热情的水平。其实不只在俄罗斯，当下各国社会都在经历一场“记忆热潮”，在这种热潮中，历史学家、政治家、艺术家、电影人、媒体人等各个领域的专家、学者都在从事重建和塑造过去的共同事业。而媒体在其中的位置不容忽视，媒体可以根据当前流行的品位或特定群体的利益，重演过去并加以利用。俄罗斯的当政者们就是利用创伤性回忆对公众的多重和多样化影响，促使其在历史视角中重新考虑和重新评估国家现行的现代化之路的正确性，产生积极效果从而维护政府以及社会稳定。

每个国家的现代化之路都伴随着变革，“过去”在政治话语中的使用对于维持政治社会稳定十分重要。关于“过去”的事情，并没有被锁在历史书籍中，也没有被藏在图书馆里，而是不断地被回收利用，成为权力和

① ［俄］谢·卡拉－穆尔扎：《论意识操纵》（上册），徐昌翰等译，社会科学文献出版社2004年版，第2页。

政治的重要资源，刻画国家的政治叙事，不断地为政治提供燃料。因此，对俄罗斯的“集体记忆”唤起运动的研究可以让我们更好地理解历史和记忆之间的复杂关系，通过更长远的历史视角，更好地在未来的发展实践和理论探索中对其加以利用。

A Logical Analysis of “Collective Memory” and Political Stability--Based on the memory campaign of the Putin-era mainstream media about the “1990s”

Wang Fangyuan　Ling Mengyuan

Abstract: Since the twenty-first century, social and political upheavals have been common in many developing countries in the process of modernization, and even a series of “color revolutions” have led to dramatic social and political changes in Eastern Europe and the CIS countries, providing a wake-up call for Russia, which has just transitioned from “Western-style democratization” to a government-led modernization path. One of the coping strategies chosen by Russia’s political elites was to reactivate the “collective memory” of the 1990s to gain popular support and maintain the country’s political stability. Since Putin came to power in 2000, he has reformed Russia’s media sector and the government has taken control of most of the mainstream media, which makes it feasible for the government to lead a campaign to recall the traumatic 1990s in Russia. Then, clarifying the interrelationship and practical mechanism between the evocation of “collective memory” and political stability in Russia, the selection, presentation and construction of “collective memory” can provide a behavioral point for how to maintain political stability in a modernized country.

Keywords: “Collective Memory”; Reactivation Activity; Political Stability

俄罗斯税收数字化转型研究

丁 超[①]

【摘要】俄罗斯的数字化转型首先要从税收领域的数字化谈起，自2002年俄罗斯联邦税务局创办官方网站以来，大致经历了三个主要阶段，并着力向实现终极目标迈进。多年来的数字化转型使俄罗斯实现了税收增速超过总体经济增速，在技术上几乎很难避税。在国内层面，俄罗斯联邦税务局是公共系统数字化的领跑者，其开发的自动信息系统“税-3”，其功能正在向社会经济各个部门拓展与延伸，成为俄罗斯构建数字政府的基础。在国际层面，联邦税务局更是税收数字化转型的世界领导者，增值税自动控制系统、税收监测机制、自由职业者所得税、个人账户和单一纳税等税收管理制度与模式的创新，都是经济合作与发展组织重点推介的典型案例，助力提升俄罗斯的国际税收话语权。2022年爆发的俄乌冲突以及随之而来的美欧对俄制裁，虽未动摇俄罗斯政府推动数字化转型的决心，但却中断了与“不友好”国家的税收合作，阻滞其参与国际税收治理的进程，使税收数字化的未来发展面临更多挑战。

【关键词】俄罗斯；税收数字化；“税-3”系统；税收监测；国际税收治理

① 丁超，中国社会科学院俄罗斯东欧中亚研究所副研究员，经济学博士。

一　税收数字化与“税务总理”领导下的数字化转型

在税收管理过程中引入数字技术，有助于提高税收制度的效率和透明度，催生新的税收管理和数据传输机制，改变税收结构以及税收政策的实施方向。目前，税收数字化还是一个相对较新的概念。无论是在科学研究的框架内，还是在税收立法中，抑或是在公民的纳税实践中，数字化的方式和载体都尚未完全形成。因此，本文不纠结于对其准确定义，仅将其理解为俄罗斯实施税收管理和税收控制的创新数字技术，以期更加全面地展示俄罗斯税收数字化的发展过程。

俄罗斯总理、联邦税务局前局长米哈伊尔·弗拉基米罗维奇·米舒斯京，被称为“最懂技术的政府官员”和“数字经济的先行者”[①]，参与并主导了俄罗斯税收数字化的各个阶段。

（一）米舒斯京与俄罗斯税收数字化的最初启动

苏联解体后，俄罗斯国家税务机关以网络化和层次化的方式快速拓展，旨在将所有从事生产经营活动的法律实体和个人都变成纳税人。俄罗斯联邦税务局成立于1990年，俄罗斯联邦海关委员会成立于1991年，新的税收立法——第2118-1号《关于俄罗斯联邦税收制度的基础》通过后，1992年，俄罗斯税收制度形成了现代化的最初轮廓。[②]在此后的十年之内，税务人员使用计算机进行会计核算，数字化尚未对他们的工作方式产生影响。同期，米舒斯京获得人生中的第一份工作，在国际计算机俱乐部担任测试实验室的负责人。该俱乐部致力于引进西方国家的先进技术，推动与外国的信息合作。米舒斯京曾多次组织论坛，邀请摩托罗拉、英特尔、甲骨文、惠普、赛门铁克等西方企业入驻俄罗斯。在税收立法取得实质性进

① 蒋莉、韩奕琛、李静雅：《俄罗斯新总理米哈伊尔·米舒斯京》，《国际研究参考》2020年第2期。

② 丁超：《央地财政关系与国家治理的财政逻辑》，《俄罗斯东欧中亚研究》2022年第2期。

展——《俄罗斯联邦税法典》（第一部分）通过的1998年，米舒斯京首次进入联邦税务局并很快出任副局长。2002年，联邦税务局官方网站启动，俄罗斯税收制度进入技术创新的新阶段。随后，各联邦主体税务机关的官方网站、信息门户和个人电子服务也陆续建立起来，案头税务检查替代现场检查的做法日益普遍。在任期间，米舒斯京亲自参与了引入电子数字签名技术、建立一站式自动化服务平台、开发税务系统电信基础设施等工作。

（二）米舒斯京与俄罗斯税收数字化的实质突破

在结束联邦不动产局和经济特区管理局的任职（2004—2008年）以及短暂的从商经历（2008—2010年）后，米舒斯京重回联邦税务局，担任局长一职。但等待他的是一个几乎僵化了的税务系统，增值税退税成为一个漫长的诉讼过程，所谓“一日公司”[①]、非正规就业和“隐藏工资”（包括正规部门的“信封工资”和非正规部门工资）等现象泛滥，税基遭到严重侵蚀，国家财政收入大量流失。经过加速改革，2013年俄罗斯便将纳税人每年纳税的时间缩短到168个小时，在当时仅高于瑞士（63个小时）、英国（105个小时）、瑞典（122个小时）和蒙古国（148个小时）四个国家。[②]多年来，俄罗斯联邦税务局成功实施了一整套数字系统，以监控B2B和B2C部门的税收，逃税在技术上几乎很难实现。据统计，通过税收控制和分析工作，联邦税务局每年为预算带来近3000亿卢布的额外收入。增值税自动控制系统能够快速检测税收支付和退款之间的差额，借助在线收银台，联邦税务局可以覆盖近乎所有的零售营业额。为打击“一日公司”，俄罗斯不断收紧公司注册的条件，变更公司清算的规则。通过国内的税收立法调整，结合几轮的资本大赦政策，有效打击了受控外国公司的避税行为。自由职业者所得税（职业收入税）则是在数字经济条件下，俄罗斯确保个人

① 根据俄罗斯联邦税务局的认定，“一日公司”一般是指没有实际独立的法律实体，不以从事生产经营活动为目标，通常不提交税务报告并在集群地址注册的公司。

② “Paying Taxes 2020”, PWC, https://www.pwc.com/gx/en/services/tax/publications/paying-taxes-2020/overall-ranking-and-data-tables.html.

收入合法化的重要创新。与此同时，俄罗斯还对税务行政机构进行了大规模改革。一个明显的趋势是，联邦税务局由最初依照联邦行政区划建立的三级转向两级管理制度，合并小型税务检查局，以提高税收管理效率，优化地方税务机关的管理制度和结构。

（三）米舒斯京与俄罗斯税收数字化的国际地位

在米舒斯京的领导下，2010 年，俄罗斯联邦税务局确定了全球发展战略，积极参加经合组织国际税收工作组，自动与外国交换税务信息。2014 年，米舒斯京当选为经济合作与发展组织（OECD）税收征管论坛（FTA）主席团副主席。此外，联邦税务局还是 OECD 数字化转型小组的成员，负责分析税收征管数字化的成功案例，并基于此形成共同的发展构想。除俄罗斯外，该小组还包括澳大利亚、英国、丹麦、西班牙、加拿大、肯尼亚、芬兰、新西兰、挪威和新加坡。[①]2019 年，在智利举行的税收征管论坛上，挪威税务局局长汉斯・克里斯蒂安・霍尔特表示，俄罗斯与新加坡、芬兰一起，成为税收数字化转型的世界领导者。时任韩国国税厅厅长韩承熙以及 OECD 税收政策和管理中心主任帕斯卡・圣・阿曼也称，俄罗斯联邦税务局是世界上技术最先进的税务服务机构。[②]俄罗斯曾多次受邀现场分享税收数字化的治理经验，这些经验在 FTA 发布的年度税收征管报告中均有体现，例如，在 2021 年报告中，手机 App 应用部分重点介绍了自由职业者所得税 App“我的税”；在应用程序接口（API）部分展示了税收监测机制的运行；此外，还详细介绍了新冠疫情之后俄罗斯以风险为导向的综合债务管理系统，共包含 10 个可触发强制执行的风险因素，以数字标志纳税人的某些特征，识别其中的欺诈行为。[③]这些创新也构成了本文即

---

① В. М. Ксенда, Цифровизация налогового администрирования: современная модель и перспективы развития // Вестник Волгоградского государственного университета. 2021. Т. 23. № 4. С. 192–204.

② ФНС заразила мир цифрой, https://www.kommersant.ru/doc/3930370.

③ Tax administraton 2021, https://read.oecd-ilibrary.org/taxation/tax-administration-2021_cef472b9-en#page1.

将着重分析与探讨的主体内容。

（四）米舒斯京总理与俄罗斯数字政府的构建

就职能而言，俄联邦税务局正转变成提供高水平和高标准服务的数字公司，促进税收政策的新任务和新工具的产生，提升国家税收管理质量。基于对该局工作的肯定，2016 年 1 月，普京总统下令为联邦税务局、联邦海关局和联邦酒类产品监督局建立统一的数据搜集系统，并由联邦税务局负责数据和信息控制，此外，公民社会保险费用收缴的职能也被转移到联邦税务局。当时，部分俄罗斯官员开始讨论税务与海关业务的统一，甚至有官员提议将联邦国家统计局一并纳入联邦税务局。俄罗斯经济学家弗拉基米尔·马乌（Vladimir Man）曾在权威期刊《经济问题》上撰文指出，俄罗斯税收制度已经在某种层面上超越了财政制度，税务部门成为搜集各种宏观和微观经济信息的中心，利用大数据显然能更好地了解社会经济进程。[①] 不难看出，俄罗斯政府想将联邦税务局的成功经验拓展到整个公共系统，尤其是社会支持系统，但又很难找到合适的政府官员来领导。

考虑到米舒斯京在俄罗斯税收系统现代化和数字化发展方面取得的重要政绩，2020 年 1 月，普京任命米舒斯京为政府总理，同年 7 月，俄罗斯出台了《2030 年前俄罗斯联邦国家发展目标》，将数字化转型作为五大优先发展方向之一。自此，俄罗斯正式开启新一轮的数字化转型以及数字政府的构建。首先取得进展的便是在社会保障领域。2021 年 2 月，俄罗斯第 431 号政府决议规定建立“社会国库”（социальное казначейство），通过统一的公共服务平台，主动告知公民可用的国家支持措施并简化其接收程序。据初步预测，到 2030 年将节省 1425 亿卢布的行政成本。[②]

近两年，国内学者围绕俄罗斯数字经济和数字化转型的研究成果日

① Михаил Мишушкин, цифровая модель премьер-министра, https://www.vedomosti.ru/economics/articles/2020/01/16/820807-mihail-mishustin-tsifrovaya-model-premer-ministra.

② Н. Г. Иванова, Г. В. Димиржиева, Социальное казначейство как новое направление повышения эффективности бюджетных расходов на реализацию мер социальной поддержки российских граждан. Экономика. Налоги. Право. 2022. № 15. С. 57–66.

益增多，从概念阐释到具体的政策解读，对其面临的机遇挑战的分析，拓展到中俄数字经济领域的合作等。[①] 对于俄罗斯税收问题的研究，则从传统的税制改革与发展趋势、国际税收制度设计，延伸到了数字税的治理问题。[②] 但直至目前，关于俄罗斯税收数字化问题，国内还未有专门的研究[③] 出现，本文将尝试对此进行补充，以期为中国税收征管数字化以及国际税收治理提供一定的政策参考。

二 从“税”到“税-3”：俄罗斯自动信息系统的数字化突破

（一）从“税”到“税-3”的数字化转型逻辑

21世纪初，第一代自动信息系统“税”和第二代“税-2莫斯科”“税-2圣彼得堡”的建立，标志着税收数字化在俄罗斯得到了实质性的发展。“税”系统安全连接联邦、地区和地方的网络。在联邦层面，数据存储于联邦数据处理中心；在地区层面，联邦税务管理局配备一台专门的控制计算机，负责运行“地区”软件；在各个地方，则独立运行着电子数据处理系统（SEOD）。SEOD在提高地方税收管理自动化方面拥有很大的潜力，有助于减少纸质文件的流转，获取纳入预算的税收数据，提高税务机关的工作效率。虽然三个层级是相互连接的，但没有一个单一的中心和共同的逻辑关

---

① 详细参见蓝庆新、汪春雨、尼古拉《俄罗斯数字经济发展与中俄数字经济合作面临的新挑战》，《东北亚论坛》2022年第5期；余南平、张翌然《俄罗斯数字经济转型及价值链构建》，《俄罗斯东欧中亚研究》2022年第4期；高际香《俄罗斯数字经济发展与数字化转型》，《欧亚经济》2020年第1期；肖斌《上海合作组织数字经济合作前景——基于成员国禀赋效应的分析》，《俄罗斯东欧中亚研究》2020年第4期；初冬梅《俄罗斯数字政府建设进展及启示》，《欧亚经济》2022年第6期；等等。

② 详细参见于树一、蔡乐湉《论数字税的机遇与挑战——基于中俄比较视角》，《公共财政研究》2022年第4期；［俄］艾琳娜·科林卡诺娃《“去离案化”引导俄罗斯国际税收改革》，《国际税收》2017年第8期；［俄］丹尼尔·温尼斯基《俄罗斯联邦税制改革最新趋势》，《国际税收》2015年第1期；等等。

③ 仅在刘同洲的《税收征管数字化转型的国际经验与启示》一文中有所提及，载《税收经济研究》2022年第2期。

系，数据分别在各个层级进行编译和分析（参见图 1）。直到 2010 年，“税”还是一个分散的系统，包括：约 1200 个信息化项目，每一个都使用标准的软件包，在所服务地区建立独立的数据库；4 个区域数据处理中心，执行规模输入和打印功能；一个联邦数据处理中心，保障约 50 个联邦信息资源和约 30 个外部网站与部门间电子交互服务的运行。大部分税收管理数据在当地接收并存储，仅一小部分（约 5%）被转移到联邦层面以解决特定的任务。[①]

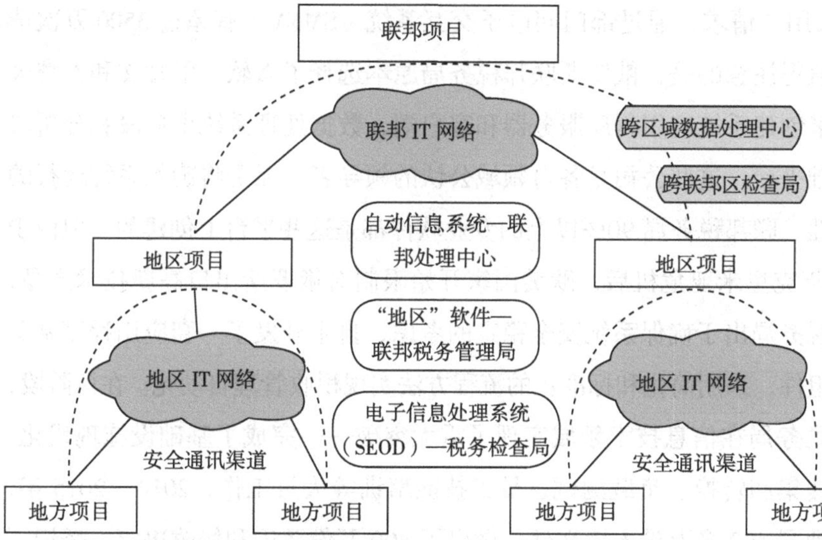

图1 俄罗斯自动信息系统“税”结构示意

资料来源：笔者自制。

以创建财政部数据处理中心系统为契机，俄罗斯开始策划新的自动化信息系统“税 -3”，其最初的设想是将所有功能一次性上传至“云端”。但在全功能版本验收时，由于数据中心系统尚未建成，而联邦数据处理中心无论是在存储容量还是在计算能力方面，都无法支撑全功能版本的运行，因此，基于完整性和独立性原则，全版本被分割成了三大功能模块：一号

① А. С. Милянтей, Т. Ю. Батракова. Применение новых информационных технологий при администрировании налоговой системы Российской Федерации // Известия великолукской ГСХА. 2018. № 1. С. 53-60.

模块执行纳税人的登记与核算职能；二号模块执行个人财产税的征收职能；三号模块执行法人实体和个体户的税收管理、控制和分析职能。

2010—2014 年是“税 –3”系统设计、中间层架构和软件开发的阶段，并建立了遗留系统数据的转换输入机制以及过渡期间新旧系统的互动机制。该阶段完成了一号模块的开发，共包括 91 个技术流程，5 个功能子系统，4 种统计报告形式，3 个最受欢迎的“云端”公共平台——法人实体、个人以及不动产的国家统一登记册。每年仅通过联邦税务局官方网站就有 5 亿次用户请求，通过部门间电子交互系统（SMEV）有超过 3500 万次请求。值得注意的是，俄罗斯联邦税务局原本选择了微软、甲骨文和天睿公司，来创建系统应用程序服务器和客户端、数据处理系统事务段和分析段的基础平台，这些公司是各自领域公认的领导者，无疑将确保系统运行的稳定性。联邦税务局 90% 以上的专业软件都是这些平台上创建的。但由于 2014 年克里米亚危机后，欧美国家开始限制对俄罗斯出口高新技术产品，联邦税务局出于确保系统安全稳定的考虑，自主开发了一套应用程序基础架构组件，采用简化和标准化的流程方法实现税收管理自动化。在该阶段，联邦税务局在信息技术领域实现了重大突破——完成了基础设施现代化、数据搜集和转换、负载测试、员工技能培训等大量工作，2014—2015 年，共处理了 400 多万份入境文件，做出了 400 万份登记和修改决定，登记了 100 多万个法人实体和个体户。[①]2015 年 12 月，二号模块投入商业运作，可在全俄境内大规模计算财产税，并同时生成约 7000 万份综合税务通知。综合税务通知使公民的税收计算更加清晰，并且降低了税务机关的邮寄成本。该模块除包括 51 个技术流程、1 个功能子系统外，还包括 2 个运输容器系统，一个从地方税务检查局上传，另一个则是从地区层面下发。此外，遗留系统中的所有数据都被转移到“税 –3”系统之中。2015—2019 年是三号模块的开发阶段，该阶段的工作量最为庞大，技术流程数量是二号模

① Н. А. Филиппова, Т. В. Сергачева. Оценка условий и результатов внедрения АИС “Налог-3” в налоговых органах региона // Регионология. 2017. № 1. С. 79–91.

块的2倍以上。目前，“税-3”系统涵盖了个人、个体户和法人实体的所有税收管理职能，拥有这些经济主体包括纳税、交易、采购、缔结合同以及银行账户资金等在内的所有信息。

（二）从“税”到“税-3”的系统架构升级

“税”在系统架构上存在明显的弱点。如图1所示，每个地方的税务检查局都有自己的SEOD数据库，纳税人的部门结构、生产活动和房地产信息等存在于不同的SEOD数据库中。有关重新登记、税收控制、对账和其他所需文件的数据需要不断地从一个税务检查局发送到另一个并返回。这不仅增加了税务机关的工作量，更为各种欺诈和逃税行为创造了可能性。数据库完全集中在地方，联邦税务局和各地区的联邦税务管理局的现代化工作却是分散、零碎的。俄罗斯联邦政府要求提交的汇总报告，同样要经过复杂的三层链接系统：税务检查局（地方）—联邦税务管理局（地区）—联邦税务局（中央），需要耗费数日、抽调数百名税务人员。此外，SEOD在多年的运行过程中，集中了大量的高科技设备和专用软件，包括服务器、操作系统和数据库管理系统、电信和网络设备、安全和信息保护工具等，需要一大批高素质的IT专家。在使用SEOD时，导航程序占据中心位置，借助它生成查询，对数据库进行搜索和分析抽样。将地区和地方信息输入SEOD，为来自不同部门和不同工作岗位的用户规划和分配角色及访问权限，不间断监测信息交换协议等，这些都是相当复杂的任务，需要配备合格的税务工作人员，这又给税务机关增加了额外的成本。

与“税”相比，“税-3”系统更合乎逻辑且架构更为简单——单一集中式数据库管理系统（联邦数据库）、集中式应用服务器（联邦数据处理中心）和分布式客户端应用程序（将数据处理活动传输到服务器，即提供客户对税务局资源和服务的访问）。如图2所示，联邦数据库是“税-3”系统的核心，它是一个完整的资料储存库，存储可靠、合法且经过处理的最新数据。数据库包括两部分——分析段与事务段。分析段从外部信息源接收数据，事务段生成和处理税务管理数据。此外，“税-3”系统还包括外部互动、税收征管、信息分析、信息支持、IT 支持、行政和经济活动管理六个子系统。

外部互动子系统实现与其他信息系统和纳税人的电子交互，以及系统内部工作信息的处理。该子系统中包含大量输入、打印和分发的模块，批量处理纸质文件，同时处理传入和传出的信息。手写识别功能允许快速、大量自动导入纸质文档。税务机关通过 SMEV 获得外部信息的来源主要是：联邦国家登记、地籍和制图局，联邦国库，俄罗斯内政部，联邦移民局以及许可机关。个人账户是税务机关和纳税人之间互动的一个要素，旨在最大限度地减少面对面接触。

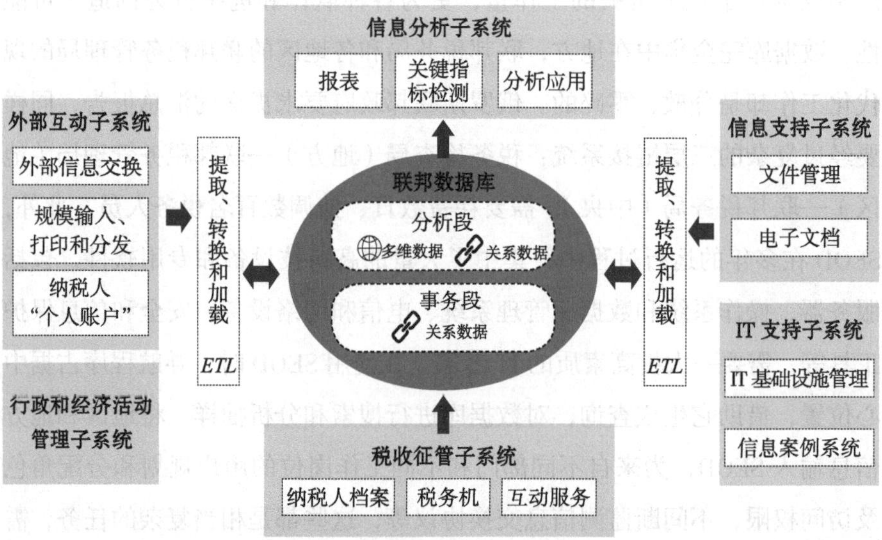

图2 俄罗斯自动信息系统“税-3”结构示意

资料来源：笔者自制。

税收征管子系统以前是 SEOD 的一部分，包括税务机、纳税人档案和互动服务。税务机是根据一定算法计算税额的系统，生成税务卡并向个人账户发送税务通知。纳税人档案涵盖实施税收控制所需的完整和系统化数据——可识别身份数据、商业交易数据、来自其他信息系统（尤其是媒体和相关部委）的数据以及税收违法信息。互动服务则基于税务机的数据简化用户执行某些操作，如一键查询、一键纳税等。

在信息分析和信息支持子系统中，由税务人员进行分析并形成报告，其中创建关键指标并预先设定领导（局长或副局长）角色和权限。分析系统由几个集成模块组成：联邦分析、地区分析、税种分析和筹划、税收收入和税基建模与预测、税收护照等，旨在创建和维护分析数据库的关联和多维对象；提取、转换和分析数据；使用商业图形或制图表达方式形成报告；创建业务流程模型，并基于模型对规划或预测进行分析或演化等。税收护照是一个全面分析地区税收收入的系统性工具。首先是供各层级政府机关使用，通过它能充分评估各地的预算税收状况，作出合理的管理决策，也时常被用于战略规划的制定。纳税人也对税收护照感兴趣，因为它能够帮助评估地区的金融和投资潜力，以作出商业决策和投资预测。信息支持系统直接链接到文档，保存并管理纳税人的电子税务报告，以便长期查询。

IT 支持子系统是“税 –3”系统中最基本的元素，包括 IT 基础设施和信息安全系统的管理。前者负责保障所有电子资源的正确操作，后者则确保数据免受黑客攻击、被复制及其他非法行为的侵害。系统的纯技术部分是基于活动目录分层次构建的，以提供对资源的统一访问，因此，每个区域的 IT 支持子系统都可以完全控制对本地资源的访问。每个数据中心的核心由三个相互连接的子系统组成：数据存储网络、数据库子系统和应用服务器群组。此外，由于联邦数据处理中心和储备中心同时工作，即使其中一个紧急关闭，联邦税务局的工作也不会中断。

总而言之，俄罗斯的“税 –3”系统创造了税收管理的全球最佳实践，联邦税务局将其称为“世界上最大的数据库之一”，当时尚不存在类似的国家案例。近年来，随着俄罗斯税收立法的不断变更，“税 –3”系统中也出现了很多新功能，如转让定价、建立统一纳税人集团、税收监测、税务纠纷调解、贸易和处置费管理、扩大国际信息交换和向外部用户传输数据、与统一公共服务平台融合、控制增值税退税系统、引入在线收银台、发展免税机制等。

三 创新案例：俄罗斯税收数字化的领先载体

数字现实要求纳税人认真、高度负责地履行纳税义务，加强税收纪律。创新税收管理工具使政府即使在经济低迷的情况下也能增加税收收入。俄罗斯联邦税务局是形成联邦预算的主要部门，其上缴预算的收入比重在60%左右。与2016年相比，2019年联邦税务局上缴的收入增加了几乎1倍——从6.9万亿卢布增加到12.6万亿卢布。由于这些工具彼此密切相关，在此仅粗略地划分为三类：新的互动模式、新的控制工具和新的纳税人服务（见表1）。①

表1　俄罗斯税收征管数字化的创新案例

类型	示例
新的互动模式	税收监测
	特殊税制（如专业收入税、简化税制）
新的控制工具	询问增值税
	在线收银台
	与银行信息系统一体化
	与外国自动交换信息
新的纳税人服务	单一纳税（个人）
	分布式登记处
	互动服务

资料来源：笔者自制。

（一）数字互动的新机制

税收监测（налоговый мониторинг）是税务机关与纳税人（主要是大型企业）在数字环境中互动的一个典型案例。在该机制下，税务机关可以

① Н. Г. Морозова, Ж. М. Корзоватых. Инновационные инструменты налогового администрирования в России // Вестник университета 2022. № 4. С.122–129.

实时访问企业的经济和金融交易数据，系统地监控企业的业务操作，快速评估企业纳税申报表的正确性，核对会计和税务报告的数据，确保没有无事实依据的操作和交易。一方面，这种访问允许税务机关以风险为导向，集中资源检查那些具有风险的交易；另一方面，企业在规划或缔结合同时，如果出现难以计算税费的情况，可以要求税务部门提供积极的意见。此外，通过税收监测机制，可以及时、公开地解决纳税人与税务部门之间的纠纷，尤其是关于税法适用方面的争议，使纳税人免于额外的税收和罚款，避免大量的劳动力和财力损失。该系统保证了企业所有经济活动的透明度，将有效提高企业的投资吸引力。

俄罗斯自 2012 年开始建立这种互动机制。作为试点项目，联邦税务局与俄罗斯统一电力系统公司、俄罗斯水利集团、俄罗斯移动通信系统公司以及安永会计师事务所独联体公司签署了监测协议。[①] 自 2015 年起，俄罗斯正式将税收监测作为税收控制的一种形式，旨在确保纳税人税费支付（或转移）的正确性、完整性和及时性。税收监测与其他控制形式的区别在于，只有在自愿的基础上方可实施。2015 年，在《俄罗斯联邦税法典》第一部分中补充了新的章节，对税收监测进行了专门介绍。当时设定的门槛很高，企业在提交申请的前一年，必须满足以下条件：①向国家预算缴纳的增值税、消费税、企业利润税和矿产自愿开采税总额不得低于 3 亿卢布；②年度会计（财务）报表中的总收入至少达到 30 亿卢布；③年度会计（财务）报表中的资产总值至少达到 30 亿卢布。在监测期间，税务机关无权对其进行额外的案头和现场税务检查，《俄罗斯联邦税法典》第 88 条、第 89 条规定的情况除外。但如果企业违反互动规则，不提交文件或报告虚假信息，监测可能提前终止。2016 年，只有 7 家俄罗斯企业参加，2019 年增加到 44 家，分布在油气行业、冶金和采矿业、银行业以及贸易部门。这些企业为联邦预算创造了约 12% 的税收收入，大部分是 2003 年

① Е. А. Бадеева, А. А. Машкина, А. Н. Нагаева. Современные тенденции и перспективы развития налогового мониторинга в России // Модели, системы, сети в экономике, технике, природе и обществе. 2020. № 1. С. 24–36.

第 91 号政府决议特别清单中的国有股份制企业及其子公司。其中，11 家企业组织了对公司系统的远程访问，16 家企业创建了分析数据展示（即税务机关数据可视化的单一窗口），其余 17 家企业通过电子文件管理运营商与税务机关交换信息。

2019 年 9 月，俄罗斯财政部在《2020—2022 年预算、税收和关税政策的主要方向》（附录 2）中指出，"在数字经济条件下，信息技术有助于快速作出管理决策，但这反过来又要求即时接收和分析所有的信息源。以电子形式交换文件和信息，有助于进一步转变企业的商业模式和业务流程以及传统的税收控制理念"①。基于此，俄罗斯降低了企业申请监测的条件——资产和利润超过 10 亿卢布；前一年的纳税额度超过 1 亿卢布。这为中小企业申请提供了新的机会，2020—2022 年参加监测的企业分别增长了 120%、61.2% 和 31.3%，2022 年申请企业达到 339 家，大多数是石油和天然气行业的代表。根据联邦税务局的评估，有 2311 家企业符合条件。也就是说，参加税收监测的企业增加了 14.7%。此外，有 109 家企业提交了 2023 年度的监测申请。

税收监测的参加者与税务机关的互动正在迈向新的水平。根据联邦税务局的通知，企业的信息系统要在 2024 年之前与"税 -3"系统全面整合。企业需要使用硬件认证的信息加密保护手段组织安全的通信通道，实施与税务机关交换信息的电子服务。联邦税务局为此成立了一个工作组，企业可在舒适的氛围中发展信息系统，讨论技术细节，并提出修改立法框架的建议。此前双方的数据交换是通过开放内部信息系统，借助数据展示栏来提供信息，或者通过电子文档管理运营商的电信渠道传输。这一过程存在很多问题，特别是展示栏没有统一的界面，产生了额外的财务和时间成本，文档管理的自动化缺失等。与"税 -3"系统整合将加快所有常规流程的处理，文件交换通过专门渠道而不是运营商来实现，服务界面对于检查员和企业

① Основные направления бюджетной, налоговой и таможенно-тарифной политики на 2020 год и на плановый период 2021 и 2022 годов. https://minfin.gov.ru/common/upload/library/2019/10/main/ONBNiTTP_2020-2022.pdf?ysclid=lhvbkwrn5847364595.

也都将是统一和方便的。自动索取缺失文件也将降低企业支持检查的成本。2022 年 8 月，联邦税务局发布命令草案，批准了税务机关进入企业信息系统的程序与相关要求，并将整合的过渡期延长一年至 2024 年 1 月 1 日。

除了税收监测机制外，俄罗斯还创新了自由职业者和中小企业的税收制度和控制模式，不仅简化了税收征缴程序，降低了税收行政成本，而且在与非正规就业和“隐藏工资”的长期斗争中取得了显著的成绩。

自由职业者业务活动的合法化始于 2016 年，专指未登记为个体户且在没有雇员参与的情况下提供个人、家庭或其他类似服务的情况。在税务机关登记的人员有权在 2019 年年底之前免除个人所得税，但实际上登记者的数量增长非常缓慢，截至 2019 年仅有 3062 个。根据联邦税务局 2018 年进行的一项研究，俄罗斯有超过 2600 万未注册的个体经营者。超过一半的人希望将他们的活动合法化，却不想定期报告。因此，自 2019 年起，俄罗斯改为试点（莫斯科市、莫斯科州、卡卢加州和鞑靼斯坦共和国）征收自由职业者所得税（职业收入税），即年收入不超过 240 万卢布的自然人，可以在不注册为个体户的情况下合法开展业务并从兼职工作中获取收入，避免了因非法商业活动而遭遇处罚的风险。职业收入税的税率取决于纳税人的收入来源，为个人提供服务时的税率为 4%，为法人或个体户提供服务时的税率为 6%。自 2020 年 10 月 1 日起，在俄罗斯境内适用，有效期至 2028 年年底。通过移动应用程序“我的税”（Мой налог），用户只需两次点击便可轻松注册，绑定银行卡可立即支付税款，而不再使用在线收银台或提交传统意义上的纳税申报书，无须跟税务机关产生任何其他联系。在这项税收制度下，不强制缴纳养老保险，且在收入超过 1 万卢布后利率将分别自动下调至 3% 和 4%。截至 2022 年年底，已有 6.56 万人注册，共上缴预算 375 亿卢布，超过了 2020 年的 10 倍。其中大部分人从事出租车运营、建筑和营销服务、咨询、公寓租赁等工作。自由职业者所得税也被视为俄罗斯征收数字税的一项有益尝试。在该税的基础上，根据新的公民就业法配套法律草案，将由联邦税务局负责创立和维护数字就业平台登记册，这将成为俄罗斯私营部门收入合法化的又一重要步骤。

在俄罗斯，中小企业可选择适用简化税制，但需要满足一定条件：员工数量不超过130人；收入不高于2亿卢布；固定资产余额不超过1.5亿卢布。对于组织的单独要求还包括：禁止设有分支机构的组织适用该税制；其他组织参股的份额不超过25%；如果当年前三个季度收入不超过1.125万亿卢布，也可适用该税制。为减轻行政负担，联邦税务局通过了简化税制的自动化法案，2022年7月至2027年年底同样在上述四个联邦主体试点运行。适用该税制将免除企业或个体户的利润税或所得税、增值税和财产税，条件是员工人数不得超过5人，年收入不得超过6000万卢布，固定资产余额不得超过1.5亿卢布，且工资仅以非现金形式支付。税务机关根据授权银行传送的非现金收支数据计算税款，而纳税人则使用在线收银台计算。过渡到简化税制后无须再进行现场检查，且企业不需要提交任何免于缴纳强制养老金、社会和医疗保险（联邦预算将对此予以补贴）的证明。

（二）税收控制的新工具

增值税支付控制的自动化，是俄罗斯实现税收收入增速高于总体经济增速的关键因素之一。在自动信息系统“税-3”的框架内，联邦税务局分阶段引入了增值税的风险管理系统。第一阶段是控制预算中增值税退税的合法性。在一个标准算法的基础上，俄罗斯开发了自动化的控制系统“询问增值税”（АСК НДС），用于判定具有重大税收违法风险的纳税人。他们在俄罗斯境内的所有活动将受到全面的税收控制。第二阶段，着力扩大增值税电子申报的范围，标志是2014年第134号联邦法生效，以及2015年《俄罗斯联邦税法典》第174条新增关于以电子形式提交增值税申报表的义务条款。第三阶段引入了增值税管理的创新模式“询问增值税-2”（АСК НДС-2），基于新的数据匹配算法对案头控制业务流程进行了再造。一方面，缩短了检查时间并提高了工作效率；另一方面，通过降低纳税主体在申报过程中提供虚假信息的可能性，以及对增值税业务活动进行的总量控制，为联邦预算提供了额外收入，减少了控制之外的“影子”营业额，提高了交易的透明度，确保了国家税收安全。如表 2 所示，2017 年和 2018 年俄罗斯增值税收入的高速增长，在很大程度上是由征管制度创新推动的，分别带来 2210 亿卢布和 1139 亿卢布的额外收入。

表 2　2016—2022 年俄罗斯 GDP、联邦预算和增值税收入变化　（单位：%）

指标	2016 年	2017 年	2018 年	2019 年	2020 年	2021 年	2022 年
GDP	0.2	1.8	2.8	2.2	–2.7	5.6	–2.1
联邦预算收入	–1.5	12.1	28.9	3.8	–7.3	35.1	10.0
非油气收入	10.5	5.8	14.5	17.5	9.9	20.4	0.1
增值税收入	8.0	12.4	17.1	17.9	1.5	27.9	3.7

资料来源：笔者根据俄罗斯统计局和财政部公开数据计算。

在“询问增值税 –2”的基础上，联邦税务局与联邦海关局一起创建了进口商品的可追溯项目，旨在打击市场上的非法参与者，避免由于低估进口商品价值而导致的关税和增值税歉收。来自大型纳税人的十余个产品组加入了试点项目。这使“一日公司”变得无利可图，他们无法像之前一样逃避增值税。2016 年，俄罗斯在毛皮领域首次启用强制性标签，仅在半年的时间内，就有超过 25% 的市场参与者实现了合法化经营。俄罗斯还基于同样的原则创建了药物生产的电子系统。2018 年，俄罗斯确定了烟草产品和鞋类商品的标签试验期。俄罗斯政府希望在 2024 年前创建一个特殊系统或电子平台，以跟踪商品从生产到消费的流通全过程。

另一个重要的趋势是强制使用在线收银台，以提高中小企业现金周转的税收控制效率。2017 年，俄罗斯中小企业开始向在线收银台过渡，自动向税务机关传输财务数据。根据纳税人的活动类型、税收制度以及结算方式分阶段完成。纳税人必须能够访问互联网，与数据运营商签订协议，并在税务机关登记收银台。对于企业来说，在线收银台使大数据分析成为可能。收银台注册仅需约 10 分钟，税务机关无须检查。向数字收据过渡也将消费者保护提高到一个新的水平，消费者可以通过电子方式接收和存储收据，使用联邦税务局的移动应用程序“发票验证”进行检查并质疑与投诉。2021 年 7 月，为个体户设置的两年延迟期结束，标志着强制过渡的最终完成。在这四年间，有150万名纳税人注册了350万台在线收银台。平均每天产生2亿张发票。[①] 在线收银台的引入，有利于俄罗斯税务机关在贸易数字化的背景下强化税收征管。

与此同时，俄罗斯顺应全球税务透明化趋势，积极与外国开展多边和双边税收合作，打击利用海外账户避税的行为。2015年7月，《多边税收征管互助公约》在俄罗斯生效。2017年1月，联邦税务局在二十国集团税基侵蚀和利润转移（BEPS）第13项行动计划《转让定价文档和国别报告》框架内，签署了《关于国别报告信息交换的多边主管当局间协议》。2018年，俄罗斯成为第二批加入国际金融账户涉税信息交换（CRS）的国家，截至2022年，与其自动交换的伙伴数量达96个司法管辖区。2022年10月，二十国集团财政部部长和中央银行行长会议批准了关于加密资产交易报告的示范规则，以及对CRS统一标准的补充，成为税务信息自动交换的一个组成部分。同年11月，联邦税务局自主开发的基于CRS识别税收风险的自动化系统，被评为金砖国家税收管理领域的最佳实践之一。此外，作为经验交流的一部分，俄罗斯还以各种形式向外国税务局提供技术援助。作为其中的典型案例，俄罗斯主导的欧亚经济联盟计划在2025年前开发一个进口商品的数字可追溯性系统，以控制在联盟单一关税区内开展业务的合法性，既不会使货物处理程序复杂化，也不会增加市场参与者的负担。

（三）新的纳税人服务

单一纳税是数字经济条件下俄罗斯加强税收征管的重要创新。根据2018年7月第232号联邦法，《俄罗斯联邦税法典》第45.1条确定了一个新术语“单一纳税支付”（ЕНП），也被称为“预付储蓄罐”[②]，在纳税截止日期之前存储用于支付税款的必要资金。自2019年起，个人可在自愿的

---

① ФНС завершила реформу в сфере онлайн-касс. https://www.nalog.gov.ru/rn77/news/activities_fts/11098495/.

② Е. Г. Васильева. Единый налоговый платеж для бизнеса: новый этап цифровизации в сфере налогообложения // Имущетсвенные отношения в РФ. 2022. № 3. С. 92–99.

基础上选择该机制，即在一个付款订单上支付所有的税款、预付款以及其他形式的欠款。这不仅简化了计算强制性付款的程序，还排除了纳税人在同一时间对不同税种存在欠税或多缴的可能性，降低了在债务核算和重复付款等操作中出现错误的频率。[①]2022 年 7 月，该机制扩展到法人实体和个体户。自 2023 年起，联邦税务局自动为所有纳税人开立一个特殊账户，即单一税收账户（ЕНС），覆盖《俄罗斯联邦税法典》规定的所有税收类型。在纳税截止日期前，强制法人实体、个体户和个人（自由职业者例外，他们可自愿选择纳税方式）通过“单一纳税支付”进行补充。ЕНС 的引入将在“单一纳税支付”的基础上，进一步简化税收核算程序，强化纳税人与税务机关的互动，同时加大税收征缴力度，促进联邦预算增收。

新冠疫情时期，作为抗疫反危机措施，2020 年联邦税务局创建了“新冠病毒：商业支持措施”模块，向用户提供可获得的社会经济支持措施的相关信息，并为中小企业建立了一个专门的国家登记册，予以 3770 亿卢布的资金支持。2021 年，在维护登记册时又引入了新功能，即定期调整支持措施，并对其有效性进行评估。此外，为监测优惠贷款计划的实施，联邦税务局开发了分布式登记表（区块链平台），每个参与者都能根据分配的角色来处理登记表中的节点数据，并确保这些数据免受未经授权的更改。信贷机构根据第 422 号和第 696 号政府决议批准的规则，使用该平台自动化接受和处理贷款申请。这意味着，联邦税务局与银行系统互动的数字平台已开始运作。银行可以在很短的时间内收到国家登记册上的借款人身份核验数据，而无须额外的证明材料，这极大地加快了企业获得优惠贷款的流程。大型银行希望该平台功能能够进一步拓展，其中最受欢迎的功能包括：实施新的国家商业支持计划，为客户提供无纸化的结算和贷款服务，形成客户档案并进行风险分析等。

联邦税务局官方网站是提供电子化税收服务的有效工具之一。根据俄罗斯经济发展部的评级，联邦税务局在官网指标的复杂度方面，位居俄罗

① Е. Л. Гулькова, М. В.Карп, М. В. Типалина. Перспективы применения единого налогового платежа в цифровой экономике // Вестник университета. 2022. № 5. С.144–151.

斯所有联邦行政机关的前三位。[①] 目前，网站上提供 75 种互动服务，较 2018 年增加了 20 余种，简化了获得必要税务证书和许可证、提交税务报告和接受税务咨询的过程，缩短了提供和接受公共服务的时间等。该网站的电子服务能够保证用户数据安全以及系统操作的连续性、用户与税务机关进行域外互动的可能性，并优化和扩展终端用户的需求。访问该网站的人数从 2015 年的 0.37 亿人次增加到了 2018 年的 1.45 亿人次。2021 年，以电子形式提交的国家登记达到近 312.4 万份，较 2020 年的 278.2 万份增长了约 12.3%，而 2016 年仅有 40.8 万份。[②] 公民对服务质量的满意度提高到 99.5%。在此基础上，2022 年，以电子形式提交的国家登记又增长了 1.6%，公民对服务质量的满意度则达到 99.8% 的新高，且超出 2022 年年初的预期指标。

纳税人的“个人账户”一直是联邦税务局提供的最受欢迎的互联网服务。截至 2022 年年底，有超过 5000 万用户（自然人）注册，用于核实财产清单、福利、缴纳税金，建立“个人所得税 -3”申报表并跟踪检查进度，而 2015 年仅有 1470 万人，2018 年有 2480 万人。用户可以使用未经认证的增强电子签名提交申报表，申请抵消或返还多付款项、享受税收优惠，通知优惠对象遴选，通知接收或拒绝纸质文件，要求提交预算审计情况、纳税义务履行情况、对账报告等文件。通过法人的个人账户可以查看所有应计、支付和未支付款项的信息，还可向税务机关发送任何请求，如从法律实体的统一国家登记册中接收摘录信息、进行联合对账、选择接收回应的方式、跟踪文档状态等。为了提高服务质量，“请求目录”会定期更新，使问题选择的适配度更高。2022 年 12 月，在用户反馈的基础上，联邦税务局推出了“个人账户”的更新版本。纳税人可以为自己定制服务的主页

① Е. Ю. Орлова, П. В. Седаев., С. В. Устинкин. Влияние современных электронных технологий на отншения налоговых органов и налогоплательщиков // Власть. 2022. № 5. С.184–188.

② Е.С.Вылкова, Н.Г.Викторова, Н.В.Покровская. Технологическая трансформация процедур налогового администрирования как фактор экономического роста // Journal of New Economy. 2020. №1. С.53–71.

面，更改模块的位置，隐藏不感兴趣的内容并在必要时返回。

四　制裁压力下俄罗斯税收数字化的挑战

通过前文的分析可以看出，俄罗斯的税收数字化大致可分为四个阶段：第一阶段，税务机关和法律信息门户网站纷纷建立并完善，纳税人能够使用与操作网站上的所有功能；第二阶段，电子服务和个人账户高效运作，涉及纳税人电子文件的正确管理，审计和税务报告的正确编制、导出和处理；第三阶段，纳税人积极使用数字交互架构、移动应用软件和个性化的互动服务；第四阶段，实现最终目标——创建一个自适应平台，法人实体和个人自动履行纳税义务。根据联邦税务局的计划，2025—2035 年可以实现这一目标。[①] 随着俄乌冲突升级，欧美国家联合对俄罗斯实施严厉制裁，尽管数字化转型依然是俄罗斯优先发展的国家目标之一，但也不可避免地将遭遇诸多挑战。

首先，技术与人才短缺成为俄罗斯税收数字化的最大掣肘。实际上，2014 年之后，欧美国家的制裁已经使“税 –3”系统的稳定运行面临风险，其系统架构不得不转向开源软件。所有新项目都只能使用 Hadoop 生态圈和开源的数据库管理系统（MongoDB, PostgreSQL）软件产品。[②] 考虑到进口替代技术的应用，联邦税务局将制定第四代自动信息系统的构想纳入了 2021 年的工作计划。据专家称，该构想主要涉及对外经济贸易问题，特别是跨国集团的内部贸易。还可能在降低争议交易方面取得进展，以避免税务机关征收过多的“惩罚性”税款。但到目前，还没有相关资料显示俄罗斯在“税 –4”方面取得了任何进展。2022 年爆发的俄乌冲突，导致劳动力尤其是 IT 专家大量外流，部分大型企业（如 VK、俄储蓄银行）禁止远程工作的消息也引发了辞职浪潮。据俄罗斯政府统计，2023 年年初，俄罗斯对 IT 人才的需求

---

① Налоговая служба везде и нигде. https://www.kommersant.ru/doc/3827557.

② Как устроена АИС, на которой работает вся система налогообложения в России. https://www.cnews.ru/articles/2021-08-16_kak_ustroena_aisna_kotoroj_vystroena?ysclid=lg8xpo71ts515735295.

增加了63%，国内市场开放的职位空缺约6万个，是其他行业的1.5至2倍。许多俄罗斯企业开始考虑从印度、以色列和中国引进IT人才。

其次，俄罗斯与欧美国家的相互制裁导致税收合作陷入僵局。2022年，欧美国家陆续终止或暂停了与俄罗斯的税收合作，2023年2月，欧盟理事会也将俄罗斯列入了税务不合作的地区名单。作为对等的反制裁措施，2022年10月，俄罗斯联邦税务局连续发布两份（允许和拒绝）自动交换税务信息的国家（地区）名单，允许交换的名单中剔除了瑞士和开曼群岛，拒绝交换的名单中新增了加拿大和开曼群岛。2023年8月，普京签署一项总统令，暂停执行俄罗斯与包括美国在内的38个“不友好”国家签订的税收协定中的某些条款。该类协定主要规范企业利润税和个人所得税，增值税、消费税和财产税等则不受约束。因此，这首先打击的是在国外获取收入的俄罗斯跨国集团及其子公司，其税收负担将显著增加，国际竞争力和投资吸引力下滑，拥有外国账户的企业和个人也将受到影响。当然，从另一个角度来看，这可能引导境外资本回归俄罗斯本土，或配合对外经济关系的重塑进程转向对俄罗斯友好国家。

最后，俄罗斯税收数字化发展面临前所未有的资金压力。俄乌冲突和随之而来的各种制裁产生巨大的直接与间接经济成本，冲击着俄罗斯财政系统的可持续性。2022年用于反危机的财政支持措施约耗资8万亿卢布。根据预算法，未来三年俄罗斯联邦预算都将处于赤字状态，支出端除了刚性的社会需求外，国防和军费支出的增加也不可控，收入端将高度承压。俄罗斯财政部的最新数据显示，2023年1月至4月，联邦赤字达到3.4万亿卢布，已超过全年计划2.9万亿卢布。主要是由于石油和天然气收入同比下降了52%，俄罗斯急需为能源和资源类产品出口寻找新的替代市场。自2023年年初以来，国家福利基金都未能得到补充，部分资金还被提取出来，满足当前支出需求或投资。俄罗斯近年来首次提出进行新一轮的大私有化为预算创收，其他创收方式还包括提高资源型行业的税收、向企业征收暴利税等，这都将对俄罗斯经济发展造成负面影响。俄罗斯政府寄希望于通过数字化发展增加税收收入，而数字化进程又无疑将受限于经济低迷导致的公共支出收缩。

Research on the Digtal Transformation of Taxation in Russia

Ding Chao

Abstract: Russia's digital transformation begins with the digitalisation of the tax sector, which has gone through three main phases roughly since the Russian Federal Tax Service launched its official website in 2002, and is focused on moving towards achieving the ultimate goal. The digital transformation over the years has enabled Russia to achieve a tax growth rate that exceeds the overall economic growth rate and makes it almost technically difficult to avoid taxes. At the domestic level, the Federal Tax Service of the Russian Federation is a leader in the digitalisation of public systems, having developed the automated information system "Tax-3", which is expanding and extending its functionality to all sectors of the economy and society, and has become the basis for the construction of a digital government in Russia. At the international level, the Federal Tax Service is a world leader in the digital transformation of the tax system, with innovations in the VAT automated control system, the tax monitoring mechanism, the freelance income tax, personal accounts, and the single tax payment system, all of which have been highlighted by the Organisation for Economic Co-operation and Development as examples of how Russia's voice in the international tax community has been strengthened. The outbreak of the Russia-Ukraine conflict in 2022 and the ensuing U.S.-European sanctions against Russia have not shaken the Russian government's determination to push forward digital transformation, but they have interrupted tax cooperation with "unfriendly" countries, stalled its participation in the process of international tax governance, and made the future development of tax digitisation face more challenges.

Keywords: Russia; Tax Digitisation; "Tax-3" System; Tax Monitoring; International Tax Governance

俄罗斯社会转型三十年：从总体性社会到市民社会*

马　强①

【摘要】苏联解体三十多年来俄罗斯经历了深刻的转型。相比于政治转型和经济转轨，社会转型更为复杂、漫长和具有不确定性。本文试图通过“国家—社会”关系的视角来审视俄罗斯的社会转型，即从总体性社会向市民社会转型。虽然按照西方市民社会理论，俄罗斯的社会转型并不成功，公民自组织程度不高、公民的权利并没有切实得到保障、国家权力对市民社会干预不断。但与此同时，俄罗斯的社会转型却实现了社会稳定、社会团结的目标，形成了俄式市民社会。俄罗斯的经验有益于我们反思社会转型、市民社会等已经相对成熟的概念，同时又可以在文化逻辑和历史脉络中理解俄罗斯社会的结构和变化。

【关键词】俄罗斯；社会转型；市民社会；社会团结；新俄罗斯思想

---

* 本文为国家社科基金一般项目“‘一带一路’视域下中俄边民社会交往与互惠的民族志研究”（项目批准号：19BMZ042）的阶段性成果。原文刊载于《中国社会科学》（英文版）2021 年第 4 期。详见 Ma Qiang, “Three Decades of Social Transformation in Russia: From a Totalist Society to a Civil Society”, *Social Sciences in China*, Volume 42, Issue 4, 2021, pp.179–193。

① 马强，中国社会科学院俄罗斯东欧中亚研究所副研究员，中国社会科学院俄罗斯研究中心副秘书长。

苏联解体三十多年来，俄罗斯各个领域的制度发生了根本性变化。相对于政治转型和经济转轨，社会转型延续的时间更为漫长，若从戈尔巴乔夫改革算起，俄罗斯社会转型的历程还会更长一些。“社会转型”是过去三十多年来俄罗斯社会的总问题，它不仅是制度的转变，还是社会主体的“转型”，作为最基本的社会主体，个人在行为、思想上的转变需要很长时间，甚至是几代人的时间。社会转型本身也是十分繁杂，弥散在社会制度、社会变迁以及社会生活之中，很难对其进行全面把握。本文选取了“国家—社会”关系的视角来解读俄罗斯社会转型，这也是俄罗斯社会转型的核心问题。在这个视角下，俄罗斯社会转型是从苏维埃时代的“总体性社会”转向“市民社会”。从社会关系来看，社会转型让苏维埃时代个人—国家垂直依附关系向个人之间横向连接的社会形态转变。当然，“市民社会”是俄罗斯社会转型的“理想型”，在实践中是否能按照这种理想型来转变是本文最为关注的问题。

一 俄罗斯社会转型的“理想型”：从总体性社会到市民社会

苏维埃时期的俄罗斯社会具有“总体性社会”的特征。“总体性社会”结构中，国家几乎垄断了全部重要资源。这种资源不仅包括物质财富，也包括人们生存和发展的机会（其中最重要的是就业机会）及信息资源。[①]在苏维埃时代，国家权力延伸到社会领域，通过高度集中的权力实现对社会资本的控制和分配，呈现“行政吸纳社会”的状态。个人失去了自由发展的公共空间，计划经济体制在社会领域延续，将个人牢牢地捆绑在国家机器上，建立起个人对国家的依附关系。总体性的社会结构在特定的历史时期具有动员民众、整合资源的功能，但国家对社会长期监控与吸纳会导致社会缺乏活力、个人缺乏自由，这也是最终导致苏维埃政权日渐衰落，最终失去民心的重要原因。

① 孙立平等：《改革以来中国社会结构的变迁》，《中国社会科学》1994年第2期。

苏联解体以后，无论是社会结构还是社会关系，社会转型无疑打破了原有的秩序，秩序的改变往往会带来“失范状态”[①]。这在当时的文献和当事人的回忆中可以还原那个时代鲜活的场景：私有化中的寻租行为，腐败丛生，拜金主义、金钱至上的观念，信任感缺失等社会乱象都是失范（尤其是道德失范）的表现。面对失范，社会学家埃米尔·涂尔干（Émile Durkheim）给出的药方是社会团结。他区分了两种类型的社会团结，即机械团结和有机团结[②]。在机械团结的状态下，社会在某种程度上是由全体成员的共同情感和共同信仰组成的，集体人格完全吸纳了个人人格；在有机团结的状态下，社会是由一些特别而又不同的职能通过相互间的确定关系结合而成的系统。每个人都拥有自己的行动范围，有自己的人格。这种自由发展的空间越广，团结所产生的凝聚力就越强。在涂尔干看来，从传统社会向现代社会转型，就是以有机团结代替机械团结的模式。以这种社会团结为视角来审视俄罗斯社会转型也是合适的。苏维埃时代的总体性社会是典型的机械团结模式，但它并非传统意义上的机械团结模式。传统的机械团结相对而言是简单社会的自然状态，是国家动员能力比较弱的后果。苏维埃社会的机械团结模式“是一种现代复杂社会人为规划的状态，是强势国家对社会生活过度介入的后果”[③]。从涂尔干的古典社会学中汲取营养，我们会为俄罗斯社会转型提出实现路径——从机械团结到有机团结。社会转型赋予了脱离国家和集体束缚的个人更多的自主性。这种自主性让广泛的横向社会连接，即有机团结有了实现的可能。

在涂尔干以后，社会团结成为社会学的经典议题，社会学家们讨论了社会团结的各种路径。塔尔科特·帕森斯（Talcott Parsons）理解的团结是某种协商，能够将所有公民聚集在一起的利益，这会造成社会稳定价值、道德和环境的形成。这种团结的基础在于所有社会系统成员的“同意”和

① ［法］埃米尔·涂尔干：《社会分工论》，渠东译，生活·读书·新知三联书店 2000 年版，第 14 页。

② ［法］埃米尔·涂尔干：《社会分工论》，渠东译，生活·读书·新知三联书店 2000 年版，第 89-92 页。

③ 高丙中：《社团合作与中国市民社会的有机团结》，《中国社会科学》2006 年第 3 期。

对社会秩序规则的“接受”。尤尔根·哈贝马斯（Jürgen Habermas）认为社会团结源自交往行为。尼克拉斯·卢曼（Niklas Luhmann）进一步发展了哈贝马斯的交往行为理论，分化的社会体系建成自治的子系统（政治的、经济的、社会的），系统内部会根据某个理由交往并引起变化。按照卢曼的逻辑，民众的自我管理和政治系统自治是相容的。科恩（Jean Cohen）和安德鲁·阿拉托（Andrew Arato）继承了卢曼的社会分化理论[①]，并将“自组织”与市民社会的理念联系在一起。他们认为自组织一方面是政治、经济和社会领域的自治，另一方面，复杂的市民、社会和政治法律体系制约着当代社会分化。市民社会为“自组织”提供了自由空间，这个自由空间保障了个人与社会交往的自由，也保障了各种社会子系统交往的自由。

在此思想脉络下，市民社会理论在东欧剧变、苏联解体后一片“历史的终结”的欢呼声中再获生机。“市民社会”一词进入俄罗斯社会—政治领域是在20世纪80年代末，和处于改革时期的大规模社会运动联系起来。在当时，俄罗斯学者在西方的理论体系中找到了市民社会的理论来源，并出版了一系列作品，这些作品让市民社会这个概念进入了俄罗斯的学术领域。正是在这些俄罗斯学者的引荐下，托克维尔、哈贝马斯、卢曼、阿拉托、盖尔纳、卡多索、科恩、帕特南、塞利格曼等人的市民社会理论进入俄罗斯学术领域。在这些西方理论的影响下，当时的俄罗斯学界普遍认为市民社会是社会发展的必经阶段，认为市民社会是相对独立的公民组织和社团的联合体，这些组织协调个人和国家之间的关系，并保障其权利和自由。[②]

托克维尔基于美国的经验，对个人结社的必要性进行了充分的探讨。[③]作为市民社会的制度，公民组织能够解决国家制度无法解决的问题。国家之外的社团联合是“社会生活的自由空间”。“人只有在相互作用之下，才

---

① Арато Э., Коэн Дж. Гражданское общество и политическая теория. Весь Мир. 2003.с.10.

② Рябев В.В. Гражданское общество современной России: проблемы и перспективы становления//Вестник МГТУ, том13, №2, 2010г. с.439-445.

③［法］阿历克西·德·托克维尔：《论美国的民主》，董果良译，商务印书馆1989年版，第638-640页。

能使自己的感情和思想焕然一新，才能开阔自己的胸怀，才能发挥自己的才智……民主国家要人为地创造这种作用，而能够创造这种作用的，正是结社。”[①] 个人结社是时代的必然产物，个人和国家的关系面临调整。“人们越来越不能单由自己去生产生活上最常有和最需要的东西的时代，正在来临。因此，政府的任务将不断增加，而政府当局的活动本身又将日益扩大这项任务。政府当局越是取代社团的地位，私人就越是不想联合，而越要依靠政府当局的援助。这个原因和结果将不断循环下去。”[②]

在20世纪的市民社会理论发展中，对结社、社会自组织的可能性和实现路径进行了更为细致的探讨。哈贝马斯将市民社会理解为介于个人和国家之间的社会领域，这个领域是由个人和国家之间的交往形成的。在20世纪60年代初，哈贝马斯认为市民社会具有公共性，最具代表性的就是“公共领域”。所谓“公共领域”，首先指社会生活的一个领域，在这个领域中，像公共意见这样的事物能够形成。公共领域原则上向所有公民开放，公共领域的一部分由各种对话构成，在这些对话中，作为私人的人们来到一起，形成了公众。公民们作为一个群体来行动，他们可以自由地集合和组合，可以自由地表达和公开他们的意见。[③]

科恩和阿托拉认为，市民社会的基础是非政治性的志愿者组织。市民社会是“社会组织的建立和组织内的生活”，进行自我组建、自我动员和制度化建设，作为市民社会再生产的密不可分的条件。[④] 普林斯顿大学的政治学者马克·E. 沃伦（Mark E. Warren）也持相似的观点，他在观察了各种组织后认为，市民社会就是社会组织的领域，其中，主要是志愿组织之间的关系，排除了朋友之间和家庭之间的私人的相互关系。市民社会是非

① ［法］阿历克西·德·托克维尔：《论美国的民主》，董果良译，商务印书馆1989年版，第638页。

② ［法］阿历克西·德·托克维尔：《论美国的民主》，董果良译，商务印书馆1989年版，第637-638页。

③ ［德］尤尔根·哈贝马斯：《公共领域》，汪晖译，载汪晖、陈燕谷主编《文化与公共性》，生活·读书·新知三联书店1998年版，第125页。

④ Арато Э., Коэн Дж. «Гражданское общество и политическая теория». Весь Мир. 2003.С. 7-9.

政治性的，增进社会福祉是其目标。市民社会建立在社会组织之上，社会和政治理论更加关注社会组织、国家和市场的相互关系。[①] 在这里，市民社会领域成为独立于政治领域和经济领域的“第三领域”。

后社会主义国家的市民社会的形成与特征也成为很多学者的研究主题。霍华德（Marc Morjé Howard）认为市民社会是国家和家庭之间的独特领域，只有制度化能保障公民自组织能长远地发展，这些制度要有如下特点：有效的、受人尊敬并是有责任的；迫切的，符合社会需求、传统或者文化；需要时间（有时候是几十年甚至是几代人）才能让制度巩固并证明其有效。[②] 诚如霍华德的代表作《后共产主义时代欧洲软弱的市民社会》一书的题目一样，在后共产主义国家，特别是俄罗斯，市民社会建设，尤其是市民社会制度化确立要经历一个长期的历史过程。波兰社会学家伏努克－利平斯基关注社会主义国家的市民社会，认为“市民社会是非国家制度、行动于公共领域的组织和民间团体的总和”[③]。在伏努克－利平斯基看来，市民社会发展的制度性环境有如下前提：存在公共空间，在这个空间里社会力量能自由地进行制度化；存在不受国家监控的社会（公开）交往；存在各种形式的交换价值和服务的市场，保护个人的权益。如果没有第一个条件，没有社会力量的自由的制度化空间，这样就会被不民主的国家控制。在市民社会制度化背景下脱离国家自治的组织和联合会就不会实现。在这种情况下，公共空间出现的是被国家控制的伪市民社会组织[④]。

由此可见，市民社会是制度和非营利组织的总和，同时也包括组织成员的价值——信任、协同、利益的和谐、开放性等。市民社会制度化的轴心是公民自组织，这种自组织并不趋向商业利益，而是有益的社会的使命（教育和社会保障，医疗的发展，科学和文化等）。这些公民组织可以被称为公共领域，公共领域中孕育着各种价值，如结社的志愿性，成员之间的

① Mark E. Warren, *Democracy and Association*, Princeton Univ. Press, 2001, PP.56–58.

② Ховард М.М. Слабость гражданского общества в посткоммунистической Европе. М., 2009. С.11, 33–34, 53.

③ Внук-Липиньский Э. Социология публичной жизни. М., 2012. С. 188.

④ Внук-Липиньский Э. Социология публичной жизни. М., 2012. С. 192–193.

信任，对价值观体系的忠诚，还有主动精神。

二　当代俄罗斯市民社会的现状：社会自组织、志愿和慈善事业

社会团结达成的路径为协商、交往、共同性的创造，组织化则是实现这种社会团结重要的方式，个人组织在一起或为协商、交往、共同性创造的前提，或为其结果。而在有机团结的理念下，人际横向结合是有自由人格的个体通过自我组织方式实现的。诚如上文所述，市民社会为社会自组织和有机团结的形成提供了空间和机会。“社会自组织”是建立在公民协商基础上，并有明确目标的社会组织形式，它是市民社会的重要实践，也是反映市民社会活力的重要指标。市民社会的组成要素是各种非政府和非营利的公民组织，包括公民的维权组织、各种行业协会、民间的公益组织、社区组织、利益团体、同人团体、互助组织、兴趣组织和公民的某种自发组合等。由于它既不属于政府部门（第一部门），又不属于市场系统（第二部门），所以人们也把它们看作介于政府与企业之间的“第三部门”（the third sector）[①]。

在俄罗斯，社会组织普遍被命名为“非营利组织”（НКО，即некоммерческая организация）[②]。“非营利组织”这个名称强调了社会组织与企业和公司等市场组织的区别，突出其非营利性。《俄罗斯联邦非营利组织法》中规定，非营利组织是“不以获取利润为自己活动的基本目的，且不在成员中分配利润的组织”。[③]俄罗斯并未使用西方广泛接受的“非政府组织”来命名社会组织，正是俄罗斯社会组织与政府部门、政治组织密切关系的

① 俞可平：《中国公民社会：概念、分类与制度环境》，《中国社会科学》2006年第1期。

② 许多中文文献将некоммерческая организация直译为“非商业组织”，而本文认为将其译为“非营利组织”（Nonprofit Organizations, NPO）更符合国际惯例，强调社会组织的非营利性特点而并不是强调非经济部门的形式。

③ 法律文本具体内容参见网址http://www.consultant.ru/popular/nekomerz/71_1.html#p71，第2款，第1条。

写照，但从俄罗斯出台的相关法律条文中来看，非营利组织从目的和类型上具有市民社会组织的非营利性和非官方性。非营利组织致力于解决俄罗斯的社会问题，推动市民社会发展，其类型包括社会或者宗教的组织（协会），俄罗斯联邦各少数民族公社、哥萨克协会、非营利组织联合会、非营利组织的自治机构、社会自治机构、慈善机构以及其他基金会、社团和联合会，也包括其他符合联邦法律的组织形式。[①]

截至 2021 年 8 月，共有 210417 个非营利组织在俄罗斯司法部注册。[②]其中，社会组织 59497 个，自治社会非营利组织 32745 个，宗教组织 31792 个，职业联盟 16302 个，非商业基金会 19111 个，法律人士联合会（联盟、协会）11948 个，非营利合作组织 8517 个，哥萨克协会 2576 个，政党 2073 个，社会基金会 1907 个，人口较少民族协会 1638 个，社会运动 1490 个，民族文化自治协会 1243 个，地方社会自治组织 1086 个，以及其他类型的非营利组织。

在俄罗斯，由于种种条件的限制，还有很多非营利组织不在司法部注册，不具备法人资格。近年来，正式注册的非营利组织数量并没有增长，许多并未注册的非营利组织没有纳入统计范畴。俄罗斯联邦社会院认为，在俄罗斯非营利组织的数量被大大低估了。另外，并非所有正式注册的非营利组织都开展活动，据不完全估算，真正开展活动的非营利组织不超过 40%。[③]

根据“市民社会指数”[④]的测评，俄罗斯市民社会有优势也有不足。较为完善的方面有：社会自组织制度化程度高，有领导或集体决议机构；大

---

① 法律文本具体内容参见网址 http://www.consultant.ru/popular/nekomerz/71_1.html#p71，第 2 款，第 3 条。

② 参见 http://unro.minjust.ru/NKOs.aspx。

③ Общественная палата Российской Федерации: –Доклад о состоянии гражданского общества в Российской Федерации за 2010 год, М., 2010, С. 24.

④ “市民社会指数”（Civil Society Index，CSI）是测评世界各国市民社会状态的指标体系。市民社会指数包括 5 个维度：社会参与（吸引民众加入社会和政治组织行动的吸引力）；组织性（市民社会基础结构的组织化水平）；实践性的价值（呈现社会中价值结构的水平）；影响（市民社会的社会和政治影响）；环境（影响市民社会行动的社会经济环境）。由这 5 个维度构成“钻石图”，较为直观地反映社会领域现状。

多数社会组织确立了民主决策机制；社会组织非常积极地发展和扩大与其他组织之间的关系，它们定期会面、交换信息，有的还成立了联合会。不足的方面有：无论是非营利组织的工作者还是志愿者，加入社会组织并不是主要的日常实践；社会组织的积极性只限于社会领域，而对政治领域的态度相对冷淡；很多社会组织运作并不规范，还存在腐败问题；社会组织的影响力不高，在解决社会问题的时候无法发挥主导作用，与政府机构一起对话、合作解决社会问题在实践中很难施行；公民对社会组织的信任度很低，俄罗斯公民多是参与非正式的慈善、非组织化的捐赠；社会组织的财政状况不稳定，多数组织的资金来源都是依靠会员缴纳的会费，有多个收入来源的组织很少。

近年来，俄罗斯在互联网虚拟空间里形成了一个能够产生公共舆论和社会行动的公共领域。2021 年年初，一个月内在互联网上阅读、观看新闻和信息的俄罗斯网民数量已经占到总人口的 56%。31% 的俄罗斯人使用社交媒体和即时通信工具。[①] 活跃于网络世界的网民大多数是受教育程度较高的中青年人，他们思维活跃、思想独立、关心社会、政治嗅觉敏锐、公民意识强。网民群体在网络公共领域会形成针对某个事件而聚集起来的市民社会组织，出现了公民互助的网站，如 democrator.ru、taktaktak.ru、streetjournal.ru 等。这种社会自组织形态生成的催化剂或者是自然灾害（如针对 2010 年的火灾，俄罗斯保护希姆基斯克森林中的“蓝色水桶”运动），或者是对现政权低效率的不满[②]，前者在 2020 年以来的俄罗斯新冠疫情爆发以来反应明显，而后者在“为了诚实的选举”运动中表现突出。互联网创造了新的政治讨论空间，一些新媒体甚至是公民参加政治活动的唯一途径，公民依此来评估俄罗斯的政治形势，评论改革的必要。[③] 随着俄罗斯

① Источники информации: интернет. https://fom.ru/SMI-i-internet/14538.

② Сидоренко А., Настоящее и будущее российского Интернета:существующее положение, региональная проекция,перспективы, Вестник общественного мнения, июль–сентябрь 2010,№ 3 (105).

③ Regina Smyth and Sarah Oates, “Mind the Gaps: Media Use and Mass Action in Russia”, *Europe-Asia Studies*, № 32, 2015, pp.285–305.

社会网络化程度加深，互联网已经成为民众表达社会情绪、形成多元社会舆论、孵化新的政治势力的网络公共领域。

俄罗斯是受新冠疫情影响较大的国家，疫情爆发初期没有得到有效防控，导致后续发展迅速，但在疫情防控过程中，俄罗斯的社会力量被有效动员起来，形成社会自组织参与社会治理的局面。在诸多社会行动者中，志愿者在此次俄罗斯抗疫过程中表现尤为出色，无论是在抗疫一线的“红区”，还是在救助因疫情受困的弱势群体，维系社会秩序，提供心理咨询与法律援助方面，都活跃着志愿者的身影。新冠疫情下俄罗斯的志愿者行动为我们展示了俄罗斯社会的生动画卷，对我们理解俄罗斯社会运作逻辑，国家与社会的关系大有裨益。

在新冠疫情之下，俄罗斯影响最大的志愿者行动是“我们在一起”（МыВместе）运动，它是由 DOBRO.RU 网、全俄人民阵线、“医务志愿者”全俄社会运动（Волонтеры-медики）和俄罗斯志愿者协会（Ассоциация волонтерских центров）共同推出的。“我们在一起”运动提供了一个公益慈善的平台，每个人都可以在这个平台上成为志愿者向他人提供帮助和寻求帮助。该行动为疫情期间有需求的人提供帮助，呼叫中心全天候工作，及时处理援助申请和提供咨询信息。该行动在全俄 60 个联邦主体都设立了志愿者服务站，这保证了有需求的人提出的申请能得到及时处理。

“我们在一起”运动平台的志愿者服务对象为孤寡老人、残疾人、孤儿、退伍军人等弱势群体，志愿者为他们运送食物、生活必需品、药品，提供家政服务。很多志愿者是医学院在校学生，他们直接进入医院，甚至是“红区”（即接诊、收治新冠病毒感染者的诊疗区域）。除此之外，志愿者还对自我隔离的群体和医护人员提供心理疏导、信息和法律援助。“我们在一起”运动一开始，便吸引了 9000 多家志愿者组织加入其中。[①] 来自企业和个人的捐款总额超过了 18 亿卢布，为 600 万人提供慈善援助，共拥

---

① В Москве наградили участников, организаторов и партнеров Общероссийской акции взаимопомощи #МыВместе: // Сайт Общероссийского народного фронта, 28.08.2020, https://onf.ru/2020/08/28/v-moskvenagradili-uchastnikov-organizatorov-i-partnerov-obshcherossiyskoy-akcii/.

有9700家合作者。

在以往对于俄罗斯社会的理解中，“强国家弱社会”的格局是基本认识。但在此次充满不确定性的疫情之中，尤其是在疫情爆发前期，国家治理失效、行政能力不足的时候，以志愿者行动为代表的社会力量及时跟进，在一定程度上化解了俄罗斯社会失范的风险。我们深入分析俄罗斯的志愿者行动，会发现其背后的最大的推动力和资源提供者仍是政府机构。社会力量是在国家力量的培育下生长，这是俄罗斯社会的特点，与俄罗斯的慈善、志愿服务事业发展的历史轨迹是一致的。如果说，以往的俄罗斯国家与社会的关系被描述成为纵向的依附关系，那么，新冠疫情下俄罗斯的社会行动让我们看到了公民之间、社会组织之间的横向结合，这也构成了社会团结的维度。正是在这种纵横交错的格局下，如同经纬线交织构成的一张社会之网，这张网被编织得越细密，则意味着社会韧性就越强。在抗击疫情的实践中，我们发现俄罗斯社会纵向与横向的联结都得到了加强，这会让社会秩序更加稳固，让社会更具活力和韧性。

三 俄罗斯国家与市民社会的关系

在俄罗斯，政府对市民社会有着复杂的态度：一方面，政府认识到市民社会的重要性，承认非营利组织的作用，认为“第三部门”在俄罗斯是社会发展的现实和可能的模式；[①] 另一方面，市民社会的发展独立于政治和经济领域，而在俄罗斯，始终有将社会领域纳入国家权力控制下的倾向。而这本身就是悖论，俄罗斯市民社会就是在这种和政府复杂的关系中踯躅前行。

① Доклад о развитии институтов гражданского общества в России, Фонд развития гражданского общества М., 2013, http://civilfund.ru/mat/20.

（一）俄罗斯政府对市民社会的限制与规范

20世纪80年代中期至90年代中期，一些外国非政府和非营利组织[①]开始进入俄罗斯。这些非政府和非营利组织基本的信念是按照西方理念构建后社会主义市民社会[②]，当时，俄罗斯对这些外来组织和理念的态度是积极的，期待用西方民主政治、市场经济和市民社会的理念达到发达国家的状态。20世纪90年代中期，《俄罗斯联邦社会联合组织法》《俄罗斯联邦非营利组织法》和《俄罗斯慈善法》相继出台，为外国非营利组织在俄罗斯的活动提供了法律基础和广阔的发展空间。

在外国非营利组织和资本进入俄罗斯后，市民社会的发展影响了国家权力的稳固，造成了市民社会与国家权力之间关系的紧张。从国际政治和国际关系上考量，外国非营利组织和外国资本介入市民社会建设，对俄罗斯国家安全和稳定也造成了威胁[③]：以违反"人权"为由干涉俄罗斯内政；培植亲美势力，为进一步遏制俄罗斯奠定基础；收集俄罗斯公开情报，为美制定对俄政策提供参考；支持"颜色革命"，对俄罗斯渗透，扶持反对派发展，为制造"革命"积蓄力量。

2003—2005年，在"后苏联空间"相继爆发了"颜色革命"，"一些国际NGO成为西方推动'颜色革命'的急先锋和马前卒。这些组织通过指导反对派活动、组织集会抗议、利用舆论施压等方式，最终达到了改造他国政权的目的"[④]。"颜色革命"为俄罗斯政府敲响了警钟，俄罗斯进一步加

① 如无国界医生（1988年）、绿色和平（1989年）、基督教青年会（1991年）、非暴力国际（1992年在莫斯科成立独联体区域分支机构）、大赦国际（1992）等一些国际非政府组织相继进入俄罗斯开展活动。美国律师协会（1992年）、卡内基国际和平基金会（1992年在莫斯科设研究中心）、国家民主研究所、欧亚基金会（1993年进入，2004年改组成新欧亚基金会）等西方非政府组织也开始在俄罗斯进行各种项目的运作。参见王岳《俄罗斯应对外国非政府组织研究》，硕士学位论文，中共中央党校，2009年。

② 在苏联范围内，这种社会或政治空间根本就不存在。任何看起来相似的发展过程或群体都由国家以共产党的名义来控制，而共产党则代表人民来组织社会。市民社会这个理念就是要控制国家范围之外的重要领域，但在旧体制下，这是不可能的。

③ 石欧亚：《俄罗斯非政府组织》，《国际资料信息》2007年第8期。

④ 刘小燕、王洁：《政府对外传播中的"NGO"力量及其利用——基于西方国家借NGO对发展中国家渗透的考察》，《新闻大学》2009年第1期。

强了对公共安全领域的管控，提高对非营利组织特别是外国非营利组织的警惕，修改相关法律，限制外国非营利组织在俄罗斯的各种活动。2005 年 11 月 23 日，俄罗斯通过了《关于对非政府、非营利社会组织强化国家注册程序》。该法律规定，非政府组织和非营利组织在俄罗斯注册，将这些组织纳入国家控制的框架内。2006 年 1 月 10 日，《俄罗斯联邦社会联合组织法》和《俄罗斯联邦非营利组织法》的修正案增加了很多对外国公民在俄罗斯联邦参加社会组织活动的限制条款，对境外机构通过在俄罗斯境内设立分支机构开展活动进行了严格规范。文件明确指出，如果外国非营利组织和非政府组织成立的目的和任务对俄罗斯联邦主权、政治独立性、领土不可侵犯性、民族统一和民族特性、文化遗产和国家利益构成威胁将不予登记。2015 年 5 月 23 日，俄罗斯总统普京签署了《不受欢迎组织法》[①]，该法规定：如果外国或国际非营利组织的活动对“俄罗斯宪法基础、国防力量和国家安全”构成了威胁，可以认定其为“不受欢迎组织”。“不受欢迎组织”在俄罗斯的账户和资产将被冻结，其工作人员进入俄罗斯受到限制，剥夺建立非营利组织、社会和宗教组织的权利。

在 2011—2012 年国家杜马和总统选举期间，俄罗斯爆发了声势浩大的抗议活动。在外国非营利组织行动受到限制的情况下，某些受到国外支持的国内非营利组织被视为总统选举后爆发的抗议游行活动的操纵者，这些组织是国外势力干涉俄罗斯政治走向的“抓手”。2012 年，普京第三次入主克里姆林宫后，这些受外国支持的俄罗斯本国非营利组织被视为“外国代理人”而加以限制。

2012 年 11 月 20 日，俄罗斯出台《外国代理人法》，将“外国代理人”非营利组织认定为“那些得到外国政府及其机构、国际组织和外国组织、外国公民和无国籍人士资助的非营利组织，或者是接受经俄罗斯法人经手的特定来源（国家持股的机构及其附属公司除外）的资金和财产的非营利

① Федеральный закон от 23.05.2015 г. № 129-ФЗ «О внесении изменений в отдельные законодательные акты Российской Федерации». 23 мая 2015 г. http://www.kremlin.ru/acts/ bank/39720.

组织，还包括那些代表外国资助方利益，在俄罗斯参与政治活动的非营利组织”。[①]在其后的2017年、2019年和2020年，俄罗斯又对涉及“外国代理人”的相关法案进行了修改。根据《外国代理人法》，俄罗斯司法部设立“外国代理人名单”，详细规定了非营利组织进入和移除该名单的条件，以及“外国代理人非营利组织”要履行的义务。截至2020年7月初，“外国代理人名单”中共有70个非营利组织[②]。2014年以前，进入该名单的非营利组织数量非常少。2014年以后，外国代理人非营利组织的数量陡增。如2014年，有52个非营利组织进入外国代理人名单[③]，2015年为81个[④]，2016年为43个[⑤]。进入名单的非营利组织的数量峰值出现在2015年前后，即2016年俄罗斯国家杜马选举之前。《外国代理人法》《游行示威法》《网络黑名单法》等法律的出台和积极实践，使此后几次重大选举时都没有出现2011—2012年俄罗斯大选前后的大规模集会抗议示威的情况。

（二）俄罗斯政府对市民社会的扶持

在俄罗斯，非营利组织的财政状况不稳定，来自企业的捐助较少，来自个人的捐助更是微不足道。在切断了外国的资金来源以后，非营利组织的主要资金来源只有联邦和地方预算。抓住非营利组织的经济命脉，这成为国家管控非营利组织的一种有效方式。政府对非营利组织的扶持也是有选择性的，很多以维护人权和自由为名借机涉足政治抗争的非营利组织并不在扶持之列，政府资助的更多是从事社会保障、公众服务、公益事业的

---

① 《外国代理人法》对宗教组织、国有企业，以及那些以非营利组织为名而成立的国家和地方（包含在预算体系下）机构、劳动者联合组织、工商业联合会的活动没有影响，http://sovet.fizteh.ru/materials/laws/nekomm.html。

② 内容详见俄罗斯司法部网站 http://unro.minjust.ru/NKOForeignAgent.aspx。

③ Памфилова: включение НКО в список “иностранных агентов” иногда спорно. 6 мая 2015 г. https://ria.ru/20150506/1062931113.html.

④ Доклад о деятельности Уполномоченного по правам человека в Российской Федерации за 2016 год. С. 61.

⑤ Доклад о деятельности Уполномоченного по правам человека в Российской Федерации за 2016 год. С. 62.

非营利组织，即“社会—非营利组织”。

从联邦预算上来看，国家用于支持非营利组织的经费在逐年增加。2012年为48亿卢布，2013年增长到83亿卢布，2014年已经上升到103亿卢布。到2017年，这个数字已经达到了近130亿卢布。政府向非营利组织购买社会服务。[①] 根据《确保2012年国家支持非政府组织参与市民社会的发展》的总统令，国家对以下领域的非营利组织进行资助：关于市民社会总体情况的社会学研究和民意调查；保护公众和周围环境健康、教育、艺术、文化和公共外交领域的活动；保护人权和自由，法治教育；服务和支持贫困人口和社会上弱势群体；青年创新活动，青年运动和组织项目等。另外，国家对社会非营利组织[②]进行重点扶持。

在俄罗斯联邦预算中，除了直接支持非营利组织的经费，还专门划拨资金设立“总统津贴”，支持市民社会制度框架下的非营利非政府组织的发展。非营利组织要获得总统津贴必须要制定相应的项目规划向联邦政府申请，通过竞争的方式获得资助。国家通过向非营利组织提供资金的形式促进市民社会的发展，但也是通过资金来引导非营利组织的发展方向。从2011年起，总统津贴开始支持那些推动市民社会制度发展的非政府组织和非营利组织。2011年资助的额度为10亿卢布，2012年为15亿卢布，到了2013年为23.2亿卢布。2016年，总统津贴的资助额度已经增至66.5亿卢布。2017—2018年，总统津贴组织了四次评比，16814个非政府组织参与竞争，资助金额为145亿卢布。[③]2019年，总统津贴的资金增长到80亿卢布，共收到2.7万份申请。在提交的申请中资金分布为：保障公民健康，提倡健康的生活方式（17%）；历史记忆的保存（15%）；支持教育和科学

---

① Бюджетное послание на 2014-2016 годы // резидент.рф, 13 июня 2013 г, http://www.kremlin.ru / news / 18333.

② Социально ориентированные некоммерческие организации, СО НКО.

③ Приоритеты НКО определяют сами: директор Фонда президентских грантов — о конкурсных заявках // Агентство социальной информации, 20.06.2019: https://www.asi.org.ru/news/2019/06/20/prioritety-nko-opredelyayut-sami-direktorfonda-prezidentskih-grantov-o-konkursnyh-zayavkah/.

事业（12%）；等等[①]。

在西方市民社会理论看来，“第三部门”本应独立于国家的政治和经济部门，建立在稳固的社会“横向联结”和社会信任的基础上。可事实上，在当代俄罗斯，个人之间、国家与社会之间的信任度都很低。政府对非营利组织一直持怀疑的态度，认为它是自发的、不受控制的力量，并且极易受到外国势力控制，成为政治不稳定因素。因此，国家力量逐渐进入市民社会领域，严控非营利组织，本应独立的“第三部门”有着浓厚的国家在场的特征。

目前，俄罗斯政府对非营利组织采取了约束和扶持两种策略，前者是为了保障国家安全和政治稳定；后者是为了完善社会保障体系，促进社会公平。这两种策略和俄罗斯非营利组织的发展现状是相适应的。一方面，有国家介入，俄罗斯社会自组织处于一个很低的发展水平：“第三部门”没有形成自由的公共领域；非营利组织的发展受到多重限制；社会自组织、社会自治难以形成。另一方面，非营利组织并没有完全成为政府的伙伴，而是成为被监察的对象。无论是约束还是扶持，国家都希望将非营利组织纳入国家治理框架，这是俄罗斯国家与社会关系决定的，同时，这也与俄罗斯非营利组织的发展历程、俄罗斯政治文化都有着密切的关系。如果再不能形成制度创新，俄罗斯市民社会、社会自组织将一直在低水平状态徘徊，并且继续呈现国家在场的特点。

结　语

苏联解体以后，脱离了国家和集体束缚的个人有了更多自由，这种自由包括结社的自由。但社会转型带来的动荡和危机促使个人有了结社的迫

① 2128 НКО получат президентские гранты на общую сумму 4,35 млрд рублей по итогам второго конкурса 2019 года // Фонд президентских грантов: https://президентскиегранты.рф/public/news/2-128-nekommercheskikh-organizatsiy-poluchat-prezidentskie-grantyna-obshchuyu-summu-435-mlrd-rubley-po-itogam-vtorogo-konkursa-2019-g.

切需求，个人结社形成的是“横向”的社会联结，这区别于苏维埃时代的对集体和国家的“纵向”依附关系。如此一来，社会转型让俄罗斯社会自组织有了可能性，成为俄罗斯实现社会团结的路径。当然，这是在西方市民社会理论下逻辑推演的结果，在俄罗斯，如同“政治民主化”“经济市场化”有着俄罗斯特色一样，西方意义上的市民社会无法在俄罗斯实现，俄罗斯政府和知识界认为这是由俄罗斯独特的发展道路决定的。

对于俄罗斯而言，市民社会理论是舶来品，能否在社会转型过程中实现新秩序建立和社会团结需要画上一个问号。在俄罗斯历史和东斯拉夫文明中不乏符合西方市民社会理论意义上的社会自组织，这些自组织形式构成了当时的社会稳定秩序和社会团结模式，这似乎是社会存在的一种本能。即使在国家力量垄断一切的苏联时期，社会自组织在社会领域顽强地存在着。当俄罗斯面临“颜色革命”的危机，对非营利组织的控制逐步缩紧，对公共领域进一步打压之际，我们还会发现俄罗斯社会有着广泛的结社、自组织的意愿。而“为了诚实的选举”运动则是崛起的中产阶级试图构建他们眼中理想的市民社会，这个社会是“一个能与国家权力制衡、保护个人自由权利的、独立自主的社会空间”①。这些因素不能不说是市民社会理念和思想在俄罗斯不断发酵并施以影响的结果。我们将社会自组织、市民社会的政治性搁置，会发现普京新时期社会活力增长，社会自组织有了新的发展方式，这为俄罗斯社会有机团结的实现奠定了基础。

但是，社会转型的不确定性和社会失范的现实也呼唤着社会的稳定。俄罗斯政府为“巩固政权”“维系社会稳定”采取了一系列措施来限制活跃的市民社会要素的增长，挤压社会自组织的空间，特别是在政治领域。这构成了实现社会团结的另一条路径。俄罗斯前总统梅德韦杰夫曾指出，“俄罗斯的民主不能系统地复制外国的模式。市民社会不能借鉴外国的经验。政治文化不能模仿其他国家的政治传统”②。市民社会不能是外来的，

① 肖瑛：《法人团体：一种“总体的社会组织”的想象——涂尔干的社会团结思想研究》，《社会》2008 年第 2 期。

② Медведев Д.А. Россия, вперёд! URL: www.kremlin.ru.

它应该以俄罗斯的传统文化为基础而形成。文化（其中首先是政治文化）的发展，是一个缓慢的过程，而文化的发展是偶然的、不可预见的。文化发展的偶然性给了大众群体获得个人政治和公民经验的机会，形成新的政治和公民价值。在现阶段，公民政治文化的形成不能排除国家结构和市民社会结构的影响。

普京在进入新千年之际撰文《千年之交的俄罗斯》，这是俄罗斯国家和民族未来的宣言书，对于我们理解俄罗斯至今都有指导意义。文中首先指出了苏联解体以后俄罗斯面临的危局，解决这些问题，“不仅仅是一个经济问题，也是一个政治问题……从某种意义上来说，这是意识形态问题。更准确地说，它是一个思想问题、精神问题和道德问题。而这最后一点，从团结俄罗斯社会来说，在现阶段的意义尤其重大”。普京认识到，“只是将外国课本上的抽象模式和公式简单地照搬到我国，我国的改革不付出巨大的代价就能取得真正的成功是不可能的。机械照抄别国的经验是不会取得成功的”。因此，在国家未来的发展战略中普京思想、精神和道德的问题，被学术界认为是“新俄罗斯思想”（Новая русская идея）：一方面这是建立在平等与自由之上的“高于各种社会、集团和种族利益的超国家的全人类价值观”，在这种价值观下，“人们接受了言论自由和出国自由、个人拥有基本政治权利这样一些观念。人们珍惜可以拥有财产、从事经营活动和创造财富这样的机会，等等”；另一方面，“俄罗斯社会团结的另一个支柱是被人们称作俄罗斯人自古以来就有的传统的价值观，如今这些价值观依然十分明确”。普京将这种传统的价值观总结为“爱国主义”“强国意识”“国家观念”“社会团结”。

社会团结对处于转型过程中的俄罗斯有非凡的意义。诚如普京在 2015 年俄罗斯“人民团结日”举办的公民论坛“共同体”上的发言，他指出，“俄罗斯有很多民族，很多宗教，每年一次相聚，共同缅怀我们的过去、我们经历的胜利与辉煌，失败与悲剧。回顾历史，我们会发现，当我们团结一致的时候，总能取得辉煌的胜利；而当分崩离析的时候，只会让我们千百万人民陷入贫困和苦难之中。所以，我们要视自己为统一的民族，虽然我们有着多样性"[①]。当然，关于实现社会团结的路径，普京还是秉承"新俄罗斯思想"，他认为国家意识是实现社会团结的途径，"面对争端，我们始终要保证一点——对祖国的爱，为了让祖国更强大、更富饶，人民的生活更好"。"20 世纪 90 年代以来，我们国家在市民社会和社会组织的建设中道路艰难。什么是社会组织？什么是市民社会？这个就是国家。这个社会的构成，总体看来，国家都具备的"。

总之，当代俄罗斯主流观点认为，俄罗斯市民社会、社会团结有着自己的发展道路和实现方式。国家成为社会自组织的重要影响因素，国家意识、爱国主义、强国观念被视为实现社会团结的基础。但这种社会团结的实现路径仿佛是苏维埃时代国家—社会关系的翻版，社会转型的结果是俄罗斯又回到了其独特的文化逻辑之中。这会让人联想起"俄罗斯向何处去"的道路选择之争，"西方派"和"斯拉夫派"之争的影子始终萦绕着这个国家的历史与现实。也许，用"社会转型"来描述苏联解体后的俄罗斯社会发展和变迁并不准确，它具有明显的西方化思维的概念。而俄罗斯社会发展始终有着自己的逻辑和路径，在各种社会思想激荡的俄罗斯社会，如何实现社会团结有着不同的路径，当然这是"社会转型"的必然过程。俄罗斯的国家与社会正是在这种环境下彼此博弈，有对抗，也有合作；有分歧，也有融合。在国家—社会关系的视角下，展示在我们面前的是俄罗斯社会转型的生动画卷。

① Форум активных граждан «Сообщество», Президент России, http://kremlin.ru/events/president/news/50631.

Three Decades of Social Transformation in Russia: From a Totalist Society to a Civil Society

Ma Qiang

Abstract: To review and evaluate the transformation of Russia at the historical juncture of the 30th anniversary of the Soviet collapse is an essential task.Compared with political and economic transformation,social transformation is more complex,slower,and more uncertain.This paper seeks to examine Russia's social transformation from a totalitarian to a civil society from the perspective of the state-society relationship.Viewed from Western theories of civil society,the social transformation of Russia has not been a success:citizens have a low level of self-organization,civil rights are not genuinely guaranteed,and state power constantly intervenes in civil society.However,this transformation has achieved the goal of social solidarity.We need to reflect upon the concept of social transformation and gain an understanding of the structure of and changes in Russian society by taking into account its cultural logic and historical context.

Keywords: Russia; Social Transformation; Civil Society; Social Solidarity; New Russian Idea

第三篇

俄罗斯与外部世界

当代俄罗斯对外政策分析：理论模式与研究现状

郭珂欣[①]

【摘要】有关国家对外政策影响因素的分析与探讨，即对外政策分析，是对外政策研究的核心内容之一。目前学界有关对外政策分析的理论模式主要包括系统、单元、次单元和个人四个层次。苏联解体以来，中国学界针对当代俄罗斯对外政策分析的研究主要集中在系统与单元两个层次。而在更为细微的研究领域，如政府、社会集团、领导人个人在对外政策中的作用和影响方面，国内学者的研究成果还不够丰富。随着近年来国际社会"黑天鹅"事件的频发，将更多样的分析视角、更多元的理论模式应用于俄罗斯对外政策分析的研究中，对于我们把握国际形势，分析俄罗斯国家对外政策的调整及对外实践的动向，预测国家间互动关系的发展趋势显得尤为重要。

【关键词】当代俄罗斯；对外政策分析；理论模式；研究现状

引　言

任何研究领域都有其特定的研究范畴，作为国际关系学或国际政治学的一个分支领域，对外政策分析研究也不例外。对外政策分析属于对外政

① 郭珂欣，中国社会科学院大学国际政治经济学院博士研究生。

策研究的一个维度，而在实际应用中对外政策又常常与外交相混淆。因此，界定三者的研究对象，明确三者的研究内容，厘清其相互间的联系与区别，是理解对外政策分析理论模式和梳理俄罗斯对外政策分析研究现状的必要前提。

长期以来，对于“什么是外交”（Diplomacy）这个问题，各国外交学者大都进行了自己的解答：欧内斯特·梅森·萨道义（Ernest Mason Satow）在《外交实践指南》中指出“外交就是运用智略处理各独立国家之间以及独立国家与其附庸国家之间官方关系”，或者更简单地说“外交是指以和平手段来处理国与国之间的事务”①。哈罗德·尼克尔森（Harold Nicolson）对“外交”的概念及内涵也做了类似的界定，他认为“外交就是通过谈判的方式来处理独立国家之间的关系，它是大使和使节用来调整和处理国际关系的方法”②。法国学者纪尧姆·德·加登（Guillaume de Garden）在其著作《外交详解教程》中指出“广义上的外交是关于对外关系或外交事务的科学，在更为确切的意义上，外交是谈判的科学或艺术”③。俄罗斯外交家维克托尔·伊万诺维奇·波波夫（Виктор Иванович Попов）在《现代外交学：理论和实践》一书中也同样认为：“外交是在国家、政府和对外关系专门机构领导下的处理国际关系的科学和进行谈判的艺术。”④

总体来看，关于“外交”的定义可以分为两类：一类是将“外交”定义为国家与国家之间的官方交往；另一类则是将其定义为国家之间谈判的科学或艺术⑤。尽管这些定义的表述有所不同，但“外交”的含义和特点基本可以归纳为以下四点：一是主权性。“外交”是独立国家对外行使主权的行为，只有主权国家才享有外交权。二是政治性。“外交”的首要目标是通过执行“对外政策”来维护国家利益。三是官方性。“外交”主要是

① ［英］欧内斯特·梅森·萨道义：《外交实践指南》，中国人民外交学会编译室译，世界知识出版社 1959 年版，第 25 页。

② Harold Nicolson，*Diplomacy*, Oxford: Oxford University Press, 1950, p. 15.

③ Guillanme de Garden, Traité complet de diplomatie, Paris, 1833, p.27.

④ Попов.В.И. Современная дипломатия : Теория и практика, 2003.-С.15.

⑤ 金正昆：《对外交学研究若干范畴所进行的思考》，《教学与研究》2003 年第 3 期。

指国家的对外活动，是由代表国家的官员和机构进行的正式的官方活动。四是和平性。谈判是“外交”的基本手段和主要活动方式，因此，国家间或国际组织间通过外交途径解决双边或多边问题时必须采用和平手段。

“对外政策”（Foreign Policy）则是指国际关系中独立行为体所实施的官方对外关系的合集[①]。它是由各独立行为体为追求和维护自身利益，基于国际形势和战略格局的变化而制定的，用于处理国际问题和对外关系，进行对外活动所遵循的基本原则和行动指南[②]。这样的概念界定同样突出了“对外政策”官方性和政治性的特点。虽然“外交”与“对外政策”有着密切的联系，但二者存在本质上的区别：一国的“对外政策”是该国对外关系的实质，而“外交”严格来说是贯彻“对外政策”的过程，即“对外政策”是实现一国特定目标的路线和方针，而“外交”则是一个国家实施和落实“对外政策”的重要手段和工具[③]。

“对外政策”是国际关系研究的出发点和落脚点，国家如何制定对外政策、怎样执行对外政策，一国的对外政策是怎样影响别国和国际体系，又是怎样受到反作用，可以说是国际关系研究的重点[④]。因此，学界关于“对外政策”的研究是多方面、多层次、多维度的，包括“对外政策”的描述性研究、分析性研究、评估性研究和规范性预测等，其中，“对外政策分析”是“对外政策”研究的核心。

“对外政策分析”（Foreign Policy Analysis）是指对一国“对外政策”的形成、发展及变化过程进行因果性的考察。其研究内容主要回答“什么因素影响了对外政策的制定和形成？”这一核心问题。“对外政策分析”是以“对外政策”的描述性研究为基础，通过从不同层次对一国“对外政策”进行溯因分析，从而更好地理解和把握该国“对外政策”的基本发展与走向，是对一国“对外政策”进行规范性预测的前提。

---

① ［英］克里斯托弗·希尔：《变化中的对外政策政治》，唐小松、陈寒溪译，上海人民出版社 2007 年版，第 3 页。

② 钱其琛主编：《世界外交大辞典》，世界知识出版社 2005 年版，第 2055 页。

③ 张清敏：《对外政策分析》，北京大学出版社 2019 年版，第 5 页。

④ 王鸣鸣：《外交政策分析：理论与方法》，中国社会科学出版社 2008 年版，第 1 页。

一 对外政策分析的理论模式

任何一个学科的发展都离不开相关理论的支撑。与主流国际关系理论的单一层次性不同，影响对外政策的因素涵盖多个层次。因此，尽管对外政策研究学者曾尝试建立一套系统的、可检测的、一般性的对外政策分析理论[①]，但由于现实问题的复杂性，建立宏观理论范式的研究日渐式微。在认识到建立一种普遍适用的对外政策分析理论很难实现之后，对外政策研究学者们开始建立介于一般国际关系理论和具体地区研究之间的中程理论，即通过研究特定对外政策实践，概括出某一层次因素影响对外政策结果的模式，并使用不同模式分析对外政策的过程和结果[②]。

对外政策分析理论模式的建立与层次分析法的运用有着十分紧密的联系[③]。目前，学界有关对外政策分析研究的理论模式包括系统、单元、次单元和个人四个层次。

（一）系统层次

在从系统层次进行对外政策分析时，其边界表现为两个层面：一是人类活动与自然界（如地形、气候等）相交的地方；二是国际交往终止、国内生活开始的地方[④]。在这里，系统层面的研究主要是指，一国的自然地理因素、国家利益，以及国际体系结构、国际制度与规范等对该国对外政策产生的影响。

---

① James N. Rosenau, “Pre-theories and Theories of Foreign Policy”, in R. Barry Farrell , ed. , *Approaches to Comparative and International Politics* , Evanston, IL.: Northwestern University Press , 1955.

② 张清敏：《对外政策分析》，北京大学出版社 2019 年版，第 38 页。

③ 参见 Kenneth Waltz, *Man, the State and War*, New York : Columbia UP 1959, Chapters 6 & 7; 秦亚青：《层次分析法与国际关系研究》，《欧洲》1998 年第 3 期；James N. Rosenau, “Pre-theories and Theories of Foreign Policy”, in R. Barry Farrell , ed. , *Approaches to Comparative and International Politics* , Evanston, IL.: Northwestern University Press , 1955. pp.29–92;.［美］罗伯特·杰维斯：《国际政治中的知觉与错误知觉》，秦亚青译，上海人民出版社 2015 年版，第 14 页。

④ ［英］克里斯托弗·希尔：《变化中的对外政策政治》，唐小松、陈寒溪译，上海人民出版社 2007 年版，第 194 页。

在通过不同系统因素进行对外政策分析时，需要借鉴不同的理论范式。其中，地理决定论是地缘政治学中用于对外政策分析的最常用理论①。这种理论将地缘政治学研究看作对外政策的工具，它认为对任何一个国家来说，领土面积、地理位置等自然条件总是会带来无法估算的成本和收益。因此，国家在对外政策的决策和选择中必须要优先考虑客观的自然地理环境。

从国家利益视角进行对外政策分析研究的理论模式，则是将现实主义作为其理论基础。在古典现实主义者看来，一国对外政策的要点是在世界政治中谋划和维护本国利益，国家有义务参照国家利益所确定的指导方针推行其对外政策②；与古典现实主义不同，结构现实主义虽然同样认为"每个国家都要制定出最符合本国利益的行动方略"③，但其分析焦点不在于国家对本国国家利益的主观评价，而是将国家利益这一概念置于国际体系结构中进行定义。在结构现实主义者看来，"在国际体系结构的'摆布'下，国家利益发挥着一种自动信号的作用，国家总会或多或少地自动按国家利益的原则去做"④。

新自由制度主义则主张国际制度与规范是对外政策分析研究的理论来源。该理论流派提出了与现实主义者不同的国际政治理想模式，即"复合相互依赖"模式⑤。新自由制度主义者认为，在"复合相互依赖"的世界政治中，国际制度的作用将大为增强——国家间互动所处的国际制度通过作用于国家利益、"未来的阴影"⑥和行为体数量来影响国家间合

---

① ［俄］拉祖瓦耶夫：《论"地缘政治学"概念》，赵思辛、黄德光译，《现代外国哲学社会科学文摘》1994 年第 10 期。

② ［加拿大］罗伯特·杰克逊、［丹麦］乔格·索伦森：《国际关系学理论与方法》，吴勇、宋德星译，天津人民出版社 2008 年版，第 83、109 页。

③ ［美］肯尼思·华尔兹：《国际政治理论》，信强译，上海人民出版社 2017 年版，第 120 页。

④ ［加拿大］罗伯特·杰克逊、［丹麦］乔格·索伦森：《国际关系学理论与方法》，吴勇、宋德星译，天津人民出版社 2008 年版，第 109 页。

⑤ ［美］罗伯特·基欧汉、约瑟夫·奈：《权力与相互依赖》，门洪华译，北京大学出版社 2012 年版，第 22-24 页。这种国际政治模式具有以下三个特征：一是各社会之间的多渠道联系，主要可以概括为国家间联系、跨政府联系和跨国联系；二是国家间关系的议程没有等级之分；三是军事力量在国家间关系中起次要作用。

⑥ "The shadow of the future"是由经济学家约翰·罗尔斯（John Rawls）提出的术语，指的是人们在做出决策时会考虑到未来的后果。具体而言，这个概念强调了未来的不确定性和不可预测性对决策的影响，因此人们必须权衡不同选择所带来的不同风险和机会。

作[①]，同时，国际制度还会“影响国家行为体所掌握的信息和国家间合作的交易成本，并因此而改变国家对于自身利益和有利地位的估算”[②]。

（二）单元层次

与系统层次不同，单元层次上的对外政策分析是指从“国家”这一单元层次出发，研究单元内部因素对一国对外政策的影响。这些单元因素包括国家政治体制与权力结构、经济制度与发展水平、国家历史与民族文化三个方面。

首先，一国的政治制度和权力结构是影响对外政策的硬性单元因素。自由主义者认为，国家间政治体制的区别会影响国家的对外政策[③]，同时，对国家间的和平与合作也至关重要[④]。此外，权力结构的分配对一国对外政策的影响同样重要。克里斯托弗·希尔总结出国家的五种权力结构模式，并分析了不同模式的内部差别如何影响一国对外政策的风格和实质内容。[⑤]其次，国家经济制度和发展水平是单元层次与对外政策的另一个交叉点。冷战时期，分析经济制度对一国对外政策的影响主要可以归结为一个主题，即资本主义与社会主义是否存在不同的对外政策。[⑥]就国家发展水平而言，研究关注的问题在于发达国家与欠发达国家之间对外政策选择的区

---

① Robert Axelrod and Robert Keohane, “Achieving Cooperation under Anarchy: Strategies and Institutions”, *World Politics*, Vol.3e, No.1, 1985, pp.226-254.

② ［美］罗伯特·基欧汉：《霸权之后：世界政治经济中的合作与纷争》，苏长和、信强、何曜译，上海人民出版社 2012 年版，第 25 页。

③ Michael W. Doyle , *Ways of War and Peace : Realism , Liberalism , and Socialism* , New York: W. W. Norton , 1997 , pp. 211, 383, 420.

④ ［德］伊曼努尔·康德：《永久和平论》，何兆武译，上海人民出版社 2005 年版，第 14 页。

⑤ ［英］克里斯托弗·希尔：《变化中的对外政策政治》，唐小松、陈寒溪译，上海人民出版社 2007 年版，第 266 页。五种模式包括联邦制度、多党议会制、议会和总统分权的单一制国家、一党占主导地位的民主制度和一党制。

⑥ ［英］克里斯托弗·希尔：《变化中的对外政策政治》，唐小松、陈寒溪译，上海人民出版社 2007 年版，第 281 页。冷战的结束则说明将经济制度与政治体制割裂开是不可取的，两者间的互动成为解释国家对外政策的重要模式。

别。[①] 最后，民族文化对一国对外政策的作用与影响是单元层次的第三个分析要素。塞缪尔·亨廷顿指出，“在冷战后的世界中，人民最重要的区别不是意识形态的、政治的或经济的，而是文化的区别”，不同人民和民族通过“祖先、宗教、语言、历史、价值观、习俗”来界定“我们是谁？”[②]。而人民和民族对“我们是谁？”的定义又影响着“我们应该怎样做？”这一问题的回答。[③] 目前，学界从单元文化因素关于对外政策分析的研究主要有两大方面：一是解构对外政策的制定过程，考察文化对决策组织建构和运行的影响；二是考察文化作用下思维方式、价值观念以及国家角色等因素对一国对外政策产生的影响[④]。

（三）次单元层次

在次单元层次上，政府和社会是对外政策分析中的两大次单元主体。

以政府为次单元主体进行对外政策分析时，通过研究政府的运作机制与决策过程来解释一国的对外政策，并借助组织行为、政府政治与小集团决策这三大理论模式进行研究。

组织行为模式认为政府是一个由各种组织构成的巨大集合体，各组织有其各自的责任、功能和权力，政府的对外政策及行为则是这些组织根据标准运作程序而产生的输出结果。政府对各组织行动的协调与控制以及领导人的决策会在一定程度上影响输出结果，同时，各组织的能力决定了政府对外政策的选择。在这一理论模式中，由于标准运作程序的相对稳定性与一般适用性，政府对外行为往往具有惯性和惰性。

与组织行为模式不同，政府政治模式认为，政府行为并非组织的输

---

① ［英］克里斯托弗·希尔：《变化中的对外政策政治》，唐小松、陈寒溪译，上海人民出版社 2007 年版，第 279-280 页。

② ［美］塞缪尔·亨廷顿：《文明的冲突与世界秩序的重建》，周琪、刘绯、张立平、王圆译，新华出版社 2010 年版，第 5 页。

③ Valerie M. Hudson, “Cultural Expectations of One’s Own and Other Nations’ Foreign Policy Action Templates”, *Political Psychology*, Vol.20, 1999, pp. 767-802.

④ 王鸣鸣：《外交政策分析：理论与方法》，中国社会科学出版社 2008 年版，第 240 页。

出，而是参与政策制定的各博弈者基于各自利益和立场就对外政策方案进行讨价还价的结果。[①]该模式的理论基础在于：首先，政府对外政策的制定过程有范围广泛的组织和个人参与其中，并且无论权力大小，各方博弈者都在政策制定过程中行使其权力；其次，尽管不同的博弈者有着“共同的国家目标并承担某种责任”[②]，但仍然有基于各自背景、利益及信念的目标和动机；最后，由于博弈者“有着共同的价值观，其中包括对政治制度本身的认同，他们之间经过艰难的努力还能达成一致”[③]。

小集团决策是以政府为次单元主体进行对外政策分析的第三种理论模式。基于对美国历史上失败的对外政策的案例分析，欧文·贾尼斯（Irving Lester Janis）发现这些对外政策的决策过程都是部分高层官员和顾问在封闭的小团体内部作出的。为了说明小集团决策的某些缺陷，贾尼斯提出了“小集团思维症状”这一概念，即团体成员为维护团体内的凝聚力，追求团体的和谐共识，不能客观地评估其他可行的政策，使团队变得“硬心”“软脑”[④]，从而导致决策质量的下降以及对外政策的失败。在随后的研究中贾尼斯归纳出了包括诱发条件、表现方式、不良影响以及预防措施四个方面在内的“小集团思维”分析模型[⑤]，丰富了对外政策分析的研究路径。

以社会为次单元主体进行对外政策分析，主要指通过政府以外的因素来解释一国对外政策的制定与变化。其研究视角与内容更加多元，包括诸

---

① ［美］格雷厄姆·艾利森、菲利普·泽利科：《决策的本质：还原古巴导弹危机的真相》，王伟光、王云萍译，商务印书馆 2015 年版，第 285 页。

② ［美］罗杰·希尔斯曼等：《防务与外交决策中的政治：概念模式与官僚政治》，曹大鹏译，商务印书馆 2000 年版，第 122 页。

③ ［美］罗杰·希尔斯曼等：《防务与外交决策中的政治：概念模式与官僚政治》，曹大鹏译，商务印书馆 2000 年版，第 123 页。

④ Irving L. Janis , *Groupthink : A Psychological Study of Foreign Policy Decision and Fiascoes* , Boston : Houghton Mifflin , 1982 , p.8 .

⑤ ［美］欧文·贾尼斯：《小集团思维：决策及其失败的心理学研究》，张清敏、孙天旭、王姝奇译，中央编译出版社 2016 年版。

如智库[①]、利益集团[②]、社会组织[③]、公众舆论[④]、大众传媒[⑤]等社会性因素。

（四）个人层次

个人层次的对外政策分析则是将一国领导人或决策者作为研究的核心内容。对于该层次的研究者来说，"一国对外政策是国家领导人以国家名义，或单独或集体制定的"[⑥]，因此，理解"人"的行为是进行对外政策分析的关键要素之一。个人层次的对外政策分析以心理学理论与方法为基础，主要可分为决策者人格分析和认知分析两大切入点。

---

① ［美］詹姆斯·麦甘:《第五阶层：智库·公共政策·治理》，李海东译，中国青年出版社 2018 年版；［美］詹姆斯·麦甘:《美国智库与政策建议：学者、咨询顾问与倡导者》，肖宏宇、李楠译，北京大学出版社 2018 年版；［加拿大］唐纳德·埃布尔森:《智库能发挥作用吗？公共政策研究机构影响力之评估》，扈喜林译，上海社会科学院出版社 2010 年版；［加拿大］唐纳德·埃布尔森:《国会的理念：智库和美国外交政策》，李刚等译，南京大学出版社 2017 年版。

② ［美］亚历山大·汉密尔顿、约翰·杰伊、詹姆斯·麦迪逊:《联邦党人文集》，程逢如、在汉、舒逊译，商务印书馆 1995 年版；［美］诺曼·杰·奥恩斯坦、雪利·埃尔德:《利益集团、院外活动和政策制订》，潘同文等译，世界知识出版社 1981 年版；Arthur F. Bentley , *The Process of Government : A Study of Social Pressures* , Cambridge , Mass. :Harvard University Press, 1967 ；［美］戴维·杜鲁门:《政治过程：政治利益与公共舆论》，陈尧译，天津人民出版社 2005 年版；［美］约翰·米尔斯海默:《以色列游说集团与美国对外政策》，王传兴译，上海人民出版社 2019 年版。

③ Michele M. Betsill and Elisabeth Corell, *NGO Diplomacy: The Influence of Nongovernmental Organizations in International Environmental Negotiations*, The MIT Press, 2007;［美］莱斯特·萨拉蒙、沃加斯·索可洛斯基等:《全球公民社会：非营利部门国际指数》，陈一梅译，北京大学出版社 2007 年版；Duong Trong Hue, "Fourth Generation NGOs: Communication Strategies in Social Campaigning and Resource Mobilization", *Journal of Nonprofit and Public Sector Marketing*, Vol. 29, No. 2, 2017, p. 142; Mark Leonard, "Diplomacy by Other Means", *Foreign Policy* , Vol. 132, 2002, pp. 54–55; Francis Amagoh, "Improving the Credibility and Effectiveness of Non-governmental Organizations", *Progress in Development Studies*, Vol 15, No. 3, 2015, pp.221–239。

④ Ole R. Holsti, "Public Opinion and Foreign Policy: Challenges to the Almond-Lippmann Consensus", *International Studies Quarterly*, Vol. 36, No. 4, 1992, pp. 439–466; Gabriel A. Almond, *The American People and Foreign Policy*, New York: Praeger, 1960; Doris A. Graber, *Public Opinion, the President, and Foreign Policy: Four Case Studies from the Formative Years*, New York: Holt, Rinehart and Winston, 1968; J. E. Mueller, *War, Presidents and Public Opinion*, New York: Wiley, 1973; Eugene R. Wittkopf, *Faces of Internationalism: Public Opinion and American Foreign Policy.* Durham, NC: Duke University Press. 1990.

⑤ Gilboa, Eytan , "The CNN Effect: The Search for a Communication Theory of International Relations", *Political Communication,* Vol.22, No.1, 2005, pp.27–44; Livingston, Steven, *Clarifying the CNN Effect: An Examination of Media Effects According to Type of Military Intervention*, John F. Kennedy School of Government's Joan Shorenstein Center on the Press, Politics and Public Policy at Harvard University, 1997.

⑥ 张清敏:《对外政策分析》，北京大学出版社 2019 年版，第 46 页。

人格分析是指，通过领导人的个人特征来解释其对外政策的选择。玛格丽特·赫尔曼（Margaret Hermann）认为领导人的信念、动机、决策风格和人际交往方式都会影响一国对外政策的制定。在此基础上，她还提出决定领导人个人特征影响政策选择程度的两个变量，即领导人对对外事务的兴趣以及接受处理对外事务相关培训的程度①。认知分析则认为，“人脑对客观世界的反映并非一个机械过程，而是一个心理过程”②，对于决策者来说，由于受到主观因素的影响，很难正确认知客观现实。哈罗德·斯布罗特夫妇（Harold and Margaret Sprout）将决策者主观认为的客观环境称为“心理环境”③，认知研究所探讨的主要内容包含三个方面。一是决策者的心理环境是什么？二是什么因素导致决策者产生特定的心理环境？三是决策者的心理环境如何影响其对外政策的制定？基于这一研究路径，罗伯特·杰维斯对国际政治中的错误知觉进行了归纳，并分析了导致每种错误知觉产生的原因以及可能对政策选择造成的错误导向④。

总的来看，对外政策分析作为国际政治的重要研究领域之一，囊括了多层次的分析要素，借鉴了包括历史学、政治学、地理学、法学、哲学、经济学、社会学、心理学、新闻传播学等在内的多学科的研究方法，丰富了对外政策分析的理论模式，也拓宽了对外政策分析的研究视角。

二　当代俄罗斯对外政策分析：研究现状

作为地处欧亚大陆的地缘政治大国，俄罗斯的对外政策对国际关系与国际安全有着举足轻重的影响。因此，有关俄罗斯对外政策分析的研究历来是中国俄罗斯研究领域的重要内容之一。苏联解体三十多年来，俄罗斯

① Margaret G., Hermann, “International Decision Making: Leadership Matters”, *Foreign Policy*, (1998. 110), pp. 124-137.

② 张清敏：《对外政策分析》，北京大学出版社 2019 年版，第 65 页。

③ Harold and Margaret Sprout, *The Ecological Perspective on Human Affairs: With Special Reference to International Politics*, Princeton University Press, 1966.

④ ［美］罗伯特·杰维斯：《国际政治中的知觉与错误知觉》，秦亚青译，上海人民出版社 2015 年版，第 353-454 页。

的对外政策大致经历了不同阶段的发展和变化——从20世纪90年代初的“一边倒”亲西方政策，1993年起到普京上台前采取的东西方兼顾的“双头鹰”全方位对外政策，2000年普京上台后的灵活务实政策，到2014年克里米亚危机后的“向东看”。那么，究竟是哪些因素影响了俄罗斯对外政策的变化与调整？

根据对外政策分析理论的层次划分，目前，国内学界关于当代俄罗斯对外政策分析的研究主要集中在以下两个层次。

（一）系统层次

这里主要包括地缘政治视角下的俄罗斯对外政策、国际环境变化与俄罗斯对外政策选择、国家利益界定与俄罗斯对外政策调整三大分析视角。

1. 地缘政治视角

在通过地缘政治理论诠释俄罗斯对外政策时，有些学者强调的是地理空间因素和地缘政治现实共同作用下的俄罗斯地缘政治思想影响国家对外政策制定的总体发展走向。这种观点认为广袤的国土面积、丰富的自然资源、地处欧亚大陆中心地带的独特地理位置和不断变化的地缘政治现实，催生了俄罗斯国家地缘政治思想的形成和不断演进[①]。这些思想和理论通过对外交决策层的国家利益观和价值观施加作用，进而影响俄罗斯国家对外政策的制定[②]。苏联解体以来，随着国际格局的转型，自身国家实力的急剧下降以及欧亚地区地缘政治态势的剧烈变动，俄罗斯的地缘政治思想历经了从“欧洲—大西洋主义”到“新欧亚主义”的转变。俄罗斯对外政策的总体方略也从国家转型初期的“全面倒向西方”转向“以实用主义为核心的全方位、多极平衡外交”[③]。

此外，也有学者侧重于通过地缘政治视角，探究俄罗斯与周边国家关

① 毕洪业：《俄罗斯地缘政治思想的演变及影响》，《俄罗斯研究》2018年第2期。

② 柳丰华：《当代俄罗斯外交：理论兴替与政策承变》，《俄罗斯东欧中亚研究》2022年第4期。

③ 毕洪业：《俄罗斯外交战略与对外关系》，时事出版社2021年版。

系的变化与发展，解析俄罗斯针对特定国家及地区的对外政策。冷战结束后，作为苏联的主要继承国，俄罗斯面临着更为复杂的地缘政治环境，正如俄罗斯学者阿巴托夫加（A. Арбатов）所说，“俄罗斯在南面感到脆弱，在西面感到威胁，在东面感到潜在的危险，在全球战略上不断处于劣势”[①]。

首先，苏联解体引发的地缘政治动荡极大地改变了俄罗斯东南部——里海盆地乃至中亚地区的总体地位[②]。特别是“9·11”事件后，中亚的国际安全战略地位空前提高，成为域内外大国进行地缘政治博弈的“热土”。在此背景下，俄罗斯的中亚政策从20世纪90年代初的“甩包袱”转为“恢复与扩大”在该地区的影响力，重新聚拢中亚国家。[③]

其次，北约与欧盟双双东扩改变了俄欧关系之前平稳的发展态势，使俄罗斯在欧洲重大问题的解决上逐渐被边缘化，同时，也使俄罗斯的传统安全利益不断受到挑战与威胁[④]。在来自西方持续的地缘政治压力下，俄罗斯针对欧洲的对外政策由“回归欧洲”向重建“俄控区”转变。[⑤]2014年克里米亚事件改变了第二次世界大战后欧洲的地缘政治版图[⑥]，俄欧关系“归零”。自此，俄罗斯决定通过“大欧亚”构想，借助与亚洲国家的合作“重返欧洲”。[⑦]2022年俄乌冲突的爆发标志着俄罗斯与北约的地缘政治斗争进入更激烈的新阶段。从地缘政治学视角来看，俄乌冲突是典型的大国影响下的主权国家地缘战略选择所引发的地缘政治冲突问题。中国学者借鉴“战略三角”理论，从地缘政治学的视角阐述了俄乌冲突的地缘政治生成逻辑，系统论述了大国博弈对于小国地缘战略调整的影响，为大国博弈与小国安

① 转引自[美]葆拉·多布里扬斯基《俄罗斯的外交政策：是福还是祸？》，周岳峰译，《国外社会科学文摘》2000年第9期。

② [美]兹比格纽·布热津斯基：《大棋局：美国的首要地位及其地缘战略》，中国国际问题研究所译，上海人民出版社2007年版，第77页。

③ 赵鸣文：《普京大外交：面向21世纪的俄罗斯对外战略（1999—2017）》，人民出版社、研究出版社2018年版，第264-300页。

④ 吕萍：《俄罗斯的“欧洲选择”分析》，《俄罗斯东欧中亚研究》2021年第2期。

⑤ 曹阳：《俄罗斯的欧洲安全政策：从普京到“梅普组合”》，《东北亚论坛》2010年第5期。

⑥ 张建：《欧洲安全格局视角下俄罗斯与北约的关系及趋向》，《和平与发展》2019年第4期。

⑦ 吕萍：《俄罗斯的“欧洲梦”断与“重返欧洲”——乌克兰危机以来俄欧关系浅析》，《俄罗斯学刊》2019年第6期。

全提供了新的理论认知[①]。

最后，东部的亚太地区自近代以来一直是包括日本、俄罗斯、美国等国家在内的世界主要战略力量的博弈场。20 世纪 90 年代以来，随着域内国家实力的变化，该地区的地缘政治结构发生重大转变。[②]有学者认为，正是基于此，俄罗斯将亚太地区确定为其对外政策的重要方向，积极融入亚太地区一体化进程，发展与亚太地区各国的合作伙伴关系。[③]

2. 国际环境变化

以国际环境变化为视角分析俄罗斯对外政策的调整时，中国学者通常将冷战结束后的俄罗斯对外政策划分为五个阶段。

第一阶段是俄罗斯独立初期。随着冷战结束和两极格局瓦解，美国成为新的国际体系中唯一的最具实力和影响力的国家。在这种国际背景下，俄罗斯选择改变对外政策的价值观基础，彻底抛弃苏联社会主义时期的外交原则，奉行亲西方的“一边倒”大西洋主义外交政策，把同西方——特别是与美国建立同盟关系看作俄罗斯对外政策的基础[④]。

第二阶段是叶利钦执政中后期。这一时期，北约东扩的启动以及其对南联盟的武力打击使俄罗斯倍感压力，而美国欲退出《限制反弹道导弹系统条约》更使其感受到来自西方国家的威胁[⑤]。在此背景下，俄罗斯对外政策开始向“东西方兼顾”转变[⑥]。

第三阶段始于普京第一任期。21 世纪伊始，震惊世界的“9·11”事件使世界各国都不得不调整本国的对外政策来应对非传统安全的冲击。俄罗斯借此机会主动调整对外政策，积极改善与美西方国家的关系，支持美国同恐怖主义的斗争，并积极参与国际反恐合作[⑦]。

---

① 崔守军、杨宇：《俄罗斯与乌克兰冲突的地缘政治渊源与地缘战略逻辑》，《地理研究》2022 年第 8 期。

② 李渤、雷丽平：《21 世纪初地缘政治变动中的俄印关系》，时事出版社 2021 年版。

③ 刘清才：《21 世纪初俄罗斯亚太政策研究》，社会科学文献出版社 2013 年版。

④ 姜振军：《俄罗斯外交调整的背景和意图探析——俄罗斯对外政策十年综述》，《西伯利亚研究》2004 年第 3 期。

⑤ 陈宪良：《叶利钦执政时期俄罗斯的国家利益观》，《俄罗斯东欧中亚研究》2012 年第 4 期。

⑥ 吕萍：《俄罗斯外交政策 30 年演变》，《俄罗斯学刊》2021 年第 6 期。

⑦ 冯绍雷、相兰欣主编：《普京外交》，上海人民出版社 2004 年版。

第四阶段包括普京第二任期、“梅普组合”时期直至2014年乌克兰危机爆发前。这一时期，随着独联体地区“颜色革命”的爆发，北约东扩的持续推进，美国计划在东欧部署反导系统，以及2008年爆发的俄罗斯—格鲁吉亚战争等一系列国际事件终止了自“9·11”事件后俄美的新一轮亲善。但规模空前的国际金融危机，以及防止核扩散等国际问题使两国之间仍需保持合作，因此，在梅德韦杰夫就任总统后俄罗斯开始“重启”俄美关系。[①]

第五阶段为2014年乌克兰危机爆发后至今。普京第三任期以来随着乌克兰危机、“通俄门”风波、斯克里帕尔事件、叙利亚疑似化武袭击事件、刻赤海峡危机、美国正式退出《中导条约》等国际事件的爆发使俄罗斯与西方关系进一步恶化，俄罗斯与美西方的关系由“重启”转入对抗[②]。这一时期，国际环境呈现出经济全球化与逆全球化交织、世界秩序较为混乱和无序以及大国关系竞争增强等特点[③]。面对复杂的国际环境，俄罗斯对外政策也作出了相应的调整，其中包括强调和突出“软实力”的作用，着力构建“欧亚联盟”，推进“向东看”战略以及巩固和提升中俄战略协作伙伴关系等。[④]

随着2022年俄乌冲突的爆发，国内学界开始关注危机背景下俄罗斯对外政策的改变。有学者认为，为了应对危机升级后国际制度竞争形势发生的明显变化，俄罗斯调整了其参与策略，优先开展国际制度的制度内竞争，在冲突长期化后，转而重视本国领导的国际制度，并为后续的制度竞合和推动国际体系变革奠定基础[⑤]。有学者指出，俄乌冲突的升级使西方世界重新统一，北约的地位被大大提升，其防御范围也将扩大到亚太地区。面对急剧恶化的国际环境，俄罗斯将基于欧亚地缘政治经济的重要性构建多

---

① 柳丰华：《论“梅普组合”时期的俄罗斯外交》，《俄罗斯学刊》2012年第6期。

② 柳丰华：《普京总统第三任期俄美关系演变与第四任期双边关系走势》，《俄罗斯研究》2018年第2期。

③ 李勇慧：《普京第三任期以来俄罗斯外交政策分析及中俄关系》，《东亚评论》2019年第2期。

④ 黄登学：《普京新任期俄罗斯外交战略析论》，《俄罗斯东欧中亚研究》2014年第2期。

⑤ 顾炜：《乌克兰危机与俄罗斯国际制度竞争策略的调整》，《俄罗斯东欧中亚研究》2023年第1期。

极力量中心。[①]随着美西方对俄制裁与国际社会孤立的空前加剧，亚太地区将成为俄罗斯对外政策中非常重要的一环，俄罗斯将“向东看”政策视为必需而非选项。[②]

3. 国家利益界定

从国家利益界定角度分析俄罗斯外交政策的选择时，中国学者将国家利益看作一国制定对外政策的基石，认为能否制定出正确的外交政策在很大程度上取决于这个国家对本国国家利益的判定准确与否[③]。在论及国际利益的判定依据时，有学者认为可根据国际环境、自身实力、国家科技水平和认知水平进行评判。[④]也有学者则认为国家利益的判定除了受国内、国际、民族、文化等多方面因素的影响，同时也受该国领导人的性格、判断力及思维模式的影响。[⑤]还有学者认为国家利益有赖于一国的发展程度，其作为一个变量是随着国家实力的消长、获取利益手段的增减、外部形势的状态而发生变化的。[⑥]由于影响国家利益的因素众多，在不同时期、不同地区，一国的国家利益也有所不同。因此，一国只有对本国国家利益的判定相对准确，确立与客观现实相吻合的国家利益目标，才能制定正确、合理的对外政策。基于这一分析路径，有中国学者认为，自俄罗斯独立至21世纪初，尤其是叶利钦第二任期内，俄罗斯对外政策的不成功，在很大程度上是由于国家利益目标——追求独立的强国地位、建立以多极世界为原则的国际关系体系，与其实际的国际社会角色与定位存在偏差。[⑦]2000年普京上台后基于对国家现实的重新评估和对上一时期对外政策的反思，将内部发展作为国家的切身利益目标，调整了国家大政方针——以国家安

① 李勇慧：《乌克兰危机背景下俄罗斯对外战略调整及基本走势》，《俄罗斯东欧中亚研究》2023年第1期。

② 李勇慧：《俄乌冲突下俄罗斯亚太外交政策新变化与新挑战》，《东北亚学刊》2023年第1期。

③ 陈宪良、张梅：《俄罗斯的国家利益观及外交决策》，《西伯利亚研究》2005年第2期。

④ 庞大鹏：《国家利益与外交决策——普京执政以来的俄罗斯外交》，《世界经济与政治》2003年第2期。

⑤ 陈宪良：《叶利钦执政时期俄罗斯的国家利益观》，《俄罗斯东欧中亚研究》2012年第4期。

⑥ 姜毅：《俄罗斯的国际地位与外交政策选择》，《东欧中亚研究》2002年第3期。

⑦ 姜毅：《俄罗斯的国际地位与外交政策选择》，《东欧中亚研究》2002年第3期。

全与经济发展为中心，在坚持和保障基本利益的同时收缩对外政策的目标范围。然而，尽管如此，在一些学者看来，苏联解体后，俄罗斯对于国家利益的重新界定问题仍未完结，其对外政策存在难以解决的矛盾[①]。

（二）单元层次

在分析俄罗斯对外政策的影响因素时，中国学者认为国家内部因素也起到了至关重要的作用。这些内部因素既包括国家内部制度的变迁，也包括俄罗斯特有的民族文化与政治思想传统。[②]因此，从单元层次对俄罗斯对外政策进行分析时，中国学者的研究主要聚焦于政治制度的变迁、经济体制转型与发展、民族传统、宗教思想与历史文化等对俄罗斯对外政策选择的影响。

第一，政治制度的变迁对俄罗斯总体对外政策的制定起着最为主要的制约作用。自20世纪90年代初开始全面激进改革和整体性制度变迁以来，俄罗斯国内政治结构经历了由“多中心”向“单一中心”的过渡。[③]随着普京的上台，俄罗斯最终确立了以总统为核心的国家权力结构。这种以威权主义为导向的国内政治体制使俄罗斯具有极强的政治动员能力，能够动用各种政治资源来实现特定的对外政策目标。同时，也使俄罗斯的对外政策在面对外来政治影响与压力时表现出较强的抗争性，力求在国际社会中占据重要地位。[④]

第二，经济体制转型与发展也极大地影响了俄罗斯对外政策的制定。有学者认为，经济体制转型效益低下是叶利钦后期改变“一边倒”政策的主要原因之一。[⑤]与之类似的观点认为，21世纪初普京调整与西方的关系是以俄罗斯国内经济的改善为主要支撑。[⑥]同样的，由于2008年国际金融危机和西方经济制裁对俄罗斯国内经济造成沉重打击。作为开启“东转战

---

① 姜毅：《重振大国雄风：普京的外交战略》，世界知识出版社2004年版。

② 冯绍雷、相兰欣主编：《普京外交》，上海人民出版社2004年版。

③ 袁胜育：《转型中的俄美关系：国内政治与对外政策的关联性研究》，社会科学文献出版社2006年版。

④ 冯绍雷：《制度变迁与对外关系》，上海人民出版社1997年版。

⑤ 吕萍：《俄罗斯外交政策30年演变》，《俄罗斯学刊》2021年第6期。

⑥ 冯绍雷、相兰欣主编：《普京外交》，上海人民出版社2004年版。

略”的重要因素之一，俄罗斯希望通过加快对远东地区的开发来提高本国的经济社会发展水平。①

第三，民族传统、宗教思想与历史文化等深层因素也是中国学者从单元层次对俄罗斯对外政策进行分析的主要视角。有学者指出，“普京外交”就是基于俄罗斯传统价值观中的救世主义、帝国扩张思维及皇权思想对国家意识形态的重塑，是以强国主义与爱国主义相结合的民族思想作为导向的对外政策。②也有观点着重强调当代俄罗斯对外政策中的东正教因素。这一部分学者认为自公元988年“罗斯受洗”后，东正教就在对外政策领域发挥着不可取代的作用。③一方面，它影响了俄罗斯对于国家利益与国际地位的判断，进而影响了国家对外政策中首要目标的制定；另一方面，受“弥赛亚意识”的影响，崇拜强权的历史文化使其总统在对外决策上拥有绝对的控制权。④中国学者看来，作为俄罗斯对外政策的“忠实参与者”⑤，冷战结束后，随着俄罗斯民族复兴，东正教中的“弥赛亚意识”必将越来越深入地作用于俄罗斯对外政策。此外，还有学者总结了俄罗斯思想传统的四个主要方面，即神秘主义、民族主义、乌托邦精神与马克思主义。通过对以上思想传统的梳理，剥离出与之相对应的四个核心理念：“普世回应性”、道德义务、批判和矛盾，并分析了这四种核心理念对每一阶段俄罗斯对外政策的影响。⑥

除此之外，国内学界有关俄罗斯对外政策分析的研究在次单元层次和个人层次上也有所涉及，如对当代俄罗斯利益集团与国家领导人人格特质的分析研究；等等。在分析利益集团对俄罗斯对外政策的影响时，有学者认为，目前对俄罗斯对外决策发挥影响的利益集团主要包括石油、天然气、核能、军工和武器出口部门以及一些金融集团。这些利益集团主要通过直接进入国家权力体系、谋求参与制定国家对外政策、在国家权力机构

① 徐博：《俄罗斯“东转战略”的国内政治影响要素探析：战略文化、央地关系与政治结构》，《当代亚太》2019年第6期。

② 左凤荣：《重振俄罗斯：普京的对外战略与外交政策》，商务印书馆2008年版。

③ 谢晓光：《俄罗斯对外战略研究（2000—2016）》，社会科学文献出版社2018年版。

④ 邢悦、王晋：《“弥赛亚意识”与俄罗斯“大国主义”外交》，《国际政治科学》2017年第1期。

⑤ 戴桂菊：《俄罗斯东正教会的外交职能》，《世界宗教文化》2014年第2期。

⑥ 欧阳向英：《俄罗斯外交哲学论析》，《世界经济与政治》2020年第8期。

中寻找代理人、提供专家咨询或施加舆论压力以及开展直接外交的方式影响俄罗斯对外政策。① 在分析国家领导人人格特质与俄罗斯对外政策选择两者间的联系时，有学者以总统普京的人格特质为研究对象，解释了俄罗斯转型30多年来对外政策特点形成的潜在原因，他们认为，练习柔道的经历塑造了普京稳健且进取型的人格特质，而克格勃特工的职业生涯则强化了他的国家主权观念。正是普京的这些人格特质，强化了俄罗斯对抗外部压力与坚持强硬立场的对外政策选择。②

结　语

苏联解体30多年来，国内学界有关俄罗斯对外政策分析的研究层次广泛，视角多样，涉及因素全面，尤其在系统层次和单元层次上的研究取得了极为丰富的成果，包含了对俄罗斯独立至今各个时期对外政策的溯因分析。然而，结合前文对外政策分析理论，可以看到，中国学界对俄罗斯对外政策分析的研究还有待于在以下两方面进行更为深入、多样性的探究。

一是需要进一步拓展分析层次与分析视角。目前国内学者对俄罗斯外交决策分析的研究主要集中在系统与单元层次，而次单元层次和个人层次上的研究则较为缺乏。同时，各层次分析视角的选择也相对有限，尽管存在一些诸如利益集团、领导人人格特质等次单元及个人层次的分析，但其研究内容还不系统、不够深入。

二是需要创建新的分析理论与借鉴新的分析方法。在运用对外政策分析理论时往往仅将理论作为导入主观判断的工具，缺乏创新性的理论探讨。在研究方法的选择上，国内研究大多采取国际关系的经典方法，通过“确定并排列出主要问题的顺序，澄清相关的概念，进行适当的区分，调查历史证据”，从而“提出一个前后一致的、足以理解整个问题的论点”。③

① 冯玉军：《俄罗斯利益集团与外交决策》，《现代国际关系》2001年第12期。

② 庞大鹏：《俄罗斯的外交决策：人格特质与战略文化》，《俄罗斯学刊》2019年第2期。

③ ［加拿大］罗伯特·杰克逊、［丹麦］乔格·索伦森：《国际关系学理论与方法》，吴勇、宋德星译，天津人民出版社2008年版，第299页。

然而，作为一个复杂的研究领域，单一的研究方法并不能解释一国对外政策的全貌，需要借鉴包括经济学、社会学、心理学等多学科的研究理论，综合运用科学方法进行对外政策分析。

Analysis of Contemporary Russian Foreign Policy: Theoretical Models and Research Status

Guo Kexin

Abstract: The analysis and discussion of the factors influencing the country's foreign policy, that is, foreign policy analysis, is one of the core contents of foreign policy research. At present, the theoretical model of foreign policy analysis in the academic world mainly includes four levels: system, unit, subunit and individual. Since the collapse of the Soviet Union, Chinese academics' research on foreign policy analysis of contemporary Russia has mainly focused on the system and unit levels. In the more subtle areas of research, such as the role and influence of the government, social groups and individual leaders in foreign policy, domestic scholars have not yet produced enough research results. With the frequent occurrence of "black swan" events in the international community in recent years, it is particularly important to apply more diverse analytical perspectives and theoretical models to the analysis of Russia's foreign policy in order to grasp the international situation, analyze the adjustment of Russia's state foreign policy and foreign practice, and predict the development trend of the interaction between countries.

Keywords: Contemporary Russia; Analysis of Foreign Policy; Theoretical Models; Current State of Research

俄罗斯对中美 5G 博弈的认知及应对

薛锁锁[①]

【摘要】在美国不断拉拢盟友与伙伴国家打压中国 5G 发展的背景下，俄罗斯等重要第三国在中美 5G 博弈中的作用凸显。研判俄罗斯对中美 5G 博弈的看法与态度，是分析俄罗斯战略认知与对外政策走向的重要依据。本文在分析俄罗斯关注中美 5G 博弈原因的基础上，深入剖析了俄罗斯对中美 5G 博弈的看法、态度及应对之策。在俄罗斯看来，美国对中国 5G 的打压，根本目的是为维护其科技霸权与全球霸权，将对全球经济发展与战略稳定产生消极影响，并可能造成科技体系的两极化。目前虽无法确定中美两国谁将从 5G 博弈中胜出，但不可否认的一点是，中美 5G 博弈将促使中国加快实现高科技领域的自给自足。面对中美 5G 博弈，俄罗斯并不打算选边站队，其基本态度表现为保持观望、强大自身。为避免在 5G 发展领域落后于中美两国，俄罗斯也加入了 5G 开发行列，但就实际情况来看，俄罗斯的 5G 开发面临不少困难，未来前景并不明朗。中国作为 5G 发展领先国，应与俄罗斯加强相关合作，共同反对美国的科技霸凌。

【关键词】俄罗斯；5G 发展；中美 5G 博弈；科技两极化

① 薛锁锁，中国社会科学院俄罗斯东欧中亚研究所助理研究员，博士后。

引 言

第五代移动通信技术（以下简称“5G”）的开发与应用直接关系到大国未来经济与军事实力的发展。从经济收益角度来看，5G将对世界主要大国的经济实力增长产生显著影响。根据2021年6月普华永道发布的《5G对全球经济的影响》报告，预计到2030年，5G对美国、中国、日本、德国、英国、印度、韩国及澳大利亚经济发展的贡献分别为4840亿、2200亿、760亿、650亿、540亿、420亿、300亿、200亿美元。① 从军事角度来看，5G应用将在一定程度上促进大国军事技术水平的提升。《纽约时报》的一篇分析文章指出，“当今时代最强大的武器是由网络控制的，无论哪个国家主导5G，都将在21世纪的大部分时间里获得经济、情报和军事上的优势”。② 与此看法类似，美国2019年发布的《5G移动通信技术对国家安全影响》报告，专门对5G在军事领域的相关应用进行了分析。报告指出，“依托5G高速率、低延迟的特点，包括自动驾驶、指挥控制、情报获取、监视及侦查系统在内的军事应用技术将得到极大发展与改善”。③ 由此可见，5G将成为影响大国未来经济发展与国家安全的重要因素。

随着全球地缘政治环境日趋紧张，中美两国围绕5G展开的激烈博弈成为两国关系的缩影之一，引起广泛关注。科技是第一生产力，任何国家在5G及其他高新技术的竞争中拔得头筹，都能在未来的国际格局中占据有利地位。就此而言，5G技术及有关的政治博弈不仅将影响到未来中美两个大国综合国力与国际地位的变化，而且还将在更大范围内深刻影响到国

① “The global economic impact of 5G Powering your tomorrow”, https://www.pwc.com/gx/en/tmt/5g/global-economic-impact-5g.pdf.

② David E. Sanger, Julian E. Barnes, Raymond Zhong and Marc Santora, “In 5G Race With China, U.S. Pushes Allies to Fight Huawei”, https://grsc.iobm.edu.pk/wp-content/uploads/2019/04/China-260119-In-5G-Race-With-China-U.S.-Pushes-Allies-to-Fight-Huawei-The-New-York-Times.pdf.

③ “National Security Implications of Fifth Generation (5G) Mobile Technologies”, Congressional Research Service, https://crsreports.congress.gov/product/pdf/IF/IF11251/2.

际秩序的走向和衍变。

俄罗斯虽不是中美5G博弈的直接相关方，但作为当今世界的一个重要大国及中国的重要邻国，其对中美5G博弈现状及未来走势的认识具有突出的代表性，是部分欧洲国家和“全球南方”国家[①]看待中美科技博弈的重要参考意见，在特定条件下甚至会对中美科技博弈进程产生一定的实际影响。尤其是在美国拉拢其盟友与伙伴国家组建“技术联盟”打压遏制中国的背景下，俄罗斯的看法与态度对中国具有特殊意义。鉴于此，研判和把握俄罗斯对中美5G博弈的认知与立场具有重要的政策和现实意义。

鉴于中美5G博弈产生的重要影响，国际社会对其展开了深入讨论。大体来看，国际社会关于中美5G博弈的讨论主要划分为三类。第一类观点将5G问题与政治挂钩，认为中美5G博弈是一场争夺地缘政治影响力的竞争，最终结果是导致两大对立科技体系的形成。欧洲对外关系委员会发布的《地缘技术政治：为什么技术塑造了欧洲的权力》报告与德国国际政治和安全事务研究所发表的评论文章《5G与中美技术竞争——数字时代欧洲的未来考验》认为，从地缘政治上来看，技术并不是中立的，它是国家间权力再分配及国际关系重构的重要力量。[②]中美5G竞争实则是两国通过高科技控制数据的方式，来建立、捍卫或扩展其地缘政治影响力。[③]作为5G网络部署的主体，各国供应商与运营商强烈受制于中美两大国之间的地缘政治斗争。[④]而从中长期来看，美国打压中国华为芯片的举动只会让中国加快建立自己的生态系统，最终形成以中美两国各自为首且相互对立的

① Tobias Bunde, Sophie Eisentraut, Natalie Knapp, Leonard Schütte, Julia Hammelehle, Isabell Kump, Amadée Mudie-Mantz, and Jintro Pauly, “Munich Security Report 2023: Re:vision”, Munich Security Conference, February 2023, https://securityconference.org/en/publications/munich-security-report-2023/.

② Ulrike Franke, José Ignacio Torreblanca, “Geo-tech Politics: Why Technology shapes European Power”, https://ecfr.eu/wp-content/uploads/Geo-tech-politics-Why-technology-shapes-European-power.pdf.

③ “5G and the US–China Tech Rivalry – a Test for Europe’s Future in the Digital Age”, https://www.swp-berlin.org/publications/products/comments/2019C29_job_EtAl.pdf.

④ CGS Global Focus, “Geopolitics and the Global Race for 5G”, http://cgs-bonn.de/5G-Study-2019.pdf.

技术体系。[①] 与这些欧洲专家的意见相一致，其他国家的一些专家持同样看法。美国企业研究所高级研究员克龙·基钦（Klon Kitchen）指出，中美两国就5G问题展开的地缘政治竞争将决定谁来塑造新经济秩序。这一竞争导致的一个大概率事件就是全球无线网络及互联网本身分裂为两个相互竞争的势力范围。[②] 印度观察家研究基金会主任哈什·V·潘特（Harsh V. Pant）等认为，5G已成为中美技术冷战及地缘政治竞争的一个重要领域，包括印度在内的各国需要根据其战略利益来决定与哪个阵营结盟。而这也意味着，全球网络空间和技术可能被分割成美国或中国的不同势力范围，全球技术和治理领域将出现"数字铁幕"。[③]

第二类观点认为国际社会应加强5G网络安全合作，反对将5G问题政治化。以欧盟委员会通信网络、内容和技术总司网络安全处处长米格尔·冈萨雷丝·桑乔（Miguel Gonzalez-Sancho）为代表的部分欧洲专家指出，5G技术与大数据、互联网、区块链及人工智能等领域紧密相关，给人们工作生活带来重大变革的同时也带来了前所未有的风险与挑战，要在国际层面针对技术标准和共同规则等问题加强磋商与合作，而不是以政治因素划线。[④] 美国财政部前部长亨利·保尔森（Henry Paulson）也认为，给5G贴上政治标签，是人为切断了跨境流动、惠及全世界的创新福祉。如果切断彼此间的联系并禁止技术交流，全球创新生态系统就会分崩离析，而且还会阻碍大量有可能改变世界的基础研究。[⑤] 存储芯片制造商美光科技股份有限公司首席执行官桑杰·梅赫罗特拉（Sanjay Mehrotra）则强调，5G不

---

① Алисия Гарсия-Эрреро, "Технологическая конкуренция между США и Китаем: чего ожидать?", https://globalaffairs.ru/articles/tehnokonkurencziya-ssha-kitai/.

② Klon Kitchen, "U.S.-China 5G battle portends a divided internet", March 10, 2021, https://hosteagle.club/r/usa-china-5g/?__cpo=aHR0cHM6Ly93d3cuZ2lzcmVwb3J0c29ubGluZS5jb20.

③ Harsh V. Pant and Aarshi Tirkey, "The 5G Question and India's Conundrum", Science Direct, August 18, 2020, https://www.sciencedirect.com/science/article/pii/S0030438720300466.

④《"技术问题政治化"是网络安全领域面临的最大风险挑战》，人民网，2019年11月13日，http://media.people.com.cn/n1/2019/1113/c40606-31451671.html。

⑤《新华时评：5G不能被政治化》，人民网，2019年11月23日，http://world.people.com.cn/n1/2019/1123/c1002-31470808.html。

关乎哪一国或哪一区域占上风，它可以把数字经济福利带到世界各地。① 要扭转阻碍创新的偏执和保护主义趋势，科技与供应链强行脱钩不可取。② 与这些外国专家的看法相同，中国专家同样也认为，5G安全问题是一个技术问题，应该从技术层面对网络安全风险进行客观评估，同时要坚决反对将网络安全问题政治化。③

第三类是深入探讨中美5G博弈背景下的各自应对之策。欧盟学者认为，夹在中美5G竞争中的欧盟非常脆弱：一方面，欧洲国家依赖中国的信息通信技术，尤其是硬件；另一方面，欧洲也依赖美国的软件，且美国仍是欧洲安全的保障者。因此，为避免在未来的技术领导权之争中沦为配角，欧洲应制定一项共同的政治战略来应对中美5G之争。具体的应对方式则主要表现为两种：第一种是政治性的，主要着眼于地缘政治大背景；第二种是技术性的，主要着眼于网络安全。④ 正是基于这两种不同的应对方式，欧洲国家在中美5G竞争中做出了选择，即有些国家禁止使用华为5G设备，有些国家则继续与华为开展5G合作。非洲国家应对中美5G博弈的策略比较灵活，即在表明两边都不得罪态度的同时，从经济成本角度出发来选择5G合作伙伴。由于华为技术的价格比竞争对手少30%—50%，许多非洲国家都与华为签订了5G合作协议。当然，也有部分非洲国家迫于美国的政治压力，采取了多供应商的技术路线。⑤ 东南亚国家在中美5G之争中始终保持相对"中立"的立场，从未公开表态支持中美两国中的任何一国。但就实际情况而言，部分东南亚国家倾向于与华为开展5G合作，

① 《新华时评：5G不能被政治化》，人民网，2019年11月23日，http://world.people.com.cn/n1/2019/1123/c1002-31470808.html。

② 《新华时评：5G不能被政治化》，人民网，2019年11月23日，http://world.people.com.cn/n1/2019/1123/c1002-31470808.html。

③ 黄海峰：《华为杨超斌回应六大5G热点问题》，《通信世界》2019年第29期。

④ Daniel Voelsen, Tim Rühlig, John Seaman, "5G and the US–China Tech Rivalry – a Test for Europe's Future in the Digital Age. How Can Europe Shift from Back Foot to Front Foot?" Stiftung Wissenschaft und Politik, June 28, 2019, https://www.swp-berlin.org/10.18449/2019C29/.

⑤ "The race to build Africa's 5G networks is entangled in a U.S. push to cut Huawei's dominance", https://hosteagle.club/2021/the-race-to-build-africas-5g-networks-is-entangled-in-a-u-s-push-to-cut-huaweis-dominance/?__cpo=aHR0cHM6Ly9yZXN0b2Z3b3JsZC5vcmc.

部分倾向于与华为以外的西方公司开展5G合作，还有一些国家则非常谨慎，一直淡化5G合作问题。[①] 海湾国家虽没有在中美5G竞争中公开站队，但实际上却出于促进经济发展的考量，与华为积极开展5G合作，沙特阿拉伯、阿联酋和巴林等国家已经与华为签订了多份5G合作协议。[②] 拉美国家应对中美5G之争的策略比较复杂。这主要是因为：一方面，拉美国家迫于美国压力，在与华为开展5G合作的问题上犹豫不决；另一方面，拉美国家又难以抗拒中国技术的高性价比以及承受禁止华为5G设备带来的损失。因此，面对中美5G之争，拉美国家采取的应对之策主要分为三种：第一种是采取以时间换空间的拖延战术，在加入美国"清洁网络"计划的同时，也没有将华为排除在本国5G网络建设计划之外；第二种是顶住来自美国的压力、坚持从本国利益出发，继续与华为开展5G合作；第三种是在部分相关事务上屈从于美国，取消与华为的相关合作。[③]

可以看出，国际社会普遍比较关注中美5G博弈引发的后果及各国的应对之策。与多数国际社会成员相同，俄罗斯也高度关注中美5G博弈及其引发的大国国际地位之争，甚至将其上升到科技战争的高度[④]，不断评估5G博弈对俄罗斯的对外政策，尤其是对华、对美政策产生的重要影响，其所持观点与其他国家既有相似之处，也有立足本国国情的独特考量。鉴于此，本文探讨俄罗斯为何关注中美5G博弈，俄罗斯对中美5G博弈的判断，俄罗斯对中美5G博弈的态度、俄罗斯对中美5G博弈的应对，以更客观理性地把握俄罗斯在政治和科技领域相关方面的政策和立场。

---

① 刘畅：《东南亚国家发展5G技术的现状与前景》，《南亚东南亚研究》2021年第3期。

② James Steward,"Technology propels China's Gulf strategy forward – East Asia Forum", Virtual Bits.com, January 12, 2022, https://bloggingdoses.com/technology-propels-chinas-gulf-strategy-forward-east-asia-forum/.

③ 王慧芝、付丽媛：《中美科技博弈背景下的拉美5G建设：挑战与前景》，《拉丁美洲研究》2022年第2期。

④ "Путин назвал действия против Huawei попыткой бесцеремонно вытолкнуть ее с рынка", https://tass.ru/ekonomika/6524401.

一 俄罗斯为何关注中美 5G 博弈

在美国发起针对中国的经贸摩擦之后，关于中美 5G 竞争的探讨也正式在俄罗斯学界展开。俄罗斯学者普遍认为，美国与中国之间的经贸摩擦表面是因为出口与工业生产竞争而引起，但实际却是由争夺技术主导权，尤其是 5G 技术主导权而导致。美国意识到包括 5G 在内的最新技术可能重塑全球经济与传统权力结构，因此以关税与贸易逆差为由，开始对中国实施遏制政策，阻止中国科技与创新的增长。① 而俄罗斯之所以要对此予以关注，主要是出于以下三方面的考量。

第一，保障俄罗斯的技术主权，捍卫其技术大国地位。俄罗斯外交与国防政策委员会成员安德烈·约宁指出，“5G 垄断国不仅将从全球市场攫取大部分利润，更重要的是能根据自己的判断和意愿在 5G 应用问题上对其他国家进行控制。换言之，5G 垄断国很有可能长期控制世界市场，进而导致‘技术殖民主义’的出现”。② 而这一点恰恰是俄罗斯所不能忍受的。在俄罗斯看来，21 世纪的强国必须建立属于自己的技术平台，甚至还要创建一个技术经济集团。这个集团必须控制全球绝大部分市场，并拥有自己的发展模式、资源以及科技能力，最主要的是要在国防和关键基础设施等领域保持独立。③ 具体到 5G 问题上，俄罗斯总统普京则态度明确地表示，“要在 5G 发展领域占据全球领先地位，以此确保俄罗斯国家技术主权及其作为新技术市场领导者的地位”。④ 因此，面对不断升级的中美 5G 博弈，

---

① Константин Матвеенков, “На грани развода. Куда приведет технологическая война между Китаем и США? ”, https://russiancouncil.ru/analytics-and-comments/analytics/na-grani-razvoda-kuda-privedet-tekhnologicheskaya-voyna-mezhdu-kitaem-i-ssha/.

② Андрей Ионин, “Первая мировая война, теперь технологическая”, https://globalaffairs.ru/articles/pervaya-mirovaya-vojna-teper-tehnologicheskaya/.

③ Доклад Международного дискуссионного клуба «Валдай»-Международная конкуренция и лидерство в цифровой среде, https://ru.valdaiclub.comyongifiles/36581/.

④ “Путин призвал к лидерству по технологиям будущего”, https://rg.ru/2019/07/10/putin-prizval-k-liderstvu-po-tehnologiiam-budushchego.html.

俄罗斯无法无动于衷。

第二，防止中美5G博弈产生的地缘政治影响威胁到俄罗斯的利益。俄罗斯作为一个横跨欧亚的大国，向来重视其地缘政治利益。中美5G博弈拉开序幕后，以俄罗斯科学院世界经济与国际关系研究所帕维尔·丹尼林为代表的部分俄罗斯学者认为，中美5G竞争将对大国国际政治关系与地缘政治战略产生重要影响，这主要是因为由技术竞争导致的全球供应链体系与市场变化，最终将引发国际政治经济关系及地理空间性质的变化。[①]而在目前的中美5G博弈中，美国为赢得5G竞争拉拢盟友与伙伴组建技术联盟的行为，已经对地缘政治产生了一定影响。因此，他们认为，俄罗斯应对此予以充分关注，以防自身地缘政治利益受到损害。[②]

第三，拓展俄罗斯在全球技术市场的出口份额。莫斯科国际关系学院的别兹鲁科夫（Андрей Безруков）、马蒙诺夫（Михаил Мамонов）、苏奇科夫（Максим Сучков）等学者指出，5G基础设施蕴含着未来数百亿美元的市场订单，中美两国已对此展开了激烈争夺，这不能不引起俄罗斯的关注。尽管俄罗斯在当前的5G国际竞争中不占优势，但却可以利用中美5G博弈契机，积极拉拢大欧亚、中东、拉美及非洲地区那些不愿在中美两国之间选边站队的国家，并与之开展广泛的技术合作，扩大俄罗斯在这些地区的技术出口份额。[③]

总之，基于中美5G博弈在全球范围内产生的重要影响，俄罗斯既感受到了压力，也看到了机遇，因此其必对此进行着持续的关注。

---

① Данилин И. В. “Американо-китайская технологическая война: риски и возможности для КНР и глобального технологического сектора”, *Сравнительная политика*, Vol.11, No.4, 2020, pp.160–176.

② Леонид Савин, “Технологии и геополитика”, https://katehon.com/ru/article/tehnologii-i-geopolitika.

③ “Доклад Международного дискуссионного клуба «Валдай»-Международная конкуренция и лидерство в цифровой среде”, https://globalaffairs.ru/wp-content/uploads/2021/01/valdajskij-doklad_konkurenczziya-i-liderstvo-v-czifrovoj-srede.pdf.

二 俄罗斯对中美5G博弈的判断

在密切追踪中美5G博弈动向后，俄罗斯对其展开了全面研判。具体来看，俄罗斯对中美5G博弈的判断主要包括以下六点。

第一，美国打压中国5G发展，根本目的是为捍卫其技术与全球霸权。莫斯科国际关系学院学者马特文科夫认为，美国政治精英已将中国在5G通信方面的成功视为国家安全问题，这是对美国最高级别的威胁。[①]在美国看来，“中国制造2025”等国家计划绝非为了简单的产业升级，而是试图直接挑战美国的国际地位。美国的回应方式就是蓄意遏制中国并为其技术进步制造障碍，包括实行贸易制裁、提高关税、实行投资和出口管制以及减少知识转移和学术交流，以此来逼迫中国放弃或修改产业政策，最终达到捍卫其全球霸权的目标。与此同时，马特文科夫还表示，中国很清楚美国的意图，对中国而言，“美国实施的遏制措施并非为了防御或是最大程度减少实际安全风险，而是为了减缓甚至阻碍中国的经济发展，属于美国遏制战略的一部分”。[②]美国之所以实施这种政策，原因就在于美国政治精英意识到自身影响力在逐渐减弱，害怕国际舞台上出现与其实力相当的对手。与马特文科夫看法相同，俄罗斯后工业社会研究中心主任弗拉季斯拉夫·伊诺泽姆采夫一针见血地指出，中美两国之间的5G对抗不是因为中国侵占了美国的市场份额，而是因为全球技术霸权问题。美国不希望中国成为全球技术领导者，因此挑起了5G对抗。中国的华为公司是这场冲突的受害者。两国之间的技术对抗或将使原本统一的全球化项目被两个平

① Константин Матвеенков, “На грани развода. Куда приведет технологическая война между Китаем и США?”, https://cyberleninka.ru/article/n/amerikano-kitayskaya-tehnologicheskaya-voyna-riski-i-vozmozhnosti-dlya-knr-i-globalnogo-tehnologicheskogo-sektora.

② Константин Матвеенков, “На грани развода. Куда приведет технологическая война между Китаем и США?”, https://cyberleninka.ru/article/n/amerikano-kitayskaya-tehnologicheskaya-voyna-riski-i-vozmozhnosti-dlya-knr-i-globalnogo-tehnologicheskogo-sektora.

行项目所取代。[①]

第二，短期之内无法确定中美两国谁将从5G博弈中胜出。莫斯科国际关系学院副教授伊万·季莫费耶夫指出，中美两国围绕5G展开的博弈实际是一场争夺技术霸权与技术市场的竞争。这场竞争不会很快结束，只会变得更加糟糕。[②] 丹尼林也持类似观点。他表示，目前还不能确定中美两国谁将从科技竞争中胜出，唯一可以肯定的是，这场对抗对中国而言是痛苦的，对美国而言也并不容易。美国虽有能力延缓中国的发展速度，但未必能阻止中国的发展。在经历技术冲突后，中美两大经济体或将形成类似于美国与西欧国家那样的某种互补模式，因为中美两国间的深度经济联系很难被斩断。[③]

第三，中美5G博弈将促使中国加快实现高科技领域的自给自足。以俄罗斯战略研究所首席经济学家格里博娃为代表的部分俄罗斯学者认为，尽管美国禁止了对中国先进技术的出口，甚至试图说服盟友和合作伙伴不购买华为公司生产的5G基础设施与设备，但由于中美两国之间存在的较高依存度，美国的行为很难达到其预期目标。相反，随着5G博弈的逐步加剧以及对美国实施技术封锁的担忧，中国将加大对科技领域的支持力度，最终促使关键技术领域实现技术独立。[④] 与此同时，这些学者也强调，考虑到中国的技术公司一直以来对美国高技术产品的严重依赖因素，中国实现关键技术领域的自给自足不会一蹴而就，还需要一定时间。[⑤]

---

① Владислав Иноземцев, “Мировая технологическая: как США и Китай открывают новый глобальный фронт”,https://www.rbc.ru/opinions/economics/28/05/2019/5ceceaaf9a7947a828f103f4.

② Иван Тимофеев, “Технологическая война между США и Китаем затронет и Россию”, https://riafan.ru/23436708-ivan_timofeev_tehnologicheskaya_voina_mezhdu_ssha_i_kitaem_zatronet_i_rossiyu.

③ Иван Данилин, “США и Китай: война за статус технологического лидера”, https://russiancouncil.ru/analytics-and-comments/interview/ssha-i-kitay-voyna-za-status-tekhnologicheskogo-lidera/.

④ Наталия Грибова, “Китай в технологическом противостоянии с США”, https://riss.ru/analitica/kitay-v-tekhnologicheskom-protivostoyanii-s-ssha-chast-1/.

⑤ Наталия Грибова, “Китай в технологическом противостоянии с США”, https://riss.ru/analitica/kitay-v-tekhnologicheskom-protivostoyanii-s-ssha-chast-1/.

第四，中美5G博弈引发的技术脱钩将影响全球经济发展与战略稳定。在俄罗斯看来，中美5G博弈导致的技术脱钩将会牺牲商品、资本、人员和信息自由流动所带来的全球化和经济利益。[①] 同时，这种深度的技术脱钩也将极大地限制关于新技术进步的国际合作，主要是损害世界各地的创新、阻碍地区与全球经济的发展及中断中美两国在全球科技治理方面的合作。除此之外，技术脱钩还将严重破坏中美安全关系，加剧全球战略不稳定，并可能引发新一轮军备竞赛。

第五，中美5G博弈可能导致的最具破坏性的后果就是形成两个互不相容、相互竞争的技术生态系统。俄罗斯高等经济大学学者瓦西里·卡申（Vasily Kashin）认为，“从目前的政治发展趋势来看，全球技术市场很有可能分裂为以中美两国为首的两大竞技场。选择以中国为首还是以美国为首的技术平台，完全取决于政治因素”。[②] 俄罗斯战略与技术分析中心主任鲁斯兰·普霍夫（Ruslan Rukhov）与卡申的观点完全一致。他指出，中美5G竞争的直接后果之一就是以美国为主导的全球技术标准和解决方案体系分裂为美国和中国两部分。这将大大降低美国的领导地位，剥夺美国作为全球技术领导者的角色，削弱其高科技产业的全球地位，而中国则恰恰相反。[③]

第六，也有少数观点认为，目前既无法判断中美5G博弈对全球技术市场的影响，也无法断定科技两极体系将会出现。在莫斯科大学信息安全问题研究所研究员卡拉谢夫看来，鉴于中美两国技术差距正在迅速缩小，同时考虑到两国在某些技术生产过程中的紧密相连与相互依存关系，就中

① Константин Матвеенков, “На грани развода. Куда приведет технологическая война между Китаем и США?”, https://cyberleninka.ru/article/n/amerikano-kitayskaya-tehnologicheskaya-voyna-riski-i-vozmozhnosti-dlya-knr-i-globalnogo-tehnologicheskogo-sektora.

② Василий Кашин, “Какие возможности открываются для России в условиях технологического противостояния США и Китая?”, https://russiancouncil.ru/analytics-and-comments/interview/kakie-vozmozhnosti-otkryvayutsya-dlya-rossii-v-usloviyakh-tekhnologicheskogo-protivostoyaniya-ssha-i/.

③ Руслан Пухов, “Главной линией противостояния США и КНР становятся технологии”, https://www.vedomosti.ru/opinion/articles/2020/12/02/849286-glavnoi-liniei.

期来看很难确定全球技术市场的划分及中美两国在其中的定位。[①] 而别兹鲁科夫则表示，科技领域的两极体系永远不会出现。尽管美国目前仍具有显著科技优势，中国在某些技术领域也占据领先地位，但就未来而言，世界技术市场可能会出现第三、第四大技术强国，因为圣地不会永远空着。[②]

三 俄罗斯对中美 5G 博弈的态度

俄罗斯一直以旁观心态对待中美 5G 博弈，其对中美 5G 博弈所持有的态度可概括为“避免卷入并强大自身”。

第一，避免选边并保持观望。俄罗斯科学院世界经济与国际关系研究所科学与创新研究部主任丹尼林指出，俄罗斯无意卷入中美 5G 冲突，目前没有任何方式能够证明在中美 5G 冲突中选边站队会给俄罗斯带来好处或者是零风险。俄罗斯必须合理考虑自身力量，明确自身利益和能力。当前情况下，俄罗斯最多能做的就是与欧盟国家一起采取某些协调行动，因为欧盟国家对局势有着更清醒的评估，并且比中美两国及俄罗斯更关注经贸摩擦的后果。[③] 与此观点类似，瓦西里·卡申（Vasily Kashin）则直截了当的表示，在中美技术竞争背景下，俄罗斯选择加入中国一方或者美国一方，都不是最好的选择，因为对他国技术产品的依赖将产生巨大的经济风险。因此，俄罗斯根本不应该在中美两国之间作出选择。[④]

第二，加强与中美两国之外的其他国家合作，确保俄罗斯在 5G 等新技术领域的国际市场上占据有利位置。俄罗斯量子中心主任、量子技术项

① Павел Карасев, “В настоящее время идет соперничество технико-экономических парадигм”,https://russiancouncil.ru/analytics-and-comments/interview/v-nastoyashchee-vremya-idet-sopernichestvo-tekhniko-ekonomicheskikh-paradigm/.

② Андрей Безруков, “Биполярной эпохи в мире высоких технологий никогда не будет”, https://russiancouncil.ru/analytics-and-comments/interview/bipolyarnoy-epokhi-v-mire-vysokikh-tekhnologiy-nikogda-ne-budet/.

③ Иван Данилин, США и Китай: война за статус технологического лидера.

④ Василий Кашин, “Должна ли Россия примыкать к США или Китаю в технологической войне”, https://profile.ru/columnist/oba-huzhe-1015308/.

目办公室负责人尤努索夫（Руслан Юнусов）认为，包括5G在内的中美科技竞争实际上并未给第三方参与者留出空间，于俄罗斯而言只能选择加强与中美之外的其他国家合作。这主要是因为俄罗斯在许多技术领域都拥有良好的发展前景，但如果仅依靠自己的市场，俄罗斯永远无法赶上中美两国。因此，俄罗斯需要与印度及欧洲国家开展合作，确保成为未来技术的领先者。[①] 别兹鲁科夫则称，“目前世界上已经出现了技术断层线，以美国为首的‘盎格鲁—撒克逊’技术经济集团与以中国为首的技术经济集团正在形成，它们将根据‘非敌即友’的原则来确定新的世界结构”。[②] 在此背景下，俄罗斯可以选择与欧盟、德国、日本或者印度进行联合，创建技术经济集团与中美两国开展平等竞争。同时，俄罗斯也可以与金砖国家、东盟国家、中东国家、拉美国家甚至非洲国家开展技术合作，建立一个既能分担责任和成本又能确保自身竞争力的强大技术联盟，因为这些国家同俄罗斯一样既想确保技术主权，又不想搅入中美科技博弈。

第三，加强巩固俄罗斯自身技术发展，捍卫技术主权。俄罗斯瓦尔代国际辩论俱乐部发布的《数字领域的国际竞争和主导地位》报告指出，中美科技竞争让俄罗斯面临一个选择，即选择加入由中美两国主导的技术平台，还是创建自己的技术平台？选前者，需确定俄罗斯在何种条件下可以实现这种联合。选后者，则需确定俄罗斯技术系统本身的关键参数。而综合俄罗斯拥有的技术知识与人才资源来看，其完全有可能建立起自己的技术平台。考虑到中美两国业已形成的技术平台，俄罗斯应加快速度创建自己的技术平台，成为技术经济集团的领导者和该领域新游戏规则制定的关键参与者。[③] 俄罗斯绝大多数学者也秉持这一态度。俄罗斯国际事务委员会总干事、莫斯科国际关系学院副教授伊万·季莫费耶夫表示，在美国发

---

① “Эксперт не исключил «биполярность» на рынке технологий из-за конкуренции США и Китая”, https://vz.ru/news/2020/12/9/1074895.html.

② Андрей Безруков, “России нужна технологическая дипломатия”, https://vz.ru/opinions/2019/6/4/980757.html.

③ Доклад Международного дискуссионного клуба «Валдай»-Международная конкуренция и лидерство в цифровой среде.

布的《关键和新兴技术国家战略》中，除将中国列为头号战略对手与主要威胁外，俄罗斯也同样被美国视为主要竞争对手与威胁。这意味着美国也会采取措施遏制俄罗斯的技术发展。因此，俄罗斯应该推动和加强自身技术发展，捍卫技术主权，尤其是要保护好关键领域内的核心技术。[①]别兹鲁科夫则强调，中美技术竞争再次证明俄罗斯需要制定战略来捍卫自己的技术主权。当前形势下，俄罗斯应该利用自己拥有的建设关键基础设施的经验，在确保技术独立的前提下建立新一代重要基础设施。[②]

需要指出的一点是，俄罗斯虽未在中美5G博弈中选边站队，但对于中国发展5G及中俄两国开展5G合作持支持友好态度。2020年8月，俄罗斯外交部部长拉夫罗夫在全俄青年教育论坛上表示，“俄罗斯不会效仿美国打压中国5G，将与中国华为公司开展5G技术合作”。[③]与官方态度一致，多数俄罗斯学者也主张与中国开展5G技术合作。丹尼林直言不讳地指出，俄罗斯应该在不与美国发生冲突的前提下与中国开展5G合作，同时还要设法打破美国的技术限制，降低美国制裁对俄罗斯高新技术进出口及开辟新市场的影响。卡申则称，中俄两国开展5G合作对俄罗斯是有好处的，因为中国在俄罗斯的科技投入能够使俄罗斯在某些领域实现生产本地化，并获得一些重要技术。

四　俄罗斯对中美5G博弈的应对

从俄罗斯关注中美5G博弈的动因及其对中美5G博弈所持有的态度可以判断出，俄罗斯并不愿意全球5G市场由中美两国主导，更不甘心在5G发展领域落后于中美两国。因此，在中美两国围绕5G展开激烈博弈的情形下，俄罗斯也拿出了自己的应对方案，即进行5G开发。就目前来看，

---

① Иван Тимофеев, Технологическая война между США и Китаем затронет и Россию.

② Андрей Безруков, России нужна технологическая дипломатия.

③ “Лавров заявил, что Россия заинтересована в сотрудничестве с Китаем по теме 5G”, https://tass.ru/ekonomika/9268715.

俄罗斯的5G开发进展主要表现为以下三方面。

首先，俄罗斯政府牵头制定并推出了5G发展路线图。2019年7月，俄罗斯政府与俄罗斯电信公司（Ростелеком）、俄罗斯国家技术集团公司（Ростех）签订了关于5G开发的三方协议。[①] 2020年11月，俄罗斯政府正式批准了俄罗斯国家技术集团公司制定的《2024年前俄罗斯5G网络发展路线图》。该路线图旨在实现七大目标：一是在至少10个俄罗斯百万人口大城市中部署5G网络；二是在2024年之前俄罗斯5G建设基建投资规模达到1520亿卢布，2030年达到2413亿卢布；三是在2024年之前5G网络用户达到500万人，2030年达到5000万人；四是在2024年之前安装10000个基站，且俄罗斯"硬件"在这一领域的占比应达到30%；五是在2024年之前在5G网络基础上启动20个俄罗斯主要经济领域的项目；六是将俄罗斯企业在全球5G市场中所占的份额提高到1.8%，同时将其在国内市场的销售额提高到19.5%；七是使俄罗斯5G网络发展水平达到世界第八的位置。[②] 除此之外，该路线图还明确指出，到2024年年底俄罗斯5G建设的总投资金额应达到2081.3亿卢布。联邦预算将划拨288.56亿卢布，其中214.6亿卢布将提供给俄罗斯国家技术集团公司批量生产5G设备。

其次，俄罗斯四大通信运营商与外国通信设备企业积极开展了5G合作。为尽快在俄罗斯推出5G网络，俄罗斯四大通信运营商移动通信系统公司（MTS）、梅加丰（МегаФон）、维佩尔（ВымпелКом）及Tele2分别与爱立信、诺基亚、华为三家外国企业开展了不同程度的合作。俄罗斯移动通信系统公司的主要合作对象是爱立信与华为。2019年2月，俄罗斯移动通信系统公司与爱立信签署了关于5G开发的工作计划协定。根据协定，爱立信将协助俄罗斯移动通信系统公司在俄罗斯推出5G移动网络，并在现有基础设施上帮助俄罗斯移动通信系统公司进一步开发5G技术解决方

---

① "Ростелеком и Ростех разработали проект дорожной карты по развитию сетей 5G в России", https://tass.ru/ekonomika/9064607.

② "«Ростех» и «Ростелеком» потратят 208 миллиардов на 5G", https://www.cnews.ru/news/top/2020-11-18_razvitie_5g_v_rossii_otsenili.

案。[①] 此后，俄罗斯移动通信系统公司又向爱立信购买了价值 100 亿卢布的设备与软件，用于将中央联邦管区的网络升级到 5G 水平。[②] 俄罗斯移动通信系统公司与华为的合作也主要集中于技术合作与网络升级两方面。2019 年 6 月，俄罗斯移动通信系统公司与华为签订了 5G 开发技术协定。2020 年 9 月，俄罗斯移动通信系统公司又花费 75 亿卢布向华为购买 5G 设备以促进莫斯科地区的网络现代化。梅加丰的主要合作对象是诺基亚与爱立信，其与前者的合作主要围绕 5G 技术开发展开，与后者的合作则主要是网络升级方面。维佩尔仅与华为开展了 5G 合作。2018 年 5 月，维佩尔与华为签署协定，将共同测试 5G 技术并开发 5G 基础设施。[③]2019 年 9 月，维佩尔与华为在莫斯科卢日尼基体育场区域正式启动了 5G 试验区。[④] 除此之外，维佩尔还在莫斯科启动了“5G 就绪”（5G-ready）网络计划。该计划的最终目标是为引入 5G 通信基础设施作准备。[⑤] 据维佩尔负责人拉察尼奇（Василь Лацанич）表示，“目前在莫斯科市及整个莫斯科州，已经有将近 85% 的网络可以与 5G 兼容，80% 以上的基站已被更换”。[⑥]Tele2 与爱立信、华为的合作是同时段进行的。在与爱立信的合作中，Tele2 的主要诉求是爱立信帮助其在俄罗斯 27 个地区安装 50000 个 5G 基站。而在与华为的合作中，Tele2 则是希望实现引入 5G 技术的目标。

---

① “МТС и Ericsson готовят первые запуски сетей 5G в 2019 году”, https://moskva.mts.ru/about/media-centr/soobshheniya-kompanii/novosti-mts-v-rossii-i-mire/2019-02-25/mts-i-ericsson-gotovyat-pervye-zapuski-setej-5g-v-2019-godu.

② “МТС закупит оборудование нового стандарта у Huawei”, https://www.kommersant.ru/doc/4485102.

③ “Вымпелком и Huawei будут развивать 5G в России”, https://ria.ru/20180524/1521235953.

④ “Билайн совместно с Huawei запустили пилотную зону 5G в Лужниках”, https://tass.ru/ekonomika/6884502.

⑤ “Билайн построит в Москве готовую к внедрению 5G сеть нового поколения”, https://mobile-review.com/news/bilajn-postroit-v-moskve-gotovuyu-k-vnedreniyu-5g-set-novogo-pokoleniya.

⑥ “5G в Билайне (Вымпелком)”,https://www.tadviser.ru/index.php/%D0%A1%D1%82%D0%B0%D1%82%D1%8C%D1%8F:5G_%D0%B2_%D0%91%D0%B8%D0%BB%D0%B0%D0%B9%D0%BD%D0%B5_(%D0%92%D1%8B%D0%BC%D0%BF%D0%B5%D0%BB%D0%BA%D0%BE%D0%BC).

最后，俄罗斯通信运营商相互之间也围绕5G开发进行了合作。2019年12月，俄罗斯移动通信系统公司、维佩尔、梅加丰与俄罗斯电信公司签署合作意向书，将共同开发5G网络并创建一家股份相等的5G联合企业。[①]2020年12月24日，俄罗斯联邦反垄断局宣布，已经同意俄罗斯移动通信系统公司、维佩尔、梅加丰及俄罗斯国家电信公司建立5G联合企业的申请。根据相关信息，新成立的5G联合企业将专注于解决5G频率问题，以确保每个参与者都能建立起自己的5G网络。

可以看出，俄罗斯在5G开发部署方面是比较积极的，但仅凭此还并不能断定俄罗斯将成为5G发展领先国，进而在5G市场竞争中赢得一席之地。这主要是因为，俄罗斯的5G开发还面临着四方面的棘手问题。一是频段问题。部署5G的黄金频段是3.4—3.8GHz，在该频段内部署5G可以实现覆盖范围与容量的最佳平衡。但在俄罗斯，这一频段恰好被国防部、联邦安全局及一些其他特殊部门所占用。尽管通信运营商多次提出申请，希望在3.4—3.8GHz频段内进行5G网络测试，可联邦安全会议始终以维护国家安全为由，拒绝划出这一频段以供5G网络开发。二是设备问题。根据俄罗斯政府2020年10月作出的最新规定，只能使用国产设备部署5G网络。可问题在于，俄罗斯用于5G网络建设的国产设备尚处于研发状态，何时研发出成熟的产品并投入量产目前还并不确定。三是资金问题。根据《俄罗斯联邦数字经济国家规划》，2024年年底之前将划拨430亿卢布用于5G开发，但后来这一数字降低为78.5亿卢布。[②]俄罗斯通信运营商认为，预算资金的削减将延缓俄罗斯的5G开发速度。四是西方制裁问题。由于西方国家对俄罗斯实施的严厉制裁，5G设备供应商爱立信与诺基亚先后宣布退出俄罗斯市场。这意味着，俄罗斯将失去两个重要的5G合作伙伴，其关于5G开发部署的工作计划也或将无法按时完成。

---

① “Операторы большой четверки подписали соглашение о намерениях для создания СП по 5G”, https://tass.ru/ekonomika/7326071.

② “Власти в пять раз сократили расходы на поиск 5G-частот в России”, https://www.cnews.ru/news/top/2022-02-02_vlasti_v_pyat_raz_sokratil.

结 语

俄罗斯学者将中美5G博弈上升到科技战争的高度，主要是因为其习惯于从“战争底线”思维来看待问题。但客观来看，中美5G博弈虽然激烈，却始终不能将其称为“热战”。因为与“热战”不同，技术竞争无论多么激烈或谁将领先，其最终结果都是推动人类社会生产力的发展进步，只是不同地区或国家的受益程度有所不同。因此，俄罗斯学界对中美5G博弈的分析存在拔高与夸大的成分。

中美5G博弈导致两极科技体系出现的可能性非常低。除中美两国进行5G开发部署外，包括日本、韩国、英国、德国、法国等在内的一些其他国家也在大力推进5G开发应用工作，并取得了一定成就。因此，并不能断定全球5G市场将被中美两国垄断。同时，非常重要的一点是，在全球化进程下，任何国家都离不开全球市场，尤其是西方跨国企业。而一旦科技体系分裂为两个对立阵营，全球产业链将会被打破，这对任何国家都没有好处。

俄罗斯对中美5G博弈保持观望的态度并不可取。正如俄罗斯学者所言，美国除把中国视为头号战略对手与威胁外，也把俄罗斯当作了主要竞争对手与威胁。从时间上来看，美国对俄罗斯发起科技制裁的时间甚至要早于中美5G博弈开始的时间。因此，俄罗斯不应该对中美5G博弈持旁观心态，应与中国携手合作，共同反对美国的科技霸凌行为。

俄罗斯尽管已经开始推动5G开发工作，但与5G发展领先国相比，仍存在较大差距，其5G开发可以说是仅处于起步阶段。在制约俄罗斯5G发展的因素中，设备问题尤为棘手。在西方国家实施对俄制裁政策后，虽然有俄罗斯专家建议，通过购买华为的5G设备来继续推进俄罗斯的5G开发进程，但俄罗斯出于保障国家技术主权与安全等种种考量，并未与华为开展相关合作。因此，有必要进一步加强中俄两国之间的沟通交流，增信释疑，切实推动双方在5G等高新技术领域的合作。

Russia's Understanding and Response to the 5G Game between China and the United States

Xue Suosuo

Abstract: Under the background that the United States continues to unite with its allies to suppress the development of China's 5G, Russian and other important third parties play a prominent role in the China-US 5G game. In Russian view, the fundamental purpose of the US crackdown on China's 5G is to maintain technological hegemony and global hegemony, which will have a negative impact on global economic development and strategic stability, and may lead to the polarization of the scientific and technological system. In the face of the 5G game between China and the US, Russia does not intend to take sides. Russia's basic attitude is to stay on the sidelines and strengthen itself. In order to avoid falling behind China and the US in the field of 5G, Russia has also joined the development of 5G. However, Russia's 5G development faces many practical difficulties, and its prospects are not clear. At present, it is impossible to know who will win the 5G game between China and the US, but it is undeniable that the 5G game between China and the US will accelerate China's self-sufficiency in high-tech fields. As a leading country in the development of 5G, China should strengthen relevant cooperation with Russia and jointly oppose the technological bullying of the US.

Keywords: Russia; 5G Development; China-US 5G Game; Polarization of Science and Technology

从经济红利到战略工具：俄罗斯的粮食外交*

赵玉明①

【摘要】俄罗斯自然条件优越并高度重视农业发展和粮食生产。近年来，在保障本国粮食安全的基础上，俄罗斯粮食化肥出口额稳步增长。俄罗斯借助出口商业性粮食化肥、提供粮食援助和参与粮食问题全球治理三大粮食外交途径，进而实现促进本国粮食生产和农业发展，保障本国和欧亚经济联盟成员国粮食安全，防止俄罗斯与欧亚经济联盟受到世界粮食安全问题冲击，提高俄罗斯粮食竞争力并获取经济红利，从而发展对外关系和扩大外交影响力。乌克兰危机全面升级后，俄罗斯面临外界压力与指责，粮食化肥出口遇阻，西方市场严重受损。俄罗斯开始调整粮食外交的战略方向，在争取补齐短板，维持粮食生产能力与出口潜力的同时，粮食化肥出口重点转向"友好国家"并探索非西方货币结算方式，此外还多措并举回应西方相关限制措施和打压指责，并继续在多边框架下参与全球粮食安全治理。乌克兰危机全面升级后，俄罗斯粮食外交的核心任务已经从获取经济红利转变为打破西方制裁，打破外交困局和保持与非西方国家关系稳定的战略工具。俄乌冲突使俄罗斯将粮食外交变成了除能源外交之外的又

* 本文为中国社会科学院俄罗斯东欧中亚研究所创新工程项目"普京政府外交政策与中俄新时代全面战略协作伙伴关系研究（2018—2024）"阶段性成果之一。

① 赵玉明，中国社会科学院俄罗斯东欧中亚研究所副研究员。

一有力的对外战略性工具。同时，中国与俄罗斯可通过优势互补更好地保障两国的粮食安全，并可携手为克服全球粮食危机做出更大的贡献。

【关键词】粮食外交；粮食安全；俄罗斯；黑海港口农产品外运协议

引　言

众所周知，当前人类赖以生存和发展的环境正日趋恶化，水、粮食、能源等各项战略物资的重要性日益提升，对战略物资控制权的争夺也日趋激烈。不过，对于俄罗斯而言，庞大的国土面积和丰厚的资源储产，加上国家政策的保障引导，使其在粮食生产和资源开采、出口上取得了巨大成就，进而保障了国家安全、获取了经济利润并极大地提升了国际影响力。

在这种背景下，以农业发展和粮食生产为基础的粮食外交在俄罗斯外交中占据的地位也越来越重要。在保障本国及欧亚经济联盟成员国粮食安全的基础上，大量的商业性粮食化肥出口和向外提供人道主义援助，进而转换为政治、外交等领域的收益，是当代俄罗斯粮食外交的主要内容。

不过，乌克兰危机全面升级后，俄罗斯粮食外交正面临新情况。西方指责俄罗斯破坏乌克兰粮食生产和出口，并以粮食化肥出口为“武器”引发全球粮食危机。俄罗斯则反驳称，近年来西方政策错误和阻碍俄罗斯粮食化肥出口才是世界粮食危机产生的真正原因。那么何谓粮食外交？俄罗斯如何进行粮食外交？乌克兰危机全面升级后的俄罗斯粮食外交遭遇哪些挑战又如何面对？本文试图对这些问题进行初步解答。

一　关于粮食外交的研究述评

粮食及化肥等生产要素是人类社会延续生存的物质基础，是民族和国家得以发展的根本保障。20 世纪 70 年代，世界石油危机引发粮食危机后，西方学者开始集中关注粮食与外交的关系，并提出粮食外交（Food

Diplomacy）的概念。有学者指出，粮食是国际外交的因素之一，是政策的基础与直接工具。① 另有学者考察了粮食作为国际政治经济武器的特征。② 总体来看，对粮食外交的研究主要有如下观点。

对于粮食外交的特殊性，有学者认为其他经济要素短缺或可长期忍受，但粮食严重短缺的国家很难不受制于人。从这个意义上说，粮食是一种比石油更强大更致命的“武器”。同样，粮食外交也更能体现出国际政治斗争的残酷性，因为它把人类区别于动物所具有的尊严、良知当作“砝码”放到了交易的“天平”上。③

粮食外交是冷战期间美国遏制战略的重要内容，也是美国与第三世界国家关系的重要组成部分。④ 美国粮食外交的主要目的表现在三个方面：第一，美国政府通过处理国内剩余粮食，以维护农场主经济利益和争取其政治支持；第二，粮食援助和粮食禁运是美国影响他国内政外交乃至推翻其政权的手段；第三，作为人道主义救援行为的粮食援助可以为美国赢得道义声誉，进而赢得他国好感和本国人民的支持，增强外交合法性和影响力⑤。关于美国粮食外交的具体运用，有学者指出美国以粮食为武器在第一次世界大战后颠覆匈牙利库恩·贝拉政权中发挥了重要作用。⑥ 另外，尽管有学者曾预测美苏粮食贸易能缓和双方关系，⑦ 但实际情况是美国利用苏联粮食短缺问题，将粮食与人权、石油和阿富汗等议题挂钩，使苏联在20世纪80年代陷入严重的缺粮困境之中，进而在两极对峙中渐落下风直至解体。⑧

---

① Henry R. Nau, “The Global Political Economy of Food ”, *International Organization*, Vol. 32, No. 3, 1978, p.775.

② R. T. Maddock, “The Economic and Political Characteristics of Food as a Diplomatic Weapon”, *Journal of Agricultural Economics*, Vol. 29, No. 1, 1978, p.31.

③ 谢华：《冷战时期美国粮食外交的历史演变（1954—1969）》，《历史教学》2009年第6期。

④ 谢华：《冷战时期美国粮食外交的历史演变（1954—1969）》，《历史教学》2009年第6期。

⑤ 刘宇、查道炯：《粮食外交的中国认知 (1979—2009)》，《国际政治研究》2010年第2期。

⑥ 徐振伟：《美国的粮食外交与库恩·贝拉政权》，《安徽史学》2008年第2期。

⑦ 徐振伟、左锦涛：《冷战中后期美国对苏联的粮食外交与美苏博弈》，《当代世界社会主义问题》2019年第2期。

⑧ 徐振伟、左锦涛：《冷战中后期美国对苏联的粮食外交与美苏博弈》，《当代世界社会主义问题》2019年第2期。

综上所述，对于粮食进口国而言，粮食外交的目的在于保障本国粮食安全，进而维护国家安全和社会稳定。对于粮食出口国而言，由于握有大量剩余粮食或国内化肥产量巨大，其粮食外交是发展和实现经济外交战略的重要手段，目的在于获取经济、政治和外交等各领域的综合收益。就此而言，粮食外交可谓粮食化肥出口国的特权，尤其是大国的重要外交工具。因此有学者总结称，粮食外交是指国家运用粮食（含产品）或粮食生产要素，通过包括贸易、援助、禁运等行政干预手段，实现谋得设定对象国政府顺应粮食来源国政府公开或不公开的意图行事的外交行为。①

在俄语中，粮食外交通常表述为Зерновая дипломатия，不过俄罗斯国内对此问题关注较少，以描述性新闻报道为主。这些报道指出粮食与原油一样是外交商品，让俄罗斯赢得世界市场，俄罗斯粮食外交正在萌芽。②总体而言，这些新闻报道谈到了俄罗斯粮食外交的功能与目的，但对粮食外交的概念、特征及实践并没有清楚界定。乌克兰危机全面升级后，国内学界开始关注俄罗斯粮食外交，主要讨论其对全球或地区粮食安全的外溢影响，③但对于乌克兰危机全面升级后俄罗斯的粮食外交缺乏阶段性的总体评估。有鉴于此，本文拟以俄罗斯农业发展和粮食出口简史为起点，结合近年来俄罗斯农业发展状况，提炼其粮食外交的概念、内涵和运用，并重点检验乌克兰危机全面升级后的外交实践，为理解当今世界粮食安全和俄罗斯的外交动向等问题提供参考。

---

① 刘宇、查道炯：《粮食外交的中国认知 (1979—2009)》，《国际政治研究》2010 年第 2 期。

② 相关论述可见 “Зерновая дипломатия”, https://www.kommersant.ru/doc/911683; «Зерновая дипломатия» позволяет России «завоевывать» мировой рынок, https://finobzor.ru/97851-francuzskie-smi-zernovaya-diplomatiya-pozvolyaet-rossii-zavoevyvat-mir.html; “Российская ‘зерновая дипломатия’ дает всходы”, https://vestikavkaza.ru/analytics/rossijskaa-zernovaa-diplomatia-daet-vshody.html.

③ 其中较有代表性的观点指出，乌克兰危机全面升级对中东、非洲地区的粮食安全产生重要影响，导致严重依赖粮食进口的埃及社会经济受到严重冲击，并牵引出地缘政治与能源政治新常态，多维度冲击了地区安全。相关论述具体可参见唐志超《外溢与突围：乌克兰危机升级对中东的影响》，《俄罗斯东欧中亚研究》2022 年第 5 期；陈晓倩《乌克兰危机背景下非洲、中东粮食安全问题与前景》，《欧亚经济》2022 年第 6 期；张梦颖《俄乌冲突背景下非洲粮食安全的困境》，《西亚非洲》2022 年第 4 期。

二　危机全面升级前俄罗斯粮食生产、出口概况及粮食外交的发展

（一）粮食外交的物质基础：俄罗斯粮食生产状况

从19世纪末到20世纪初，除个别年份外，俄国一直向欧洲大量出口小麦、大麦、黑麦和燕麦等粮食产品。苏联成立后，尽管本国粮食保障存在问题，但粮食是为数不多的能换取外汇或物资的农产品。第二次世界大战期间，苏联通过实行食物购买证政策加强对粮食资源的监管，美国等同盟国通过租借援助提供了包括粮食在内的大量战略物资，成为其克服战争造成的粮食危机的重要手段①。第二次世界大战结束后，尽管苏联投入大量资金、技术和装备发展农业以试图提高粮食产量，但粮食始终是国民经济中的薄弱环节。从1963年起，苏联开始大量从美国进口粮食。有学者认为，粮食安全问题是苏联解体的重要原因。②

苏联解体后，俄罗斯面临粮食短缺问题，并在20世纪90年代陷入严重农业危机。不过，2001年俄罗斯首次实现粮食自给，2002年开始成为粮食出口国，2008年成为世界重要粮食出口国。③在粮食出口的强劲带动下，2020年俄罗斯农产品出口额首次超过进口额并实现10亿美元顺差，2021年实现28亿美元顺差。④可以说，苏联解体以来俄罗斯的粮食生产与

---

① 相关论述具体可参见徐振伟、田钊《二战期间苏联的粮食供应及盟国对苏的粮食援助》，《安徽史学》2014年第3期；张丹《苏联卫国战争中的食物购买证政策》，《俄罗斯东欧中亚研究》2020年第2期。

② 黄立茀：《粮食供应危机与苏联剧变——以内、外因素对苏联剧变的影响为视角》，《安徽史学》2019年第5期；闫远凤：《从粮食危机反思苏联农业政策》，《中国农业大学学报》（社会科学版）2020年第4期。

③ 胡仁霞、赵洪波：《俄罗斯亚太战略的利益、合作方向与前景》，《东北亚论坛》2012年第5期。

④ Экспорт сельхозпродукции из России впервые превысил импорт, https://www.kommersant.ru/doc/4722368;《俄分析机构：今年俄粮食出口可能连续第三年超过进口》，https://sputniknews.cn/20220811/1043005209.html。

出口经历了质的飞跃。完成这一身份转变的因素较多，但主要有两点。第一，拥有优越的自然条件。俄罗斯农业土地资源丰富，拥有全球10%的可耕地，其中优质黑土地面积占全球总面积的55%，人均可耕地面积约为0.8公顷，超出全球平均水平约4倍。另外，淡水储量居世界第一位，为农业可持续发展提供了有力保障。[①]第二，近年来俄罗斯高度重视农业发展和粮食生产。普京上台后，强化国家对农业生产的管理和干预，组建了诸多大型农业企业并对其进行扶持。[②]同时为保障粮食安全，俄罗斯政府完善了支持农业发展的法律法规体系，不断健全确保粮食安全的机制，确定国家粮食安全的指数体系。在采取各种较为有效的宏观措施的同时，还针对实际情况采取具体应对措施。[③]尤其是2014年克里米亚危机爆发后，俄罗斯在西方制裁压力下实行进口替代政策，让农业发展和粮食生产迎来新契机。由此，俄罗斯农产品进口替代提速，农业呈逆势增长趋势，不仅逐步摆脱对欧洲的进口依赖，还成为出口创汇工具。[④]从这一点出发，当代俄罗斯农业能够崛起主要得益于政府政策和资金扶持。[⑤]

在优越的自然条件和政策激励之下，近年来俄罗斯粮食产量呈总体上升态势。其中小麦是俄罗斯粮食生产的主要成分，大麦、玉米、燕麦等是重要品种。从2006年到2021年，小麦占粮食总产量的比重维持在57.9%—64.6%。[⑥]俄罗斯粮食增产带来出口量的不断增长，使其在2016年首次成为全球最大的小麦出口国。以乌克兰危机全面升级前三年数据为例，2019年粮食出口量为3947.63万吨，2020年为4889.31万吨，2021年为

① 蒋菁：《普京第三任期以来俄罗斯农业的发展状况与政策调整》，《欧亚经济》2020年第3期。

② 徐振伟：《俄罗斯农业生产与粮食安全评析》，《欧亚经济》2015年第4期。

③ 姜振军：《俄罗斯国家粮食安全状况及其保障措施分析》，《俄罗斯东欧中亚研究》2017年第5期。

④ 张红侠：《中美贸易摩擦背景下的中俄农业合作》，《俄罗斯东欧中亚研究》2020年第2期。

⑤ 张红侠：《俄罗斯农业：经济增长的新亮点》，《俄罗斯东欧中亚研究》2018年第3期。

⑥ “Структура производства зерна по видам культур”, https://rosstat.gov.ru/storage/mediabank/gr_str_zerno.png.

4307.49 万吨。[①]

涉及生产粮食所必需的化肥，俄罗斯不仅能保障自身需求，还在世界市场占据主要位置。联合国粮食及农业组织（以下简称“粮农组织”）的资料显示，2021 年俄罗斯是世界第一大氮肥出口国、第二大钾肥出口国、第三大磷肥出口国。[②] 可以说，庞大的粮食化肥出口量为俄罗斯开展粮食外交奠定了良好的基础。

（二）粮食安全与经济红利：俄罗斯粮食外交的战略目标

对于粮食化肥生产大国来说，粮食外交肩负着重要使命。

第一，促进农业发展和粮食生产，保障本国和欧亚经济联盟成员国的粮食安全。由于苏联时期存在严重的粮食安全问题且长期无法解决，加之俄罗斯成为粮食出口大国和农产品净出口国的历史并不长，导致俄罗斯对粮食安全问题格外敏感。2020 年 1 月 21 日，普京签署法令通过新版《俄罗斯联邦粮食安全学说》(以下简称《学说》)，明确规定应实现本国粮农产品自给自足，并保障欧亚经济联盟粮食安全。为此，《学说》专门规定俄罗斯粮食自给率不能低于 95%。《学说》还强调，要持续监控并在他国实行倾销、不合理限制或补贴措施情况下保护本国粮农市场。[③] 得益于多措并举，俄罗斯粮食产量稳步提高，2021 年俄罗斯粮食自给率已达 150.7%。因此，2021 年 7 月 2 日普京签署通过的新版《俄罗斯联邦国家安全战略》明确指出，俄罗斯粮食安全和能源安全水平获得提高。[④]

第二，防止俄罗斯与欧亚经济联盟受到世界粮食安全问题冲击。2016

---

① 数据整理自俄罗斯联邦农产品出口发展中心，详见 https://aemcx.ru/services-and-statistics/statistics/.

② Information Note - The importance of Ukraine and the Russian Federation for global agricultural markets and the risks associated with the war in Ukraine, https://www.fao.org/3/cb9013en/cb9013en.pdf.

③ Указ Президента Российской Федерации от 21.01.2020 г. № 20, http://www.kremlin.ru/acts/bank/45106.

④ Указ Президента Российской Федерации от 02.07.2021 г. № 400, http://www.kremlin.ru/acts/bank/47046.

年版《俄罗斯联邦外交政策构想》指出，当代世界存在粮食安全等诸多问题，俄罗斯外交任务是“实现国际社会就粮食安全等问题达成集体意见时，充分考虑俄罗斯利益和权衡俄罗斯立场”[①]。例如，针对世界粮食市场上的价格波动，俄罗斯粮食外交的目标就是防止粮食价格短期内过度上涨影响国内市场，以及阻止粮食出口商短期内加大粮食出口量而威胁国内粮食安全。同时，还要防止国际市场粮食价格过度下跌导致国内生产积极性下降。对此，俄罗斯的具体做法是实行粮食化肥出口配额制，并动态颁布临时性出口禁令。

第三，提高俄罗斯粮食竞争力，获取经济红利。自2017年起，俄罗斯农业发展战略的侧重点开始由进口替代向出口导向转变。即农业发展从满足国内需求、保障国家粮食安全，向提高国际竞争力、完善农业产业链、积极融入国际分工体系转变。[②]为此，俄罗斯的粮食安全学说针对性地提出应增加符合环境、卫生、流行病学、兽医学及相关要求的农产品、原材料和粮食生产，以遏制农产品贸易逆差和形成出口潜力。需要注意的是，由于粮食和化肥出口对象国的情况不一，俄罗斯粮食外交的重点有所不同。西方国家普遍农业发达，但普遍缺乏矿物质化肥的储产。因此，俄罗斯主要向西方国家出口附加值更高的化肥。中东、非洲国家粮食和化肥都缺乏，因此对俄罗斯的粮食化肥需求量都较大。亚太国家主要从俄罗斯补充缺乏的粮食化肥品类，巴西等拉丁美洲国家则主要从俄罗斯进口化肥。2018年5月7日，普京签署通过的《2024年前俄罗斯联邦国家发展目标和战略任务》中规定，2024年前俄罗斯农产品出口额应增长至450亿美元。[③]《俄罗斯联邦国家安全战略》还指出，要实现从初级原材料和初级农产品出口向深加工过渡。但受新冠疫情等因素影响，俄罗斯已宣布推迟

① Концепция внешней политики Российской Федерации (утверждена Президентом Российской Федерации В.В.Путиным 30 ноября 2016 г.), http://www.mid.ru/foreign_policy/news/-/asset_publisher/cKNonkJE02Bw/content/id/2542248.

② 高际香：《俄罗斯农业发展战略调整与未来政策方向》，《东北亚学刊》2020年第1期。

③ Президент подписал Указ «О национальных целях и стратегических задачах развития Российской Федерации на период до 2024 года», http://kremlin.ru/events/president/news/57425.

实现这一目标。2022 年 8 月 22 日，俄罗斯联邦政府批准的《2030 年前俄罗斯联邦农业工业和渔业综合体发展战略》重新规定，2024 年前俄罗斯农产品出口额应达到 295 亿美元，2030 年前应达到 410 亿。另外按乐观情况估计，2024 年前应达到 300 亿美元，2030 年前应达到 471 亿美元[①]。

第四，发展对外关系，扩大外交影响力，提升国家形象。对于依赖粮食化肥进口来保障粮食安全的国家而言，俄罗斯粮食化肥难以替代的刚性使这种稳固的供需关系自然提升为双边关系中的“稳定器”。因而，不难发现尽管众多粮食化肥进口国时常面临西方指责与压力等分化手段，但仍有与俄罗斯保持政治、经济和外交关系稳定的内生动力。从这个因素出发，粮食外交是俄罗斯发展对外关系和扩大影响力的重要抓手。

（三）俄罗斯开展粮食外交的途径

总体来看，俄罗斯开展粮食外交的途径与他国相比并无二致，主要集中在三个层面。第一，商业出口。商业出口是俄罗斯粮食外交的核心内容，根本目标在于获取经济利润。第二，提供粮食援助。俄罗斯紧急情况部、农业部、工业和贸易部等部门可按照其职能划分，向发生紧急状况的国家提供粮食化肥等各类物资作为人道主义援助。不过，俄罗斯援助范围虽然较广，但仍以后苏联国家和传统友好国家为主。第三，参与粮食问题全球治理。粮食问题是联合国《2030 年可持续发展议程》的核心内容之一，也是当代全球治理的主要议题之一。俄罗斯的做法是通过提供粮食和资金，定期参加粮农组织和世界粮食计划署等国际组织的日常活动。[②] 同时，俄罗斯还积极参加二十国集团、上海合作组织、金砖国家等多边框架内关于粮食危机和粮食安全的议题及活动，并签署相关声明和决议。

综上所述，俄罗斯粮食外交是借助粮食及重要生产要素化肥的出口和

---

① Правительство утвердило Стратегию развития агропромышленного и рыбохозяйственного комплексов до 2030 года, http://government.ru/news/46497/.

② 例如，2005—2013 年，俄罗斯为世界粮食计划署的人道主义项目提供了 2.22 亿美元以上支持，其中 7100 万美元是用于帮助吉尔吉斯斯坦和塔吉克斯坦的专项捐款。数据转引自姜怀祥《俄罗斯对中亚国家的援助——政策演进、援助规模和援助方式》，《俄罗斯东欧中亚研究》2021 年第 2 期。

援助等手段，保障本国及欧亚经济联盟粮食安全，获取合理经济红利，进而维护国家利益、发展对外关系和提升国家形象的综合性外交行为。

三　乌克兰危机全面升级对俄罗斯粮食生产和粮食外交的多重冲击

2022 年乌克兰危机全面升级后，世界粮食和化肥价格飙升，全球粮食安全问题再度凸显。乌克兰有“欧洲粮仓”之称，是世界第三大粮食出口国。2022 年乌克兰危机全面升级前，每年向全球市场供应粮食 4500 多万吨左右，其中约 90% 通过轮船从黑海海域运出。① 另外，2019 年乌克兰以化肥为主的肥料出口额为 2.25 亿美元，2020 年为 3.77 亿美元，2021 年为 6.33 亿美元。② 按照粮农组织数据，全球近 50 个国家对俄乌两国小麦的依赖度达 30%，其中 26 个国家依赖度超过 50%。③

对俄罗斯而言，乌克兰危机全面升级使农业发展和粮食生产面临新情况。有利因素是全球粮食化肥价格上涨有利于刺激产业发展，不利因素是农业从业者担忧种子、植保产品和农业机械进口受阻，进而影响未来农业发展和粮食生产。比如，尽管俄罗斯已成为粮食出口大国，但 2022 年种子总体自给率为 60%，低于《学说》规定的 75% 最低标准。虽然小麦种子自给率为 97% 左右，但整体粮食和粮用豆类作物种子自给率仅为 70%。尤其是进口种子中“不友好国家”的份额占 90%。④ 另外，约有 1/3 的植保

① 李学华：《乌克兰出口受阻加剧全球粮食危机》，《经济日报》2022 年 7 月 9 日第 4 版。

② 数据来自联合国商品贸易统计数据库：https://comtradeplus.un.org/。

③ 《乌克兰—俄罗斯冲突对全球粮食安全及联合国粮食及农业组织（粮农组织）职责范围内相关事项的影响》，联合国粮食及农业组织，2022 年 4 月 8 日，https://www.fao.org/3/ni734zh/ni734zh.pdf。

④ На импорт семян с 2024 года введут квоты, https://rg.ru/2023/02/14/minselhoz-vyneset-na-tamozhennuiu-podkomissiiu-predlozhenie-o-kvotirovanii-importa-semian.html. 根据普京在 2018 年 6 月针对美国及其盟国签署的《关于影响（反制）美国和其他国家不友好行为的措施的法律》，“不友好国家”是指“采取威胁俄罗斯领土完整政策或造成俄罗斯经济政治不稳定的国家”。2023 年 3 月 7 日，俄罗斯政府批准通过了不友好国家和地区名单，包括乌克兰、美国、英国、欧盟成员国、日本、韩国、澳大利亚以及其他一些国家和地区，共计 48 个。

产品需要进口。[①] 俄罗斯与白俄罗斯制造的农业机械也仅能满足 70% 的市场需求，剩余部分大多由德国或荷兰等国产品填补。[②] 并且，乌克兰危机全面升级后，德国拜耳、美国阿彻丹尼尔斯米德兰、美国嘉吉、荷兰维特拉等一系列西方种子、植保产品供应商和农产品贸易商表示要缩减甚至关停在俄业务，或者已经开始采取行动。对于俄罗斯粮食外交，乌克兰危机全面升级的负面影响主要有三个方面。

（一）面临压力与指责

在粮食问题上，俄罗斯承受西方的压力和指责主要来自两个方面。一方面，俄罗斯被指责破坏乌克兰的粮食化肥生产和出口。相关指责包括扰乱乌克兰粮食生产节奏，迫使农业人口流失，破坏农田、农具和相关基础设施，封锁交通导致粮食无法运输，封锁海域使乌克兰粮食无法经黑海出口等。2022 年 3 月 14 日，联合国秘书长古特雷斯称“乌克兰产粮区正在遭到轰炸”。[③]5 月 17 日，美国驻格鲁吉亚大使馆称俄军在黑海海域曾袭击孟加拉国和巴拿马等国船只。[④]9 月 15 日，美国国务卿布林肯表示，乌克兰约 15.7% 的农作物储存设施要么被俄罗斯没收，要么被摧毁或损坏。[⑤] 另一方面，俄罗斯被指责扰断国际粮食流通，威胁国际粮食安全并损害全球经济。2022 年 5 月 19 日，美国国务卿布林肯在联合国安理会上称，在发展中国家面临饥荒之际，俄罗斯却将乌克兰粮食作为“武器”，扣押了

---

① “What’s in the Ukraine Grain Deal for Russia?”, Carnegie Endowment for International Peace, Jun 26, 2002, https://carnegieendowment.org/politika/87576.

② 《俄农业部：俄罗斯约 30% 的农业机械依赖进口》，俄罗斯卫星通讯社，2022 年 3 月 29 日，https://sputniknews.cn/20220329/ 1040357655.html。

③ 《乌克兰：古特雷斯告诫“现在需要和平”警告避免全球陷入饥饿》，联合国，2022 年 3 月 14 日，https://news.un.org/zh/story/2022/03/1100482。

④ “Food Insecurity Made Worse By Putin’s War, Not Sanctions”, U.S. Embassy in Georgia, May 17, 2022, https://ge.usembassy.gov/food-insecurity-made-worse-by-putins-war-not-sanctions.

⑤ “Documenting Russia’s Destructive Impact on Food Storage in Ukraine”, U.S. Department of State, September 15, 2022, https://www.state.gov/documenting-russias-destructive-impact-on-food-storage-in-ukraine/.

乌克兰民众及全球数百万人的粮食。[①]5月26日，联合国秘书长古特雷斯在2022年非洲对话系列高级别政策对话开幕式上指出，“这场冲突导致了有记录以来的最高粮食价格”。[②]6月24日，在德国柏林举行的全球粮食安全团结会议称“俄罗斯入侵乌克兰急剧恶化了形势，给许多国家带来严重后果”。[③]6月28日，七国集团峰会领导人声明指出，“俄罗斯的侵略正在阻碍全球经济复苏，并导致能源安全和粮食供应急剧恶化”。[④]

（二）粮食化肥出口遇阻

尽管粮食化肥出口本身并不在西方直接制裁范围之内，但由于俄罗斯被排除出环球银行金融电信协会（SWIFT）以及其他一些限制措施，导致西方服务商担忧受到制裁次生影响，不愿对俄罗斯提供粮食化肥出口相关的结算、保险、金融与运输等各类服务。另外，大部分俄罗斯化肥生产商所有者及部分管理人员被西方列入制裁名单。同时，约有26.2万吨俄罗斯化肥因欧盟相关限制措施，滞留在荷兰、比利时、爱沙尼亚和立陶宛的港口，无法运往第三国。2023年3月23日，俄罗斯一艘化肥运输船还“因涉嫌违反欧盟对俄罗斯的制裁”被芬兰短暂扣押。另外俄乌间还有陶里亚蒂—敖德萨氨气输送管道，俄罗斯每年可用其出口生产化肥所用的氨250万吨，乌克兰危机全面升级后这一管道被乌方关闭。

（三）西方市场严重受损

2019年，俄罗斯出口化肥价值为84亿美元。美国、爱沙尼亚、芬兰、波

---

① “ Blinken Accuses Russia of Using Food as a Weapon in Ukraine”, Thomson Reuters, May 19, 2022, https://www.reuters.com/world/europe/blinken-accuses-russia-using-food-weapon-ukraine-2022-05-19/.

② 《联合国秘书长：粮食危机展现出全球性挑战之间的紧密关联》，联合国，2022年5月26日，https://news.un.org/zh/story/2022/05/1103722。

③ “Ministerial Conference Uniting for Global Food Security (Berlin, Germany)”, United Nations, June 24, 2022, https://media.un.org/en/asset/k1v/k1vc0q6s23.

④ “G7 Leaders’ Communiqué - Executive Summary”, European Council, June 28, 2022, https://www.consilium.europa.eu/en/press/press-releases/2022/06/28/g7-leaders-communique/.

兰、罗马尼亚、拉脱维亚、立陶宛、比利时这 8 个西方国家的进口额为 25 亿美元，约占俄罗斯化肥出口总额的 29.8%。2020 年，爱沙尼亚等 9 个西方国家进口了价值约 20.5 亿美元的俄罗斯化肥产品，占其出口总额的 29.3%。[①] 乌克兰危机全面升级后，西方国家对俄罗斯粮食化肥的进口意愿极大降低，同时乌克兰的粮食化肥大量向欧洲出口。因此，俄罗斯副总理维多利亚·阿布拉姆琴科表示，“几乎什么都不能出口到欧盟，无论是化肥还是粮食”。[②]

四　乌克兰危机全面升级后俄罗斯粮食外交的转向与具体实践

乌克兰危机全面升级后，无论是粮食生产还是粮食外交，俄罗斯均面临前所未有的新情况，对此正依据实际情况进行针对性回应或调整。

（一）争取补齐短板，维持粮食生产能力与出口潜力

1. 保障种子安全，确保粮食产量

对于至关重要的种子安全问题，全俄农业生物技术科研所所长、俄罗斯科学院院士根纳季·卡尔洛夫（Геннадий Карлов）表示，如果国家予以重视并重开育种苗场，可在 5 年内解决俄罗斯依赖进口种子的问题。另外，可考虑突破社会和法律限制种植转基因小麦。[③] 俄罗斯农业部则表示，拟自 2024 年起对“不友好国家”种子实行进口配额制，以加速实行育种进口替代。[④] 根据俄罗斯统计局，2022 年俄罗斯粮食产量为 1.577 亿吨，与 2021 年相比增长 29.9%，其中小麦产量为 1.042 亿吨，同比增长 37%。[⑤]2023

---

① 以上数据整理自俄罗斯统计局网站，2021 年数据暂缺。

②《俄副总理：2022 年俄对友好国家的粮食出口量增加 25%》，俄罗斯卫星通讯社，2022 年 12 月 26 日，https://sputniknews.cn/20221226/1046674572.html。

③ Эксперт рассказал, когда Россия станет независимой от импортных семян, https://ria.ru/20220825/semena-1812040661.html.

④ На импорт семян с 2024 года введут квоты, https://rg.ru/2023/02/14/minselhoz-vyneset-na-tamozhennuiu-podkomissiiu-predlozhenie-o-kvotirovanii-importa-semian.html.

⑤ Сбор зерна в РФ в 2022 году вырос на 29.9% по сравнению с 2021 годом, https://www.interfax.ru/business/890597.

年2月21日，普京在发表年度国情咨文时表示，2022年俄罗斯农业经济取得两位数增长，应向农业从业者鞠躬致谢。[①] 另外，受惠于2022年粮食丰产，俄罗斯政府决定将2023年2月15日—6月30日这一期间向欧亚经济联盟以外的粮食出口配额大幅上调至2 550万吨。[②]

2. 兴建粮食化肥出口基础设施增加运力

2018年俄罗斯82%的粮食通过亚速海和黑海港口出口，其中又有1/3的粮食通过新罗西斯克港运出。[③] 乌克兰危机全面升级后，俄罗斯通过黑海出口粮食面临安全风险。俄罗斯还存在国土面积庞大和基础设施陈旧等不利于粮食化肥出口的状况。对此，从2021年开始俄罗斯在亚速海沿岸的塔曼港建造无须过境乌克兰的氨制品出口设施，并有望在2023年年底完工。[④] 另外，俄罗斯正在规划建设远东地区粮食码头，以期成为亚太地区粮食出口枢纽。[⑤] 尤其是黑海沿岸地区历来是俄罗斯粮食主产区，附近港口一直是粮食出口主要通道。2022年9月6日，普京在出席第七届东方经济论坛期间宣布启用外贝加尔斯克—满洲里粮食铁路运输货运站。俄方表示，该设施年最大吞吐量为800万吨，可释放乌拉尔、西伯利亚和远东地区农业增产潜力，粮食向东出口的新走廊正在形成。[⑥] 同时，面对乌克兰危机全面升级后外国运输公司不愿承运俄罗斯货物的情况，俄罗斯农业部部长德米特里·帕特鲁舍夫指出，正在与相关船东联系以运输粮食，同

① Послание Президента Федеральному Собранию, http://kremlin.ru/events/president/news/70565.

② Правительство утвердило экспортную квоту на вывоз зерна, https://ria.ru/20221230/kvota-1842572071.html.

③ Продовольственный аспект национальной безопасности России, https://russiancouncil.ru/analytics-and-comments/analytics/prodovolstvennyy-aspekt-natsionalnoy-bezopasnosti-rossii/.

④ Встреча с председателем комиссии РСПП по производству и рынку минеральных удобрений Дмитрием Мазепиным, http://kremlin.ru/events/president/news/69918.

⑤ Продовольственный аспект национальной безопасности России, https://russiancouncil.ru/analytics-and-comments/analytics/prodovolstvennyy-aspekt-natsionalnoy-bezopasnosti-rossii.

⑥《普京总统下令启用俄中粮食铁路运输枢纽》，俄罗斯卫星通讯社，2022年9月7日，https://sputniknews.cn/20220907/104374 3534.html。

时通过购买二手船只和计划建造更多船只的方式摆脱对外国承运人的依赖。[①] 俄罗斯副总理兼工业和贸易部部长丹尼斯·曼图罗夫表示，计划在2027 年前建造油轮、运粮船等各类船只约 150 艘。[②]

3. 保障农业机械设备维护和更新

对于农业机械进口遇到的障碍，俄罗斯农业部表示可寻找新的进口来源及实行平行进口，以避免在设备维护和更新上面临风险。[③] 另外，农业机械还被列入临时禁止出口清单之中，以优先满足国内需求。[④]

（二）粮食化肥出口重点转向“友好国家”，开始探索非西方货币结算方式

1. 在本国粮食安全基础上优先保障欧亚经济联盟粮食安全

乌克兰危机全面升级后，面对世界粮食市场上的价格波动，俄罗斯政府高层官员不断表示无须担心粮食安全和食品价格上涨问题。2022 年 3 月 13 日，俄罗斯国家杜马（议会下院）主席维亚切斯拉夫·沃洛金称，粮食安全有充分保障，俄罗斯人不必像 20 世纪 90 年代那样囤积粮食从而造成需求额外增加。[⑤]4 月 5 日，普京表示粮油完全能够满足俄罗斯市场需求并且还有余粮。[⑥]11 月 21 日，俄罗斯农业部部长帕特鲁舍夫强调农工综合体

---

① Глава Минсельхоза Патрушев: Зерновая сделка усугубила проблемы нуждающихся стран, https://rg.ru/2022/10/05/glava-minselhoza-patrushev-zernovaia-sdelka-usugubila-problemy-nuzhdaiushchihsia-stran.html.

② В России планируют построить порядка 150 грузовых судов до 2027 года, https://ria.ru/20230412/suda-1864741565.html.

③ Минсельхоз призвал наладить параллельный импорт из-за технических рисков, https://1prime.ru/Agriculture/20220711/837451099.html. 俄罗斯实行商品“平行进口”的法律依据是普京在 2022 年 6 月 28 日签署的法案。该法案授权俄政府确定不适用于专属权保护规定的商品，并将其进口合法化。

④ Правительство определило перечень товаров и оборудования, временно запрещённых к вывозу из России, http://government.ru/docs/44762/.

⑤ Продовольственная безопасность России полностью обеспечена, заявил Володин, https://ria.ru/20220313/prodovolstvie-1777914992.html.

⑥ 《普京：全球粮食市场因西方错误而形势恶化》，俄罗斯卫星通讯社，2022年4月5日，https://sputniknews.cn/20220405/1040 491079.html。

发展平稳，足够保障本国粮食安全。①

2022 年 3 月 14 日，俄罗斯政府出台临时禁令，禁止在 3 月 15 日—6 月 30 日期间未经农业部许可向欧亚经济联盟成员国出口小麦、谷物粉、黑麦、大麦和玉米。临时禁令出台的原因是“在外部限制条件下保护内部市场”。②俄罗斯政府此举意在避免欧亚经济联盟成员国利用无配额限制和关税优惠措施，在国际粮食市场大幅上涨情况下将俄罗斯粮食转口到第三国以谋取利益，从而威胁俄罗斯粮食市场稳定。但是，此举引发欧亚经济联盟成员国哈萨克斯坦的不满，认为禁令违反欧亚经济联盟有关规定。随后，俄方取消临时禁令，并表示在经农业部批准后，可向欧亚经济联盟成员国出口以上品种粮食。③2022 年 5 月 27 日，普京在欧亚经济联盟最高权力机构——欧亚经济委员会最高理事会上表示，在主要粮食和食品生产上成员国完全能满足内部需求，并正在采取关税和非关税措施，全力维持供应链稳定。④

2. 大幅提高向亚非拉“友好国家”提供粮农产品出口的比重

2022 年 4 月 1 日，俄罗斯联邦安全会议副主席德米特里·梅德韦杰夫表示，将只向友好国家供应粮农产品。⑤4 月 29 日，俄罗斯政府宣布在 610 万吨化肥出口配额的基础上，在 5 月 31 日之前增加 50.1 万吨配额。6 月 17 日，普京强调，在保障本国安全和需求基础上，俄罗斯有能力大幅增加粮食化肥出口量。在 2022—2023 年农业季，俄罗斯的粮食出口量将增至 5000 万吨，并优先向非洲和中东国家供应。同时，俄方愿为平衡全球农业

① Запуск племенного центра по воспроизводству индейки в Тюменской области, http://kremlin.ru/events/president/news/69901.

② Правительство ввело временный запрет на экспорт сахара и зерновых, http://government.ru/news/44807/.

③ 《俄罗斯恢复对欧亚经济联盟国家出口粮食》，哈萨克国际通讯社，2022 年 4 月 5 日，https://www.inform.kz/cn/article_a3919054。

④ Заседание Высшего Евразийского экономического совета, http://kremlin.ru/events/president/news/68494.

⑤ 《梅德韦杰夫：俄罗斯将只向友好国家提供粮食和农产品，可用卢布，也可用友好国家本国货币结算》，俄罗斯卫星通讯社，2022 年 4 月 1 日，https://sputniknews.cn/20220401/1040423898.html。

市场作出贡献，并加强与联合国有关部门的对话。[①]7月8日，普京表示在粮食出口问题上俄罗斯将履行对传统长期合作伙伴的义务。[②]7月22日，俄罗斯外交部部长拉夫罗夫于出访非洲前夕在埃及、刚果、乌干达、埃塞俄比亚媒体撰文称，俄方清楚地认识到供应粮食等物资对诸多国家的重要性，意识到其在维护社会稳定以及实现联合国《2030年可持续发展议程》目标方面的重要作用。为了保障粮食化肥供应，俄罗斯正在采取一切应对措施。[③]

从俄罗斯农业部下属机构动植物检验检疫局公布的数据看，2022年共向126个国家出口粮食和加工粮食4550万吨，其中向中东国家出口2060万吨，向亚洲国家出口1640万吨，向非洲国家出口1180万吨，向欧盟国家出口380万吨（比2021年减少90万吨）。[④]俄罗斯农业部另一下属机构联邦农工综合体食品出口发展中心称，2022年俄罗斯向友好国家的农产品出口比例从2021年的72%增加到2022年的82%。[⑤]俄罗斯农业部副部长谢尔盖·莱温指出，本国对阿尔及利亚粮食出口增长3.7倍，对巴基斯坦增长2.5倍，对中国增长75%，对苏丹增长64%。[⑥]俄罗斯外交部部长拉夫罗夫还称，2022年向拉丁美洲和加勒比海地区的小麦出口增长48.8%。[⑦]在化肥出口方面，尽管2022年出口量同比减少15%，[⑧]但由于国际化肥市场价格大涨，出口额比2021年增长54.3%，达193亿美元。[⑨]其中俄罗斯

① Пленарное заседание Петербургского международного экономического форума, http://kremlin.ru/events/president/news/68669.

② Совещание с членами Правительства, http://kremlin.ru/events/president/news/68842.

③ Россия и Африка: партнерство, устремленное в будущее, https: //mid.ru/ru/press_service/vizity-ministra/1823250/.

④ РФ экспортировала 45,5 млн тонн зерна в 2022 году — Россельхознадзор, https://поле.рф/journal/publication/2042.

⑤ 《俄去年向友好国家的农产品出口占比从72%增加到82%》，俄罗斯卫星通讯社，2023年2月3日，https://sputniknews.cn/20230203/1047590393.html.

⑥ Экспорт зерновой продукции из России в 2022 году вырос на 15%, https://tass.ru/ekonomika/17036309.

⑦ Статья Министра иностранных дел Российской Федерации С.В.Лаврова для бразильской газеты «Фолья де Сан-Паулу» и мексиканского журнала «Бузос», 13 апреля 2023 года, https://mid.ru/ru/foreign_policy/news/1863443/.

⑧ Глава Российской ассоциации производителей удобрений А.А. Гурьев об итогах года, https://rapu.ru/news/glava_rossiyskoy_assotsiatsii_proizvoditeley_/3985/.

⑨ 《2022年俄罗斯的镍和化肥出口呈现最大增长》，俄罗斯卫星通讯社，2023年3月19日，https://sputniknews.cn/20230319/ 1048821704.html。

对印度化肥（主要是磷肥）出口增长3倍，达360万吨，对中东（主要是土耳其）增长1.5倍，达70万吨，对非洲出口也大幅增加。[①]不过，俄罗斯对西方的化肥出口急剧减少。例如，对欧盟钾肥出口量仅为70万吨，与2021年相比减少120万吨，且其中大部分是在西方对俄实行制裁前已出口到欧盟境内。

3. 俄罗斯继续向一些亚非拉国家提供粮食援助

2022年6月22日，俄罗斯外交部表示，尽管面对史无前例的制裁压力，但将继续通过世界粮食计划署向也门、吉尔吉斯斯坦、黎巴嫩、苏丹、塔吉克斯坦等最有需要的国家提供粮食援助。[②]10月29日，俄罗斯农业部部长帕特鲁舍夫表示，准备在土耳其的参与下，未来4个月向全球最贫穷国家无偿提供50万吨粮食。11月2日，普京在与印度尼西亚总统佐科·维多多通电话时再次强调，俄方准备免费向最贫穷国家大量提供粮食作为人道主义援助。[③]

表1　乌克兰危机全面升级以来俄罗斯提供的相关援助

时间	受援国	数额	形式
2022年4月	古巴	1.9526万吨小麦	直接捐赠
2022年4月	吉尔吉斯斯坦	135吨面粉与110吨植物油	通过世界粮食计划署
2022年10月	吉尔吉斯斯坦	1890吨面粉与60吨植物油	通过世界粮食计划署
2022年11月	马达加斯加	80吨植物油	通过世界粮食计划署
2022年12月	尼加拉瓜	348.5吨面粉	通过世界粮食计划署
2023年2月	古巴	2.5万吨小麦	直接捐赠
2023年2月	叙利亚	15吨粮食	直接捐赠

资料来源：笔者根据俄罗斯外交部等网站整理。

① Глава Российской ассоциации производителей удобрений А.А. Гурьев об итогах года, https://rapu.ru/news/glava_rossiyskoy_assotsiatsii_proizvoditeley_/3985/.

② Об угрозах глобальной продовольственной безопасности и поставках украинского зерна на мировые рынки, https://mid.ru/ru/foreign_policy/news/1818868/.

③ Телефонный разговор с Президентом Индонезии Джоко Видодо, http://kremlin.ru/events/president/news/69742.

此外，俄罗斯宣布将积压在欧洲港口的化肥赠送给非洲国家。针对积压在欧洲港口的化肥长期得不到解决的问题，2022年9月9日，普京表示俄罗斯化肥生产商愿将这批化肥无偿提供给发展中国家，并指示外交部具体研究此事。①随后，俄方宣布这批化肥将全部捐赠给非洲国家，首个受赠国是马拉维。11月28日，在世界粮食计划署协调下载有2万吨积压化肥的船只从荷兰泰尔讷曾港起运。联合国秘书长古特雷斯表示，俄罗斯捐赠化肥有助于缓解人道主义需求，防止正处于播种季节的非洲出现灾难性作物损失。②2023年4月6日，俄罗斯外交部副部长韦尔希宁表示，新的两批积压化肥将很快启运。③

4. **对非西方货币结算方式的探索**

在结算方式上，俄罗斯正在试图摆脱西方货币。2022年5月27日，俄罗斯农业部部长帕特鲁舍夫在年度全俄粮食论坛上表示，正在与中东、北非国家商讨以卢布结算粮食贸易的可能性。④11月23日，俄罗斯工业家和企业家联合会化肥生产和市场委员会主席、乌拉尔化学联合化学公司共同所有人德米特里·马泽平（Дмитрий Мазепин）表示，由于人民币流通性佳，该公司开始使用人民币与巴西结算化肥贸易。⑤2023年1月22日，俄罗斯副总理阿布拉姆琴科称，俄罗斯首次以卢布与土耳其进行的粮食贸易已在2022年秋季进行，并正与埃及研究建立类似结算机制。⑥3月20日，俄罗斯农业部拟定囊括"用卢布进行农产品出口贸易结算机制"为内容的

---

① Совещание с постоянными членами Совета Безопасности, http://kremlin.ru/events/president/news/69324.

② 《"密集外交"继续确保粮食和化肥送达有需求的人手中》，联合国，2022年11月29日，https://news.un.org/zh/story/2022/11/1112862。

③ Замглавы МИД Вершинин: две партии удобрений из России вскоре направят нуждающимся странам, https://russian.rt.com/world/news/1132624-vershinin-udobreniya-rossiya.

④ Россия обсудит со странами Ближнего Востока и Африки переход на рубли, https://ria.ru/20220527/ekonomika-1791186256.html.

⑤ Встреча с председателем комиссии РСПП по производству и рынку минеральных удобрений Дмитрием Мазепиным, http://kremlin.ru/events/president/news/69918.

⑥ Турция закупила российское зерно за рубли, заявила Абрамченко, https://ria.ru/20230122/sdelka-1846554872.html.

总统法令草案并向外公布。[①]

（三）要求西方解除出口限制，回应相关指责

1. 要求西方解除对俄罗斯粮食化肥出口限制

乌克兰危机全面升级后，俄方不断要求西方解除对其粮食化肥出口的限制。2022 年 5 月 23 日，俄罗斯外交部副部长安德烈·安东·鲁坚科表示，若要解决世界粮食供应问题和乌克兰粮食出口问题就必须撤销对俄罗斯相关限制。[②]9 月 9 日，普京称欧盟禁止载有俄罗斯化肥船只入港的歧视性做法不可接受。[③]10 月 11 日，俄罗斯财政部部长安东·西卢阿诺夫在二十国集团财政和农业部长联合会议上表示，俄罗斯是负责任的国际粮食商品供应方，并准备在 2023 年扩大出口，不过为此需要回归到自由贸易原则并取消相关制裁和禁令。[④]11 月 23 日普京表示，俄方正在与联合国合作以保障氨气输送管道通畅。[⑤] 不过尽管俄罗斯多措并举，但收效并不大。2022 年 12 月 22 日，俄罗斯副总理阿布拉姆琴科表示，尽管俄罗斯保证农业银行只用于粮食化肥贸易结算，但仍始终被排除在 SWIFT 系统之外。[⑥]

2. 反驳阻碍乌克兰粮食化肥出口的说法，维护自身利益和形象

首先，俄罗斯表示乌克兰粮食出口贡献被高估，并有意在世界市场上取代其份额。2022 年 6 月 17 日，普京在第 25 届圣彼得堡国际经济论坛上谈到，根据美国农业部估计，乌克兰有 600 万吨小麦等待出口。而俄方估

---

① Минсельхоз предложил механизм экспортной торговли сельхозпродукцией за рубли, https://tass.ru/ekonomika/17315553.

②《俄外交部：解决粮食供应问题必须撤销对俄罗斯出口的制裁》，俄罗斯卫星通讯社，2022 年 5 月 23 日，https://sputniknews.cn/20220523/1041541835.html。

③ Совещание с постоянными членами Совета Безопасности, http://kremlin.ru/events/president/news/69324.

④ Антон Силуанов: Россия остается ответственным международным поставщиком продовольственных товаров, https://minfin.gov.ru/ru/press-center?id_4=38167.

⑤ Встреча с председателем комиссии РСПП по производству и рынку минеральных удобрений Дмитрием Мазепиным, http://kremlin.ru/events/president/news/69918.

⑥ Зерновая сделка сейчас работает в интересах Евросоюза, заявила Абрамченко, https://ria.ru/20221222/sdelka-1840448369.html.

算为500万吨左右，另外还有大约700万吨玉米等待出口。全球小麦年产量为8亿吨，500万吨乌克兰小麦对全球市场而言无足轻重。[①]10月29日，俄罗斯联邦委员会（议会上院）副主席康斯坦丁·科萨切夫称，由于获得丰收，俄方准备在世界粮食市场上完全取代乌克兰。[②]11月26日，乌克兰举办首届国际粮食安全峰会，并宣布在2023年春季前向有需要的国家运送至少60船粮食，以保障500万人需求。作为回应，俄罗斯外交部无任所大使、俄罗斯—非洲伙伴关系论坛秘书处负责人奥列格·奥泽罗夫于12月3日强调，俄罗斯准备无偿向最有需要的国家赠送粮食，并以可负担价格向有需要的国家出口粮食，以完全取代在世界粮食市场只占2%份额的乌克兰粮食。[③]

其次，俄罗斯驳斥有关指责系栽赃陷害。2022年5月25日，俄罗斯外交部副部长鲁坚科表示，美国有线电视新闻网关于俄军涉嫌从乌克兰港口偷运粮食的报道没有事实依据。[④]7月18日，俄罗斯国防部再次表示，乌克兰武装人员在扎波罗热州、尼古拉耶夫州、哈尔科夫州和赫尔松州摧毁农田，并企图嫁祸于俄军。[⑤]

再次，俄罗斯揭露西方为谋求私利，以武器低价换取粮食并导致乌克兰缺粮。乌克兰危机全面升级后，面对乌克兰经黑海出口粮食受阻状况，欧盟专门对乌取消进口关税和配额，使其能借道出口粮食。2022年5月12日，欧盟还针对性提出“团结走廊”计划。不过，俄罗斯始终质疑西方动机。俄罗斯外交部评论称，“团结走廊”让乌克兰的廉价粮食在欧盟大

---

① Пленарное заседание Петербургского международного экономического форума, http://kremlin.ru/events/president/news/68669.html.

② Россия готова заместить украинское зерно на мировом рынке, заявил Косачев, https://ria.ru/20221029/zerno-1827827078.html.

③ МИД РФ: Россия готова полностью заместить украинское зерно всем заинтересованным странам, https://rg.ru/2022/12/03/mid-rf-rossiia-gotova-polnostiu-zamestit-ukrainskoe-zerno-vsem-zainteresovannym-stranam.html.

④ Руденко опроверг информацию о том, что военные РФ якобы воруют зерно из украинских портов, https://tass.ru/politika/14720875.

⑤ Минобороны заявило о поджогах украинскими военными полей с зерном, https://lenta.ru/news/2022/07/18/zerno/.

量倾销，只降低了区域内粮食价格，而没有降低世界粮食市场价格，并使部分成员国利益受损。这项为最贫穷国家提出的“人道主义计划实际上成为欧盟获益的商业项目”。[①]

最后，2023 年 6 月，俄方表示看不到黑海港口农产品外运协议续签的积极前景，且多次对协议俄罗斯部分条款的落实情况表达强烈不满。乌克兰危机全面升级后，联合国秘书长古特雷斯强调，解决粮食危机需要将乌克兰、俄罗斯和白俄罗斯的粮食化肥生产重新纳入世界市场。[②] 经过长时间谈判，2022 年 7 月 22 日，俄乌两国分别与协调人联合国和土耳其签署黑海港口农产品外运协议（Black Sea Grain Initiative, Черноморская зерновая инициатива, 以下简称协议）。但协议签署后，俄罗斯对该协议始终存在极大不满，认为这只解决了乌克兰面临的问题，俄罗斯粮食化肥出口障碍未被清除。10 月 29 日，俄罗斯黑海舰队船只在塞瓦斯托波尔港受到袭击。俄罗斯外交部随即宣布，由于乌克兰在英国指导下对俄军保障粮食运输的船只采取军事行动，导致俄方无法对有关船只提供安全保障，因此无限期暂停参与执行协议。俄罗斯还要求联合国安理会就此召开会议。[③]

除此之外，俄方还不断强调协议未达到设计初衷。2022 年 9 月 27 日，普京在主持农业相关会议时指出，乌克兰的粮食并没有运到最贫穷国家，这完全是西方的骗局。[④]2023 年 1 月 19 日，联合国称协议已促成 1780 万吨乌克兰粮食出口，其中大量粮食出口至发展中国家，缓解了世界粮食危

---

① Развенчиваем мифы, распространяемые руководством Евросоюза (издание третье), https://mid.ru/ru/foreign_policy/rso/1857418/. Выступление и ответы на вопросы СМИ Министра иностранных дел Российской Федерации С.В.Лаврова в ходе совместной пресс-конференции с Министром иностранных дел Турецкой Республики М.Чавушоглу по итогам переговоров, Анкара, 7 апреля 2023 года, https://mid.ru/ru/foreign_policy/news/1862374/.

② 《联合国秘书长：粮食危机展现出全球性挑战之间的紧密关联》，联合国，2022 年 5 月 26 日，https://news.un.org/zh/story/2022/05/1103722.

③ Заявление МИД России о «черноморской инициативе» по вывозу украинского продовольствия, https://mid.ru/ru/foreign_policy/news/1835797/.

④ Совещание о ходе сезонных полевых работ, http://kremlin.ru/events/president/news/69440.

机。[①] 对此，俄罗斯外交部在 1 月 21 日反驳称，这是“对事实的歪曲”，乌克兰通过该协议运出的粮食中只有 55.15 万吨（占总量的 3%）运到最有需要的国家（索马里、埃塞俄比亚、也门、苏丹、阿富汗、吉布提），而运送到欧盟和英国的粮食达 860 万吨（占总量的 47%）。

正因为认为协议未满足利益诉求，因此俄方一再强调协议在期满后将不再续签，寻找其他替代方案运输粮食。尽管在联合国与土耳其的协调下，协议在 2022 年 11 月 18 日首次到期前成功延期，但 2023 年 3 月 18 日再次面临延期难题。俄罗斯外交部部长拉夫罗夫 3 月 1 日在会见土耳其外交部部长恰武什奥卢时表示，只有在满足俄方利益诉求时协议才能延期。[②]7 月 17 日，俄罗斯外交部正式发表声明，宣布协议不再延期。

3. 斥责西方在粮食问题上对俄罗斯的恶意行为

第一，俄罗斯斥责西方才是国际粮食化肥价格上涨的真正推手，称西方对俄罗斯的制裁加剧了世界粮食危机。2022 年 4 月 5 日，普京表示，两年来西方在经济、能源和粮食领域的错误政策导致了全球粮食化肥价格大幅上涨。在供应紧缺的情况下，制裁导致俄罗斯与白俄罗斯出口受阻，相关产品的价格上涨系西方一手造成。[③]5 月 16 日，俄罗斯外交部回应七国集团外长会议关于全球粮食安全的声明时，指出西方一方面虚伪地表示制裁不涉及俄罗斯向发展中国家提供粮食，另一方面又将俄罗斯孤立在国际金融体系之外。正是西方国家（尤其是七国集团）的单边行动加剧了世界粮食供应紧张状态。[④]

第二，俄罗斯称西方将世界粮食问题政治化和意识形态化。2022 年 4

---

① 《〈黑海谷物倡议〉促成 1780 万吨粮食出口，缓解粮食供应危机》，联合国，2023 年 1 月 19 日，https://news.un.org/zh/story/2023/01/1114327。

② Лавров: Продолжение зерновой сделки возможно только с учетом интересов России, https://rg.ru/2023/03/01/lavrov-prodolzhenie-zernovoj-sdelki-vozmozhno-tolko-s-uchetom-interesov-rossii.html.

③ Совещание по развитию агропромышленного и рыбохозяйственного комплексов, http://kremlin.ru/events/president/news/68141.

④ О глобальной продовольственной безопасности в контексте заявления министров иностранных дел стран «Группы семи», https://mid.ru/ru/foreign_policy/news/1813564/.

月 8 日，美国和欧盟提议召开联合国粮食及农业组织理事会第 169 届会议，商讨“俄罗斯入侵乌克兰对世界粮食安全及农业形势的影响”。[①] 会议还通过投票的方式表决通过了相关议案。对此，俄罗斯外交部在 4 月 11 日强调，粮农组织的职责在于促进全球农业发展和确保粮食安全，而本次会议的发起者让组织工作陷入政治化。俄罗斯积极维护粮食安全议程非政治化的重要性，并希望粮农组织回归到自身职责范围内。[②]7 月 18 日，韦尔希宁在联合国应对全球粮食危机会议上表示，为解决全球问题应坚持联合国《2030 年可持续发展议程》，摒弃国际合作中的意识形态化和政治化。[③]

第三，俄罗斯称西方在粮食问题上制造假新闻和进行信息战。2022 年 3 月 30 日，针对美国常务副国务卿温迪·舍曼指责俄罗斯在黑海海域袭击船只，俄罗斯驻美国大使安东诺夫回应称，这一说法属于信息战内容。诽谤俄军破坏民用基础设施、摧毁粮食出口船只的说法不符合事实。[④]6 月 3 日，俄罗斯外交部发布声明并披露材料，称欧盟领导人不断暗示俄方挑起全球粮食危机和能源危机是出于“狂热的恐俄症”。[⑤]2022 年 7 月 24 日，俄罗斯外交部部长拉夫罗夫在阿拉伯国家联盟总部称，“特别军事行动”导致世界粮食危机的假新闻正在中东地区传播。[⑥]

① 《乌克兰—俄罗斯冲突对全球粮食安全及联合国粮食及农业组织（粮农组织）职责范围内相关事项的影响》，联合国粮食及农业组织，2022 年 4 月 8 日，https://www.fao.org/3/ni734zh/ni734zh.pdf。

② О внеплановой сессии Совета Продовольственной и сельскохозяйственной Организации Объединенных Наций (ФАО) в связи с ситуацией на Украине, https://mid.ru/ru/foreign_policy/news/1808948/.

③ Выступление заместителя Министра иностранных дел Российской Федерации С.В.Вершинина на мероприятии ООН по реагированию на глобальный продовольственный кризис, Нью-Йорк. 18 июля 2022 года, https://mid.ru/ru/foreign_policy/news/1822592.

④ Антонов отверг обвинения со стороны США в продовольственном кризисе, https://ria.ru/20220330/otvetstvennost-1780785177.html.

⑤ О публикации на сайте МИД материала «О мифах Евросоюза в сфере продовольственной и энергетической безопасности», https://mid.ru/ru/foreign_policy/news/1816143/.

⑥ Выступление Министра иностранных дел Российской Федерации С.В.Лаврова в ходе встречи с постоянными представителями стран-членов Лиги арабских государств, Каир, 24 июля, 2022 года, https://www.mid.ru/ru/foreign_policy/news/1823548/.

（四）继续在多边框架下参与全球粮食安全治理

除不断驳斥相关指责外，俄罗斯还继续积极在多边框架内灵活开展粮食外交，阐释世界粮食危机缘由，展现责任担当，维护国家形象。2022 年 6 月 16 日，俄罗斯在第 25 届圣彼得堡国际经济论坛框架下举办“粮食安全：全球挑战与机遇”分论坛。粮农组织与印度、巴西、塞内加尔等国代表出席。俄罗斯经济发展部部长马克西姆·列舍特尼科夫表示，增加粮食出口不仅发展了本国经济，还为世界做出巨大贡献。①

乌克兰危机全面升级后，俄罗斯由外交部副部长韦尔希宁作为牵头人，积极与联合国分管人道主义事务的副秘书长马丁·格里菲思及粮农组织、粮食署、贸易和发展会议就保障全球粮食安全等问题进行密切磋商。2022 年 9 月 14 日，普京专门通过电话与联合国秘书长古特雷斯商讨黑海港口农产品外运协议执行情况。双方强调应优先满足非洲、中东和拉丁美洲国家的粮食需求。古特雷斯还称，联合国有关部门将继续与俄罗斯合作以保障全球粮食安全。② 在欧亚经济联盟，2022 年 5 月 27 日，普京表示粮食安全问题的重要性得到特别注意。欧亚经济联盟成员国高度负责，对问题的解决做出了重要贡献。③8 月 26 日，俄罗斯总理米舒斯京在欧亚经济联盟政府间理事会大范围会议上呼吁成员国继续就粮食安全开展合作。④在上海合作组织，2022 年 7 月 25 日，俄罗斯农业部副部长谢尔盖·莱温在上合组织成员国农业部长第七次会议上指出，西方对俄罗斯制裁可能对失衡的世界农业市场造成严重后果，其中包括粮食安全受到威胁。⑤9 月

---

① Продовольственная безопасность: глобальные вызовы и возможности, https://roscongress.org/news/prodovolstvennaja-bezopasnost-globalnye-vyzovy-i-vozmozhnosti/.

② Телефонный разговор с Генеральным секретарём ООН Антониу Гутеррешем, http://kremlin.ru/catalog/persons/497/events/69351.

③ Заседание Высшего Евразийского экономического совета, http://kremlin.ru/events/president/news/68494.

④ Заседание Евразийского межправительственного совета в расширенном составе, http://government.ru/news/46350.

⑤《俄农业部：对俄制裁对全球粮食安全构成威胁》，俄罗斯卫星通讯社，2022 年 7 月 25 日，https://sputniknews.cn/20220725/1042695214.html。

16日，上合组织成员国元首理事会通过《关于维护国际粮食安全的声明》。声明称，“违反国际法的单边限制措施及其域外使用不可接受，这些措施导致国际粮食市场不稳定，并威胁各国经济社会长期稳定发展，其中发展中国家和最不发达国家首当其冲”。[①]2022年6月9日，金砖国家农业部长会议通过《第十二届金砖国家农业部长共同宣言》和《金砖国家粮食安全合作战略》。6月24日，普京在“金砖国家+”视频会议上指出，俄罗斯是世界粮食市场上重要且有责任感的参与者，有意继续认真履行农产品、化肥和能源等其他重要产品的供应义务。[②]在亚太经合组织，2022年8月26日，俄罗斯农业部部长帕特鲁舍夫在第七届亚太经合组织粮食安全部长会上指出，近年来俄罗斯一直是粮食净出口国，还是国际人道主义援助的主要参与者，为对抗全球饥饿和营养不良作出贡献。俄罗斯将继续加强努力，以确保本国农业发展和全球粮食安全。[③]11月18日，在亚太经合组织第29次领导人非正式会议上，俄罗斯第一副总理安德烈·别洛乌索夫回应有关指责称，2021年以来世界粮食能源价格大涨与俄罗斯无关，正是俄方大量供给才使世界粮食市场价格趋于稳定，俄罗斯正在与联合国共同努力向全球供应化肥以缓解紧张情况。[④]二十国集团领导人巴厘岛峰会召开期间，俄罗斯外交部部长拉夫罗夫会见联合国秘书长古特雷斯并重点商讨了全球粮食安全问题。拉夫罗夫在新闻发布会上强调，尽管存在困难和制裁限制，但俄罗斯已经出口1050万吨粮食，其中小麦800万吨。出口小麦中60%运往亚洲国家，40%运往非洲国家。[⑤]在非洲联盟，2022年6

---

① 《上海合作组织成员国元首理事会关于维护国际粮食安全的声明》，中华人民共和国中央人民政府，2022年9月17日，http://www.gov.cn/xinwen/2022-09/17/content_5710380.htm。

② Встреча «БРИКС плюс», http://kremlin.ru/events/president/news/68700.

③ Россия наращивает объем торговли сельхозпродукцией и продовольствием со странами АТЭС, https://aemcx.ru/2022/08/29/россия-наращивает-объем-торговли-сел/.

④ Андрей Белоусов подвёл итоги первого дня работы делегации России на саммите АТЭС, http://government.ru/news/47088/.

⑤ Выступление и ответы на вопросы СМИ Министра иностранных дел Российской Федерации С.В.Лаврова по итогам саммита «Группы двадцати», Денпасар, 15 ноября 2022 года, https://mid.ru/ru/foreign_policy/economic_diplomacy/mezdunarodnye-ekonomiceskie-forumy/1838803/.

月 3 日，普京在会见非洲联盟轮值主席、塞内加尔总统马基·萨勒时商讨了粮食安全和俄罗斯向非洲出口粮食化肥问题。同时，针对 2023 年 7 月在圣彼得堡召开的第二届俄罗斯—非洲峰会，俄方已多次表示粮食安全是主要议题，并就此提供解决方案。在阿拉伯国家联盟，2022 年 7 月 24 日，俄罗斯外交部部长拉夫罗夫在阿拉伯国家联盟总部发表演讲时就世界粮食市场局势等问题进行了详细阐述。①

结 语

从数据来看，俄罗斯有理由保持乐观。2023 年 4 月 4 日，普京表示，2014 年以来为回应西方制裁实行的进口替代政策使俄罗斯在农产品生产和出口上大获成功。尤其是 2022 年出口额高达 416 亿美元，与 2014 年相比增长 1.1 倍。② 除此之外，2022 年小麦粉出口量增长至 72.2 万吨，与 2021 年相比增长 3 倍。全部加工粮食增长 69% 至 130 万吨。③ 这些数据表明，俄罗斯粮食出口不仅总量在增加，而且深加工水平也在提升，这符合《俄罗斯联邦粮食安全学说》等战略规划设定的目标。同时，有分析称西方制裁并不妨碍 2023 年俄罗斯将再获丰收。④

然而，这并不意味着困难可以被忽视。从过往经历来看，俄罗斯粮食生产和出口仍面临诸多挑战。首先是气候冲击等生态环境问题。2017 年俄罗斯粮食产量曾大幅下降，就是遭遇极端天气所致。另外，世界粮食市场

① Выступление Министра иностранных дел Российской Федерации С.В.Лаврова в ходе встречи с постоянными представителями стран-членов Лиги арабских государств, Каир, 24 июля 2022 года, https://www.mid.ru/ru/foreign_policy/news/1823548/.

② Заседание Президиума Государственного Совета, http://kremlin.ru/events/president/news/70860.

③ Итоги 2022: Экспорт зерна, государственный мониторинг качества, борьба с недостоверным декларированием, https://fsvps.gov.ru/ru/fsvps/news/215606.html.

④ Санкции не помешают России собрать достойный урожай в этом году, https://rg.ru/2023/04/04/vshod-razreshen.html.

价格在 2022 年 3 月达到高点后处于稳步下降趋势之中。[①] 尽管 2022 年获得史无前例的丰收，但世界粮食市场价格下跌可能影响俄罗斯生产商在下一年度的播种意愿和未来收成。[②] 同时，也有声音称关税制度的不合理规则降低了粮食出口盈利能力。[③] 而从西方进口种子、植保产品和农业机械受阻可能在未来对粮食生产带来负面影响。对于种子进口替代问题，亦有声音称 10 年内实现种子国产化较为稳妥，不应在短期内强行实现目标。[④] 对此，俄罗斯农业部不得不采取谨慎态度，考虑以俄罗斯庞大市场为筹码吸引西方种子植保公司继续保留对俄业务。[⑤] 此外，俄罗斯在农业科技化和数字化上还存在相对落后问题。对于化肥出口来说，尽管 2022 年出口价格大幅上涨弥补了量的下降，但这种情况实则难以长期维系。如果限制措施无法被解除，未来俄罗斯化肥出口竞争力和收益能力必然会下降。

更为关键的是，乌克兰危机全面升级后，俄罗斯面临将“粮食出口武器化”和破坏乌克兰农业生产的指责，同时粮食化肥出口受到西方限制。可以说，俄罗斯粮食外交面临新情况和新任务。如果说乌克兰危机全面升级之前俄罗斯粮食外交最重要的任务是获取农业发展和粮食出口经济红利的话，那么现阶段俄方目标是在继续获取经济红利的基础上，将粮食外交作为战略工具。对于西方国家，俄罗斯坚决驳斥有关指责，并以执行黑海港口农产品外运协议为战略楔子，意图通过粮食化肥出口正常化撬开全面制裁和限制措施的缺口。对于非西方国家，俄罗斯越发倚重粮食外交的特殊性和战略性，进而与其保持战略稳定。对此，俄罗斯不断宣称忠实履行

---

① 《联合国粮农组织食品价格指数 2 月继续小幅下探》，联合国粮食及农业组织，https://www.fao.org/worldfoodsituation/ foodpricesindex/zh/。

② Посевы пшеницы в мире будут расти, а в России – сокращаться, https://www.ng.ru/economics/2023-04-02/1_8695_dream.html.

③ Фермеры просят отменить экспортную пошлину на зерно, https://rg.ru/2023/02/12/vzahleb-tonkogo-pomola.html.

④ Иностранные семена будут «заземлять» в России Российскому Минсельхозу не нужны саженцы из недружественных стран, https://www.ng.ru/economics/2023-03-16/4_8682_seeds.html.

⑤ Как Россия будет замещать импорт семян и сырья для детского питания, https://rg.ru/2023/04/06/pro-dovolstvie.html.

各类粮食供应合同并加大向“友好国家”的供应量，通过签署黑海港口农产品外运协议等方式以体现国际责任，同时向非洲国家赠送积压化肥和捐赠粮食，并继续积极参与全球粮食安全问题治理。

乌克兰危机全面升级重塑了俄罗斯的国际秩序观，改变了对外理念和外交重点方向。2023 年 3 月 31 日，普京签署通过的新版《俄罗斯联邦外交政策构想》规定，俄罗斯致力于打破西方霸权和对国际秩序的掌控，推动世界多极化，并将外交重点转为与非西方国家发展关系。因此，放在俄罗斯外交重点转换的大背景下来看，粮食外交对俄罗斯的重要性和战略意义必将得到提升。关于这一点，在观察 2023 年 7 月召开的第二届俄罗斯—非洲峰会相关的议程、表态和取得成果时，可以得到充分验证。可以断定，只要能维持稳定的生产能力和保持在世界粮食市场上的领先地位，未来粮食外交仍将是俄罗斯发展与非西方关系时的优势领域、主要工具和有效手段。

From Economic Dividends to Strategic Tools: Russia’s Food Diplomacy

Zhao Yuming

Abstract: Russia has superior conditions and attaches great importance to agricultural development and food production. In recent years, on the basis of ensuring food security, Russia’s grain and fertilizer exports have grown steadily. The means of Russia’ s food diplomacy are commercial grain and fertilizer exports, provision of food aid and participation in global food governance. The purpose is to promote agricultural development and food production, ensure the food security of the country and the member states of the Eurasian Economic Union, prevent Russia and the Eurasian Economic Union from being impacted by world food security issues, improve Russia’s food competitiveness and obtain economic dividends, and then develop foreign relations and expand diplomatic influence. After the Russian-Ukrainian conflict broke out, Russia' s grain and fertilizer exports encounter difficulties, and the European market was severely damaged, facing pressure and accusations from the West. Russia' s response measures are to maintain food production capacity and export potential, and to ensure food security in the Eurasian Economic Union on the basis of maintaining its own food security. At the same time, the focus of Russia' s grain and fertilizer exports has shifted to "friendly countries", and began exploring trade in non-Western currencies. Russia also requires the West to resolve restrictions on the export of grain and fertilizers to Russia, build grain and fertilizer export infrastructure and increase transport capacity to ensure the smooth flow of grain and fertilizer export channels. In addition, Russia actively safeguards its national image and its own interests on the production and export of grain and fertilizers in Ukraine. In addition to actively refuting external pressure and related accusations, it also showed a cooperative attitude and reflected international responsibility. On the premise of maintaining production capacity and export potential, food diplomacy in the future will still be the advantage, main tool and effective means for Russia to develop relations with non-Western countries. At the same time, China and Russia can better guarantee the food security of the two countries through complementary advantages, and can work together to make a greater contribution to overcoming the global food crisis.

Keywords: Food Diplomacy; Food Security; Russia; Black Sea Grain Initiative

第四篇

中国与欧亚国家的合作

中国—中东欧国家合作十年：评估与思考 *

徐 刚 杨博文①

【摘要】中国—中东欧国家合作平台运行十年来，成为中欧关系发展的重要组成部分和跨区域合作的典范。与此同时，随着中美博弈、中欧竞争的加剧，特别是新冠疫情和乌克兰危机升级等引发世界变局加速演进，给中国—中东欧国家合作带来了前所未有的挑战与困难。为助力中国—中东欧国家合作行稳致远，在新的征程上，中国应坚定不移地推进务实合作和精准合作，使合作成果惠及不同国家、不同人群，构建中国—中东欧国家合作的利益共同体。

【关键词】中国—中东欧国家合作；跨区域合作；百年变局；利益共同体

2022 年是中国—中东欧国家合作平台成立十周年。十年来，该平台扎根务实合作、坚持创新驱动、共商共建共享，促进了中国同中东欧国家各领域合作，丰富了多边主义的实践，成为中欧关系发展的重要组成部分和

---

* 本文为中国社会科学院青年学者资助项目“欧洲主要民粹主义政党的难民政策及对中欧关系的影响”的研究成果（项目编号：XQ2020006），原文刊载于《欧亚经济》2022 年第 5 期，此处有修订。

① 徐刚，中国社会科学院俄罗斯东欧中亚研究所研究员；杨博文，中国国际问题研究院欧洲研究所助理研究员。

跨区域合作的典范。与此同时，在世界百年未有之大变局加速演进，特别是新冠疫情持续蔓延和乌克兰危机全面升级等大事件叠加引发新的动荡变革的背景下，中国—中东欧国家合作的困难显著增多，挑战前所未有。在新的征程上，中国—中东欧国家合作应扬长避短，扎根务实合作和精准合作，通过创新实现新的成长，构建利益共同体。

一　中国—中东欧国家合作的十年发展

中国—中东欧国家合作平台运行十年来，中国同中东欧国家的高层互访交流显著增多，中国与数个中东欧国家的关系得以提升。中国—中东欧国家合作平台以领导人会晤机制为引领，建立了涵盖经贸、文化、教育、青年、农业、旅游、科技、卫生、智库和地方等多领域的合作架构，务实合作成果丰硕。而与此同时，中国同立陶宛、捷克等国关系不时遭遇冲击，一些务实合作项目夭折或遇挫。

（一）在国家间关系层面，以进为重，初步形成全面多层次的伙伴关系框架

十年来，伙伴关系提质升级。2012 年以前，中国于 2004 年 6 月相继与匈牙利建立友好合作伙伴关系、与罗马尼亚建立全面友好合作伙伴关系，并先后于 2009 年 8 月同塞尔维亚、2011 年 12 月同波兰建立战略伙伴关系。2012 年以后，中国同多个中东欧国家关系得到提升。其中，2016 年 3 月，在中国国家元首首次访问捷克期间，中捷双方宣布建立战略伙伴关系；同年 6 月，中国与塞尔维亚和波兰的关系提升为全面战略伙伴关系；2017 年 5 月，中匈关系跃升为全面战略伙伴关系；2019 年 7 月，中保关系升格为战略伙伴关系。2019 年 4 月希腊的加入使中国—中东欧国家合作首次实现扩员；同年 11 月习近平主席访问希腊，双方决定加强全面战略伙伴关系。此外，据中国—中东欧国家合作历次领导人会晤发布的成果清单，

十年间中国同中东欧国家签署的政府间合作文件达120份左右。[①]

中国同个别中东欧国家的关系屡生事端。最严重的当属立陶宛于2021年5月、爱沙尼亚和拉脱维亚于2022年8月单方面退出中国—中东欧国家合作。[②]问题最为集中或相同的地方在于，个别中东欧国家和政要公然干涉中国内政。例如，部分中东欧国家不时炒作涉台问题，挑衅“一个中国”原则。来自捷克海盗党的贺瑞普2018年担任布拉格市市长后炒作友好城市关系协议中的“涉台条款”，导致北京和上海在2019年10月、2020年1月终止与布拉格的友好城市关系。2020年9月，捷克议会参议院主席米洛升·维斯特奇尔（Milos Vystrcil）“窜访台湾”；2021年10月，台湾“国发会主委”龚明鑫与外事部门负责人吴钊燮相继窜访捷克、斯洛伐克和立陶宛。2021年11月底至12月初，波罗的海三国议员团窜访台湾；同年11月，立陶宛批准台湾当局设立所谓“驻立陶宛台湾代表处”，导致中立关系降为代办级。12月，斯洛伐克经济部政务次长卡罗尔·佳雷克（Karol Galek）“访台”。进入2022年，部分中东欧国家同台湾当局的联系仍有加强的趋势，1月，台湾当局宣布设立2亿美元的“中东欧投资基金”，并在乌克兰危机升级后向维谢格拉德四国和波罗的海三国提供2000万美元捐款，用于帮助其援助乌克兰难民，通过经济手段和“价值观影响力”拉拢部分中东欧国家[③]；3月，台湾当局派出跨部门“考察团”窜访捷克、斯洛伐克和立陶宛；6月，斯洛伐克国民议会副议长米兰·劳伦契克（Milan Laurencik）率团“访台”，同时，以捷克外交部部长扬利帕夫斯基（Jan Liparsky）为代表的一些政客呼吁捷克退出中国—中东欧国家合作。此外，个别中东欧国家政要不时接触反华分裂势力。2013年9月，达赖窜访拉脱维亚等国。2016年10月，斯洛伐克总统、捷克文化部部长等政要先后会见达赖。2022年4月，捷克外交部部长会见“藏独”分子、所谓“西藏流

---

① 笔者根据历次中国—中东欧国家领导人会晤成果清单计算。

② 该文涉及的是过去10年的合作情况，因此，波罗的海三国的情况仍在讨论之列。

③ 《赈济乌克兰专案截止募得9.4亿“外交部”统筹运用》“中央通讯社”（台湾），2022年4月2日，https: // www. cna. com. tw/ news / aipl /202204020035. aspx。

亡政府”“首席噶伦”边巴次仁。

（二）在务实合作层面，以得为主，初步建成全方位、宽领域的合作架构

贸易额实现高速增长，贸易畅通迈上新台阶。其中，波兰、捷克、斯洛伐克、斯洛文尼亚、罗马尼亚、保加利亚、塞尔维亚、波黑和阿尔巴尼亚9国对华贸易增幅超过欧盟约30%的平均增长率；斯洛文尼亚、塞尔维亚、波黑、捷克和希腊的对华贸易增幅则超过100%。2012—2021年，中国与中东欧17国贸易年均增速8%，是中国与欧盟贸易增速的2倍以上。2020年，中国—中东欧国家双边贸易总额首次突破千亿美元，达1034.5亿美元，同比增长8.4%。2021年，中国—中东欧国家双边贸易总额达1240.2亿美元，同比增长29.7%。从贸易结构来看，中东欧国家自中国的进口额增幅明显，立陶宛、塞尔维亚和波黑3国更是超过200%。爱沙尼亚、拉脱维亚和黑山3国的贸易总额虽出现小幅负增长，但3国对华贸易进口显著增加，增幅均超过100%（参见表1）。这就表明，中国—中东欧国家贸易在维持总体高速增长的同时，双边贸易结构不断优化，贸易渐趋平衡的态势增强。

直接投资稳步提升，投资领域不断拓展。据中方统计，截至2020年年底，中国对中东欧国家的投资存量为31.4亿美元，涉及能源、矿产、基础设施、物流、汽车零配件等领域；中东欧国家累计对华投资达17.2亿美元，主要分布在医药、机械制造、化工等领域。① 其中，中国的主要投资对象国为捷克、波兰、匈牙利、塞尔维亚、罗马尼亚和克罗地亚，截至2020年年底的投资存量分别为11.9843亿美元、6.8231亿美元、3.4187亿美元、3.1057亿美元、3.1316亿美元和2.5264亿美元（参见表2）。此外，除基建、能源、矿产等传统产业的投资呈显著增长趋势，清洁能源、通信技术、航空、新兴服务业等领域在中国对中东欧国家投资项目中的占比也逐年提升。

---

①《我国与中东欧17国贸易额首超千亿美元》，新华网，2021年2月4日，http://www.xinhuanet.com/2021-02/04/c_1127065297.htm.

表 1　　2012 年和 2019 年中国与中东欧国家贸易统计　　（单位：亿美元）

国家	贸易总额		进口额		出口额		2019 年与 2012 年同比增长 (%)		
	2012	2019	2012	2019	2012	2019	贸易额	进口	出口
波兰	143.8414	278.0950	19.9735	39.4136	123.8679	238.6814	93.33	97.33	92.69
匈牙利	80.6099	102.1301	23.2313	37.4511	57.3786	64.6790	26.70	61.21	12.72
捷克	87.3029	175.9550	24.0689	46.2809	63.2340	129.6741	101.55	92.29	105.07
斯洛伐克	60.7825	88.8930	36.5521	59.6812	24.2304	29.2118	46.25	63.28	20.56
斯洛文尼亚	18.2267	39.2705	2.5604	5.1645	15.6663	34.1060	115.46	101.71	117.70
罗马尼亚	37.7695	68.9833	9.7960	23.2560	27.9735	45.7273	82.64	137.40	63.47
保加利亚	18.9496	27.1750	8.4038	11.6364	10.5458	15.5386	43.41	38.47	47.34
爱沙尼亚	13.6943	12.1999	1.3564	2.9875	12.3379	9.2124	－10.91	120.25	－25.33
拉脱维亚	13.8154	12.8746	0.6883	1.9568	13.1271	10.9178	－6.81	184.29	－16.83
立陶宛	17.2091	21.3308	0.8935	4.3676	16.3156	16.9632	23.95	388.82	3.97
塞尔维亚	5.1450	13.9216	1.0162	3.6018	4.1288	10.3198	170.59	254.43	149.95
黑山	1.6694	1.5711	0.2118	0.4331	1.4576	1.1380	－5.89	104.49	－21.93
波黑	0.7001	1.9191	0.2330	0.7704	0.4671	1.1486	174.12	230.61	145.90
克罗地亚	13.7449	15.4021	0.7451	1.4509	12.9998	13.9512	12.06	94.73	7.32
北马其顿	2.2762	2.8175	1.3887	1.4834	0.8875	1.3341	23.78	6.82	50.32
阿尔巴尼亚	4.8681	7.0376	1.4290	1.0292	3.4391	6.0084	44.57	－27.99	74.71
希腊	40.2114	84.6161	4.2753	7.2493	35.9361	77.3668	110.43	69.56	115.29
欧盟平均	5460.4330	7051.0978	2120.5485	2765.9551	3339.8845	4285.1427	29.13	30.44	28.30

资料来源：笔者根据中华人民共和国商务部 2012 年和 2019 年《中国与欧洲国家贸易统计表》汇总整理。需要说明的是，该统计表目前只更新至 2019 年。

表 2　2012—2020 年中国对中东欧国家的投资存量　（单位：亿美元）

国家＼年份	2012	2013	2014	2015	2016	2017	2018	2019	2020
波兰	2.0811	2.5704	3.2935	3.5211	3.2132	4.0552	5.2373	5.5559	6.8231
匈牙利	5.0741	5.3235	5.5635	5.7111	3.1370	3.2786	3.2069	4.2736	3.4187
捷克	2.0245	2.0468	2.1269	2.2431	2.2777	1.6490	2.7923	2.8749	11.9843
斯洛伐克	0.8601	0.8277	1.2779	1.2779	0.8277	0.8345	0.9929	0.8274	0.8287
斯洛文尼亚	0.0500	0.0500	0.0500	0.0500	0.2686	0.2725	0.4009	1.8960	0.4680
罗马尼亚	1.6109	1.4513	1.9137	3.6480	3.9150	3.1007	3.0462	4.2827	3.1316
保加利亚	1.2674	1.4985	1.7027	2.3597	1.6607	2.5046	1.7109	1.5681	1.5584
爱沙尼亚	0.0350	0.0350	0.0350	0.0350	0.0350	0.0362	0.5684	0.6333	0.0532
拉脱维亚	0.0054	0.0054	0.0054	0.0094	0.0094	0.0102	0.1170	0.1163	0.1681
立陶宛	0.0697	0.1248	0.1248	0.1248	0.1529	0.1713	0.1289	0.0981	0.1223
塞尔维亚	0.0647	0.1854	0.2971	0.4979	0.8268	1.7002	2.7141	1.6473	3.1057
黑山	0.0032	0.0032	0.0032	0.0032	0.0443	0.3945	0.6286	0.8509	1.5308
波黑	0.0607	0.0613	0.0613	0.0775	0.0860	0.0434	0.0434	0.1670	0.2286
克罗地亚	0.0863	0.0831	0.1187	0.1182	0.1199	0.3908	0.6908	0.9840	2.5264
北马其顿	0.0023	0.0209	0.0211	0.0211	0.0210	0.0203	0.3630	0.2109	0.1710
阿尔巴尼亚	0.0443	0.0703	0.0703	0.0695	0.0727	0.0478	0.0642	0.0711	0.0600
希腊	0.0598	1.1979	1.2085	1.1948	0.4808	1.8222	2.4247	2.3102	1.2629

资料来源：中华人民共和国商务部、国家统计局、国家外汇管理局：《2020 年度中国对外直接投资统计公报》，中国商务出版社 2021 年版。

金融合作取得长足进步，机制渠道不断拓宽。一是中国金融机构在中东欧国家的网点大大增多。中国银行已在波兰（2012 年）、匈牙利（2014 年）、捷克（2015 年）、塞尔维亚（2017 年）、罗马尼亚（2019 年）和希腊（2019 年）设立分支机构；中国工商银行在波兰（2012 年）、捷克（2017 年）设立分支机构，并筹备拓展希腊业务；中国建设银行在波兰（2017 年）设立分行，并准备在匈牙利新设分支机构；交通银行在捷克（2019 年）开设分行。此外，匈牙利国家银行、波兰国家银行和斯洛伐克央行先后进入中国银行的债券市场和外汇市场；波兰、匈牙利、克罗地亚、希腊、罗马尼亚、塞尔维亚先后成为亚洲基础设施投资银行的正式成员。[①]二是融资渠道更为广阔、合作机制更为健全。继 2012 年中国向中东欧国家提供 100 亿美元专项贷款后，中国在 2013 年和 2017 年分设两期中国—中东欧投资合作基金，其中一期封闭金额为 4.35 亿美元，二期计划规模达 10 亿美元。[②]2014 年 12 月，中国决定建立中国—中东欧协同投融资合作框架，并设立 30 亿美元规模投资基金。此外，2017 年 11 月，中国—中东欧银行联合体在匈牙利布达佩斯正式成立；2019 年 11 月，中国—中东欧国家金融科技协调中心在立陶宛维尔纽斯建成。

大项目合作不断走深走实，由以传统基础设施建设和能源领域大项目合作为主逐步转向具有较高附加值的科技合作与绿色合作。目前，中国—中东欧国家合作已经涌现比雷埃夫斯港、匈塞铁路、佩列沙茨大桥、黑山南北高速公路、斯梅代雷沃钢厂、塞尔维亚紫金铜业以及波黑斯坦纳里火电站等示范项目。黑山莫祖拉风电站、波黑乌洛格水电站、塞尔维亚潘切沃联合循环电站以及中国恩捷集团在匈牙利的锂电池隔膜生产基地等相继启动建设或投入运营，成为绿色合作的旗舰项目。[③]2021 年，由中国机械进出口（集团）有限公司投资兴建的匈牙利考波什堡光伏电站与中国—中东欧基金投资收购的波兰 51.5MWP 光伏电站项目相继竣工投运，每年将分别减少 12 万吨、5 万吨二氧化碳排放。[④]在此基础上，各方积极拓展科技创新领域合作，通过中国—中东欧国家创新合作大会等平台，促进各国创新资源对接和数字科技领域合作。多数中东欧国家工业基础较好、劳动

① 徐菁忆：《中国—中东欧“17 + 1 合作”机制研究》，中国社会科学出版社 2021 年版，第 107 页。

② 中国—中东欧投资合作基金网站，http: // china-ceefund. com/ Template / Condition_31. html；中国进出口银行网站，http: // www. eximbank. gov. cn / aboutExim/ organization / ckfjj / whkgjj / zgydotz/。

③ 于洋：《加强绿色合作　助力共同发展》，《人民日报》2022 年 1 月 10 日第 3 版。

④《中国—中东欧国家加强清洁能源合作》，新华丝路，2021 年 11 月 30 日，https: // www. imsi lkroad. com/ news / p /454952. html；《中国—中东欧基金投资波兰光伏电站首批项目并网发电》，中华人民共和国商务部，2021 年 2 月 25 日，http: // www. mofcom. gov. cn / article / i / jyjl / m/202102 /20210 203038611. shtml。

力素质较高、成本较低、融入欧盟大市场、数字转型需求旺盛，具有与中国拓展科技领域合作的巨大空间。[①]

人文交流日趋紧密，内涵不断丰富。2013 年，首届中国—中东欧国家教育政策对话会、“中国—中东欧国家文化合作论坛”相继举行，并成立机制化的合作模式。2014 年 9 月成立中国—中东欧国家高校联合会，并开展年度对话会。2015 年、2017 年、2019 年，中国—中东欧国家智库交流与合作网络、中国—中东欧研究院、中国—中东欧国家全球伙伴中心相继成立，为整合中欧双方研究机构、人员与资源，推动智库交流搭建了新型平台。在 2015 年、2016 年、2017 年、2019 年、2021 年的“中国—中东欧国家旅游合作促进年”“中国—中东欧国家人文交流年”“中国—中东欧国家媒体年”“中国—中东欧国家教育、青年交流年”“中国—中东欧国家合作绿色发展和环境保护年”期间，大量主题活动和配套活动相继举行。塞尔维亚、波黑、阿尔巴尼亚、黑山等国相继对华实施免签或签证便利化措施，双边旅游人数大幅提升。此外，双方的文化中心建设不断增多，以对方为研究对象的研究机构和中心相继建立。[②]

地方合作蓬勃发展，涌现出许多鲜活范例。目前，中国与中东欧国家地方领导人会议已相继在中国重庆（2013 年）、唐山（2016 年）、沈阳（2021 年）、捷克布拉格（2014 年）和保加利亚索非亚（2018 年）举行。2014 年“布拉格会议”期间，中国—中东欧国家地方省州长联合会成立。同时，中国与中东欧国家结对的友好省州、城市已超过 200 对，其中在 2012 年之后新结对数超过 100 对。浙江宁波、河北沧州、四川成都、重庆等省市利用自身临港优势、制造业基础、人才创新机遇和历史传承拓展与中东欧国家在制造业、科技创新、中小企业方面进行合作。落户宁波的中国—中东欧国家博览会暨国际消费品博览会更是成为中东欧企业了解、进入中国市场的重要平台。捷克布拉格、波兰华沙以及匈牙利布达佩斯等在

---

① 龙静：《中国与中东欧国家在“一带一路”上的创新合作》，《欧亚经济》2020 年第 4 期。

② 徐刚：《改革开放 40 年来的中国（中）东欧研究：基于学科建设的初步思考》，《俄罗斯东欧中亚研究》2021 年第 1 期。

中东欧地方城市对华合作中的表现较为活跃。[1] 此外，多条中欧班列新线在中东欧的开通也不断为中国—中东欧国家地方合作助力。

应当讲，穷尽中国—中东欧国家合作的成就并不现实，不但有农业、科技、卫生、中小企业、电子商务等领域未能囊括，就是前述总结也肯定会有遗漏。然而不容回避的是，在中国—中东欧国家十年合作期间，失败或者遇到挫折的合作案例亦有不少。例如，中国能建葛洲坝集团中标和建设波黑图兹拉火电站 7 号机组项目历经数年“磕磕绊绊”；中国光大控股在收购阿尔巴尼亚首都地拉那国际机场 100% 股权 5 年后退出等[2]。

二　中国—中东欧国家合作运行的有益经验和不利因素

中国—中东欧国家合作平台之所以能够在十年间取得一系列显著成就，在于其坚持共商共建共享、务实均衡、开放包容、创新进取的精神，形成了符合自身特点并为各方所接受的合作原则。然而，随着国际环境急剧变化尤其是美欧挑动地缘博弈和战略竞争后，中国—中东欧国家合作遭遇的艰巨考验和不利因素逐渐显现。

（一）中国—中东欧国家合作既为中国发展同中东欧国家关系注入了强劲动力，也为新时代中国特色大国外交实践提供了有益经验

第一，扎根务实合作，回应各国发展需求，坚持共商共建共享，不断实现各国人民的认同感、参与感、获得感。从发展历程看，中国—中东欧国家合作虽由最初以经贸合作为基础的“华沙 12 点倡议”拓展为涵盖经贸、互联互通、金融、人文等各领域交互合作的架构，但始终聚焦务实合作，推动合作均衡发展，坚持经济和人文结合、贸易和投资并重。早在中国—中东

---

① 徐刚：《中国与中东欧国家地方合作：历程、现状与政策建议》，《欧亚经济》2019 年第 3 期。

② “China’s Strategic Interests in the Western Balkans”, European Parliamentary Research Service(EPRS), June 2022, https: //www. europarl. europa. eu / RegData / etudes / BRIE/2022 / 733558 / EPRS_BRI(2022) 733558_EN. pdf.

欧国家合作平台建立前，中方提出发展同中东欧国家关系的“布达佩斯原则”和“布加勒斯特原则”均强调搁置各国意识形态分歧，在相互尊重的基础上推动地区的和平、合作与发展。[①]中国—中东欧国家合作平台运行以来，中方一再强调合作不附带任何政治条件，中国在中东欧地区没有“战略意图”和地缘政治诉求，唯一的目的是通过务实合作促进双方共同发展。2015 年的《中国—中东欧国家合作中期规划》明确将经济合作、互联互通、产业合作、金融合作列为重点，突出合作的务实导向。[②]随后历次中国—中东欧国家领导人会晤中所通过的纲要或活动计划均延续这一思路，并将其他领域的合作作为巩固务实合作基础、营造良好发展环境的手段。中国国家主席习近平在 2021 年中国—中东欧国家领导人峰会上的主旨讲话中明确指出，中国—中东欧国家合作聚焦务实合作，让成果惠及不同国家、不同人群。在此基础上，中方提出直面疫情挑战、聚焦互联互通、坚持务实导向、着眼绿色发展四点合作建议[③]，甚至提出未来 5 年从中东欧进口农产品翻番、农业贸易额增长 50% 及进口累计价值 1 700 亿美元以上的商品等具体承诺。

第二，创新驱动发展，开放包容，先试先行，不断开拓中国—中东欧国家合作的新领域、新阵地。诚如习近平主席所言：“中国和中东欧国家都坚信开放创造机遇、包容成就多元，这也是中国—中东欧国家合作保持旺盛生命力的根本所在。”[④]十年来，中国与中东欧国家各级政府、企业机构、民间团体以及公民个人之间坦诚相待、敞开怀抱，为中国与中东欧国家间关系的发展不断注入正能量和新活力。中国—中东欧国家合作欢迎其他国家和国际组织积极参与，实现共赢多赢。该平台吸收了奥地利、白俄罗斯、瑞士、欧盟、欧洲复兴开发银行等为观察员。同时，三方或多方合

① 王缉思：《中国国际战略评论 2019》(上)，世界知识出版社 2019 年版，第 11-14 页。

② 中国—中东欧国家合作秘书处：《中国—中东欧国家合作中期规划》，http: //www.china-ceec. org / zywj / ldrhhcgwj /202203 / t20220316_10652263. htm。

③《习近平外交演讲集》第 2 卷，中央文献出版社 2022 年版，第 331-334 页。

④《习近平外交演讲集》第 2 卷，中央文献出版社 2022 年版，第 331 页。

作项目也在不断增多。[①] 更为重要的是，在许多领域和层面的合作无先例可循的情况下，中国与中东欧国家敢于创新，从无到有，从少到多，从小到大，构建了一幅全方位、宽领域和多层次的合作网络。据不完全统计，已经建成或计划成立的中国—中东欧国家合作协调机制、联合会或中心约32个，涉及旅游、高校、投资促进、农业、技术转移、智库、基础设施、物流、林业、卫生、能源、海事、中小企业、文化、银行、环保、电子商务和创新合作等领域（参见表3）。

表3　　中国—中东欧国家合作各协调机制、联合会或中心

	城市	名称	成立时间
中东欧	布达佩斯	中国—中东欧国家旅游促进机构和旅游企业联合会	2014年5月
		中东欧中医药学会联合会	2017年3月
		中国—中东欧研究院	2017年4月
		中国—中东欧中医药中心	2017年6月
		中国—中东欧银联体	2017年11月
	华沙	中国—中东欧国家联合商会	2015年12月
		中国—中东欧国家海事秘书处	2017年2月
	布拉格	中国—中东欧国家地方省州长联合会	2014年8月
	索非亚	中国—中东欧国家农业合作促进联合会	2015年6月
		中国—中东欧国家全球伙伴中心	2019年4月
	卢布尔雅那	中国—中东欧国家林业合作协调机制	2015年11月
	里加	中国—中东欧物流合作联合会	2016年5月
	布加勒斯特	中国—中东欧国家能源项目对话与合作中心	2016年10月

① 中国与欧盟及欧洲大国之间的三方合作已经在中东欧国家展开。2019年11月，中国建筑股份有限公司和中国电力建设集团有限公司承建的波黑泛欧“5C走廊”高速公路查普利纳（Capljina）段项目正式开工，工程总造价约1亿欧元，由欧洲投资银行提供融资，这是中国企业首次在波黑同欧盟开展三方合作项目。中国在保加利亚从事的代夫尼亚水泥厂项目，由意大利水泥集团投资，“中材建设”总承包，为当地提供4 000多个就业岗位。由中国路桥集团承包的佩列沙茨大桥工程是中克（克罗地亚）合作最大项目，总价估计为3.57亿欧元，该项目由欧盟“聚合政策基金”提供资金支持，也成为三方合作共赢的典范。参见刘作奎《大变局下的“中国—中东欧国家合作”》，《国际问题研究》2021年第2期。此外，2021年1月，中国、法国和塞尔维亚三方公司共同签署修建贝尔格莱德地铁协议。

续表

	城市	名称	成立时间
中东欧	布拉迪斯拉发	中国—中东欧国家虚拟技术转移中心	2016 年 11 月
	斯科普里	中国—中东欧国家文化合作协调中心	2018 年 3 月
	萨格勒布	中国—中东欧国家中小企业协调机制	2018 年 7 月
	波德戈里察	中国—中东欧国家环保合作机制	2018 年 9 月
	萨拉热窝	中国—中东欧国家兽医研究中心	2018 年 12 月
中国	天津	中国—中东欧国家高校联合会	2014 年 9 月
	北京	中国—中东欧国家智库交流与合作网络	2015 年 12 月
	苏州	中国—中东欧国家卫生合作促进联合会	2016 年 6 月
	北京	中国—中东欧国家联合商会中方理事会	2016 年 7 月
	杭州	中国—中东欧国家音乐院校联盟	2017 年 9 月
	深圳	中国—中东欧国家农产品（电商）物流中心	2018 年 5 月
	北京	中国—中东欧国家出版联盟秘书处	2018 年 8 月
	杭州	中国—中东欧国家图书馆联盟秘书处	2018 年 10 月
	北京	中国—中东欧国家全球伙伴中心（中方秘书处）	2019 年 4 月
	宁波	中国—中东欧国家海关信息中心	2021 年 4 月
		中国—中东欧国家公众健康产业联盟	2021 年 6 月
		中国—中东欧国家电子商务合作对话机制	2021 年 6 月
		中国—中东欧国家卫生和植物卫生工作组机制	2021 年 6 月
		中国—中东欧国家创新合作研究中心	2022 年 6 月

资料来源：笔者根据中国政府网、外交部官网、中国—中东欧国家合作官网以及其他相关网站整理。

第三，坚持与中欧关系相向而行的原则，在拓展中欧关系实践的同时丰富新时代中国特色大国外交的内涵。自中国—中东欧国家合作平台建立开始，中国领导人一再强调中国—中东欧国家合作同中欧关系并行不悖，前者是后者的重要组成部分和有益补充。也就是说，这一平台对中国、中东欧、欧盟三方的积极影响都是显而易见的。中国—中东欧国家合作为中东欧国家的发展注入了新的动能，为中东欧地区和国际社会提供了更多的公共产品。有学者甚至强调，中东欧国家借助该平台不仅获得了经济上的收益，在政治上也获得欧洲乃至国际社会更多关注，开展对外关系行动的能力及其发挥影响力的机会也有所提升。[①] 对于中国来讲，这一合作平台的意义也极为显著。中国与中东欧各国一道且试且行、共商共建共享，并依托该平台在全球治理和发展、贸易自由化和便利化、区域经济一体化等议题上阐明了中国立场，提出了中国主张和中国方案。中国—中东欧国家合作开创了全球化时代不同社会制度、文化传统和发展阶段的国家相互尊重、和谐相处、合作共赢的新型国际关系。[②] 中国—中东欧国家合作协调员机制和中方特别事务代表的设立 [③] 均为中国同中东欧国家乃至其他国家发展关系提供了有益借鉴。

（二）百年变局加速演进的国际环境为中国—中东欧国家合作带来诸多不利因素

第一，美国加速重返中东欧，将中东欧作为对华围堵的重要区域。中东欧尤其是“北约东翼”国家在安全上对美国高度依赖，被美国视为将安全与经济相捆绑、对华进行遏制与威慑的“样板地区”。特朗普执政后，美国加大对中东欧地区的投入，试图以安全保证捆绑经济利益，要求中东欧国家与美国一道对华施压。在“威逼利诱”下，部分中东欧国家积极向美靠拢。美国在捷克相继举行两场“5G安全峰会”，推出所谓“布拉格倡议”，并在中东欧推行“清洁网络”计划，要求中东欧国家在限制华为问题上选边站队。[④] 美国还积极支持波兰倡导的“三海倡议”，通过美国国际开发金融公司（DFC）向“三海倡议投资框架”注资，试图在“拉住”波兰的同时抗衡中国—中东欧国家合作。[⑤] 拜登政府上台后，美国在中东欧的政策

① 简军波等：《中国与中东欧合作机制：成就、挑战与前景》，复旦大学中欧关系研究中心专题报告系列第 3 期，2022 年 7 月，第 7 页。

② 吴白乙、霍玉珍、刘作奎主编：《中国—中东欧国家合作进展与评估报告（2010—2020）》，中国社会科学出版社 2020 年版，第 37 页。

③ 2015 年 4 月，中国设立外交部中国—中东欧国家合作特别事务代表。

④ U. S. Department of State, “The Clean Network”, https: //2017-2021. state. gov / the —clean-network / index. html.

⑤ “Three Seas Initiative，U. S. International Development Finance Corporation and the Three Seas Initiative Investment Fund Agree to Term Sheet for up to US $ 300 Million in Financing”, https: //3seas. eu / media / news / u-s-international-development-finance-corporation-and-the-three-seas-initiative-investment-fund-agree-to-term-sheet-for-up-to-ususd300-million-in-financing.

得以延续。此外，美国怂恿立陶宛、捷克等国政客挑动涉台问题，炒作“退出对华合作平台”等负面舆论。

第二，欧盟逐渐加大对中东欧特别是西巴尔干地区的投入。早在中国—中东欧国家合作开始初期，欧盟及主要成员国内部就弥漫着“中国分裂、挖墙脚”的不实言论。随着近年来接连遭受难民危机、英国“脱欧”、乌克兰危机的冲击，欧盟的焦虑症日益明显，疑惧域外力量挤占欧洲空间，“泛安全化”思维占据上风。①在中东欧内部，匈牙利、波兰又因“法治”等争端与欧盟不睦，西巴尔干国家更因“入盟”进程迟滞对欧盟心生怨气、若即若离。2019 年 12 月上任的新一届欧盟委员会主席冯德莱恩（Ursula von der Leyen）明确将本届欧盟委员会定义为“地缘政治委员会”，显示欧盟在西巴尔干地区抗衡域外力量“地缘影响”的目的。②概言之，欧盟对域外大国与其成员国、“入盟”进程成员建立合作关系的动向保持高度警惕，特别是对于无法掌控的合作项目，欧盟通过出台法律文件、对冲计划等举措加以应对。③近年来，欧盟加大了对中东欧成员国对华投资的审查与合规性调查，并相继提出“西巴尔干经济与投资计划”④和支持建立“共同区域市场”⑤，以规范、限制中国与中东欧国家开展合作。甚至可以说，欧盟已经将中国塑造成其在西巴尔干地区的“对手”。⑥

第三，新冠疫情暴发，特别是乌克兰危机升级使中国—中东欧国家合作的环境变得尤为复杂。新冠疫情对全球产业链的冲击使欧盟认识到经济

---

① 刘作奎：《欧盟互联互通政策的“泛安全化”及中欧合作》，《理论学刊》2022 年第 1 期。

② Politico EU, “Meet von der Leyen’s ‘Geopolitical Commission’”, December 4, 2019, https: //www. politico. eu / article / meet-ursula-von-der-leyen-geopolitical-commission/.

③ 朱晓中：《中东欧地区的大国因素：利益格局及其影响》，《当代世界》2020 年第 4 期；金玲：《中东欧国家对外经济合作中的欧盟因素分析》，《欧洲研究》2015 年第 2 期。

④ European Commission, “Western Balkans: An Economic and Investment Plan to Support the Economic Recovery and Convergence”, October 6, 2020, https: // ec. europa. eu / commission / presscorner / detail / en / IP_20_1811.

⑤ European Commission, “Common Regional Market”, https: // ec. europa. eu/ neighbourhood-enlargement / enlargement-policy / policy-highlights / common-regional-market_en.

⑥ 刘作奎：《欧盟和中国关系中的西巴尔干问题——场域理论视角下“对手”语境的形成与启示》，《欧洲研究》2021 年第 2 期。

全球化的脆弱性，从而开始增强自身产业韧性。中东欧国家距西欧主要市场较近、生产成本较低且劳动力素质较高，因此被欧盟视为构建产业链韧性的关键一环。疫情暴发后全球的“芯片荒”和乌克兰危机全面升级加剧了供应链危机，使欧盟认识到提升半导体上下游产业生产能力和供应韧性对欧盟长期竞争力的关键作用。在此背景下，欧盟希望发挥波罗的海三国、波兰、捷克等国技术和产业的相对优势，结合巴尔干国家相对低廉的生产成本和劳动力优势，构筑半导体上下游产业体系。而中东欧国家也希望借此提升自身在欧盟中的地位与核心竞争力。近年来，立陶宛、斯洛伐克和捷克一再挑动涉台问题，原因之一就是希望成为中国台湾半导体产业在中东欧投资设厂的“优先地区”，争取本国的长久竞争力，①而立陶宛更是希望结合本国激光产业传统优势与德法等下游产业合作在本国设厂，致力于构筑半导体上下游产业集群。②欧盟“战略自主”与半导体韧性、部分中东欧国家争取竞争优势的意图以及美国企图以涉台问题对华施压三重因素交织叠加，使中国在中东欧开展合作面临更多困难。同时，中东欧国家对俄罗斯立场的差异也会在一定程度上“外溢”到中国—中东欧国家合作。“北约东翼”国家长期与俄不睦，尤其是波兰、罗马尼亚和波罗的海三国因同俄罗斯的历史纠葛及同乌克兰的关系，与俄罗斯的关系更为紧张。在“援乌抗俄”成为“政治正确”的背景下，所谓“中俄联合论”“中俄共同威胁论”在部分国家仍有市场，为中国—中东欧国家合作增添一定的负面压力。

第四，中东欧各国国内政局多变，为中国—中东欧国家合作带来不稳定性。有学者研究指出，中东欧国家众多，政情复杂多变，对很多大项目

① Reuters, “Taiwan Looking at Chip Cooperation with Eastern European Nations”, November 25, 2021, https: // www. reuters. com/ technology / taiwan-looking-chip-cooperation-with-eastern-european-nations-2021-11-25. The Diplomat, “Taiwan’s Diplomatic Offensive in Eastern Europe”, February 3,2022, https: // thediplomat. com/2022 /02 / taiwans-diplomatic-offensive-in-eastern-europe/.

② Asia Times, “Lithuania Gambles Big on Laser Tech With Taiwan”, October 26, 2021, https: // asiatimes. com/2021 /10 / lithuania-gambles-big-on-laser-tech-with-taiwan. Lithuanian National Radio and Television, “Taiwan Vows Strategic Proposals for Lithuania’s Semiconductor Industry”, March 22, 2022, https: // www. lrt. lt / en / news-in-english /19 /16513 05 / taiwan-vows-strategic-proposals-for-lithuania-s-semiconductor-industry.

合作造成干扰，导致项目落地不均：政局稳定并致力于推动对华合作的国家，项目落地就多一些，反之则项目落地少一些。[①] 在中国—中东欧国家合作十年期间，匈牙利、塞尔维亚和波兰等国政局总体稳定，这些国家提升对华关系的意愿较强，开展对华合作的项目也较多。相反，在罗马尼亚、斯洛文尼亚等政府稳定性较差的国家，不仅对华合作屡受影响，对华合作还往往成为反对派借题发挥的"对象"。新冠疫情暴发后，中东欧国家政府稳定性弱的趋势明显。仅 2021 年，在中东欧地区只有阿尔巴尼亚、捷克和保加利亚 3 个国家举行大选的情况下，却有保加利亚、北马其顿、爱沙尼亚、拉脱维亚、捷克、罗马尼亚和斯洛伐克 7 个国家出现了 8 次政府更替，[②] 保加利亚更是经过 3 次大选才成立了新一届政府。在后疫情时代和乌克兰危机全面升级交织的影响下，中东欧多国政局的不确定性和对华政策的不确定性均在显著增大，这些因素无疑给推进中国—中东欧国家合作乃至中国与中东欧国家的双边关系带来实际困难。

第五，中国与中东欧国家战略需求具有不对称性。中国与中东欧国家之间没有历史遗留问题是双方开展合作的一大优势，但几乎没有一个中东欧国家在内部重大问题上需要中国站台。相反，中国在涉台、涉藏、涉疆、涉港、南海主权和人权等问题上的正义立场需要中东欧国家的支持，这种支持随着中美博弈和中欧竞争的加剧变得日益重要。[③] 退一步说，在中国与中东欧国家的务实合作领域中，恐怕也只有中国的投资仍然受中东欧国家的青睐。我们不时看到中东欧多国政客对该国同中国贸易存在巨大逆差"说三道四"，而实际上贸易政策制定者、企业主体出于欧洲市场的饱和以及欧洲内部贸易协定的要求对中国市场的兴趣度并不高。更为不利的是，"冷战"结束后的一段时期，尽管中东欧国家因涉台、涉藏等问题不时与

① 刘作奎：《大变局下的"中国—中东欧国家合作"》，《国际问题研究》2020 年第 2 期；龙静：《中国与中东欧国家关系：发展、挑战及对策》，《国际问题研究》2014 年第 5 期。

② 除了保加利亚和捷克是正常选举的政府更替外，北马其顿和爱沙尼亚是总理辞职，拉脱维亚和斯洛伐克是执政党退出政府，罗马尼亚则是一次执政党退出政府和一次不信任投票。

③ 徐刚：《中国与中东欧国家关系：新阶段、新挑战与新思路》，《现代国际关系》2015 年第 2 期。

中国发生摩擦甚至冲突，但双方并无根本利益分歧，友好合作是主基调。换句话说，中东欧国家传统上未对中国有扩展“战略空间”或“势力范围”的担忧。然而，乌克兰危机的全面升级从系统上改变了中东欧地区的安全结构。美国很有可能会利用中东欧国家对安全的迫切需求以及双边的不对称依赖关系来胁迫有关国家在对华政策上与美国步调一致。[①] 随着中国国际地位的提升，特别是美欧对华遏制加剧，中东欧国家被迫将自身绑上所谓美欧“对华战略”的战车上。

三　对中国—中东欧国家合作新征程的思考

在百年未有之大变局加速演进的背景下，中国—中东欧国家合作将踏上新的征程，开启下一个新时代。为助力中国—中东欧国家合作行稳致远，中国应坚定不移地推进务实合作和精准合作，使合作成果惠及不同国家、不同人群，构建中国—中东欧国家合作的利益共同体。

（一）坚持共商共建共享原则，做好新征程的顶层规划

十年的合作实践表明，中国—中东欧国家合作取得的成就喜人，获得的经验丰富。同时，国际环境的变化也给中国—中东欧国家合作带来了巨大挑战。在新的征程上，中国—中东欧国家合作应扬长避短，继续利用并推广好的经验，克服甚至消除不利因素。对于中方来说，加强顶层设计和统筹规划尤为重要。未来我们要将中国—中东欧国家合作置于百年变局的复杂国际环境中、中欧关系的大框架内以及中美博弈的背景下进行规划，既不因小失大，也不以小博大。此外，中国—中东欧国家合作的意义已经不仅仅局限于国家层面双边关系的发展，而是要塑造成为中国与发展中国家、中国与中小型国家、中国与现有国际和地区机制内成员国合作的范

① 王弘毅：《中东欧地区大国博弈新态势——兼论中国—中东欧国家合作面临的挑战与机遇》，《国际展望》2022 年第 2 期。

例。[①] 而最根本的问题是，中国—中东欧国家合作应与新时代中国特色大国外交的实践、构建人类命运共同体的理念相契合。在国际环境的变化日益侵蚀中国—中东欧国家合作的基础时，应慎重研究中国—中东欧国家合作平台以各方均可接受的方式“转型”。

（二）扎根务实合作和精准合作，最大程度增加参与各方的获得感

首先，实事求是做好总结，认认真真开展研究。中国与中东欧各国一道总结十年来各国政府、企业以及民众通过参与中国—中东欧国家合作获得的实在好处和存在的显著问题，科学分析后疫情时代各国经济社会发展背景下对华合作的重点需求和拓展领域。其次，注重各参与方的“供需关联”，提升各方的获得感和舒适感。注重提供人性化、民生类公共产品，兼顾互联互通的“硬软平衡”。突出卫生应急、传染病防治、医疗科技研发、重大自然灾害应对、人工智能、数字技术、半导体技术和电子商务等领域的交流与合作。有效回应中东欧国家关切的“多瑙河倡议”“黑海发展战略”等区域合作规划，照顾中东欧国家的差异化诉求。[②] 大力推进地方合作和第三方市场合作。最后，要突出强调各类合作平台的精细化、集中化。平台机制应把握“活动务实、专家主导、慎重新设、逐步强大”的原则。吸纳更多专家参与各层次、各协调机制的对话，积极发挥“二轨外交”的作用。广开言路，充分发扬专家意见、专业精神，从“多而全”逐步转向“少而强”。

（三）注重人文交流与民心相通，夯实合作的民意基础

国之交在于民相亲，民相亲在于心相通。换言之，国家之间的交往和友好虽不完全由普通百姓推动，但主要由百姓感知。众所周知，中东欧国家政局多变对中国—中东欧国家合作产生不利影响。这就要求推动中国—中东欧国家合作或者发展同任一中东欧国家的关系时重视民意基础、筑牢社会根基。中国应积极学习欧美国家的经验，构建“政府引导，社会（含

---

① 龙静：《中国与中东欧国家关系：发展、挑战及对策》，《国际问题研究》2014 年第 5 期。

② 鞠豪：《浅谈“16 + 1 合作”的影响因素》，《欧亚经济》2019 年第 3 期。

企业)为主”的对欧人文交流新格局，加强民间友好往来，在厚植民意基础上多下功夫。[①]下一步，可以探索成立副总理级别的中国—中东欧国家合作人文交流机制，涵盖和统领已有的(并不再新建)文化、艺术、教育、出版、体育、媒体、智库等各中心或联合会，设置人文交流年度主题，推动政府、社会组织、民间力量、华侨华人等广泛参与，使其成为新时代中国—中东欧国家合作的重要抓手。

(四)坚持创新保持旺盛生命力，不断探索合作的新领域和新业态

创新是事物发展进步的动力和源泉。中国—中东欧国家合作的重要经验之一就是通过创新不断成长。然而，在新的征程上、在已经取得显著成绩的基础上，创新的难度的确有所增加。这就要求：第一，创新的方式需要调整。例如，如何切实解决因疫情影响面对面交往减少的缺憾，如何将政策文件、合作协议真正有效落地，等等。第二，创新不能回避问题。在过去十年间中国—中东欧国家合作遇到的困难和障碍需要通过创新方式来面对并解决。例如，贸易领域的逆差问题，投资领域的“债务陷阱论”的指责，基础设施建设中的环保压力，等等。第三，重点关注创新合作的方式、内容和主体。中国与中东欧国家既要利用现有机制、平台和政策加强并推动科技创新领域的合作，[②]又应抓住新发展理念下的新业态、新领域合作，还需要激发以城市为核心的地方层面的创新合作以及中小企业和民营企业在创新合作中的主体地位。[③]

---

① 刘作奎：《大变局下的“中国—中东欧国家合作”》，《国际问题研究》2020年第2期。

② 高扬等：《我国与中东欧国家科研合作态势研究》，《世界科技研究与发展》2022年第3期。

③ 龙静：《中国与中东欧国家在“一带一路”上的创新合作》，《欧亚经济》2020年第4期。

A Ten-Year Cooperation between China and CEE Countries: Evaluation and Reflection

Xu Gang　Yang Bowen

Abstract: Over the past ten years, the platform for the cooperation between China and countries in Central and Eastern Europe has become an essential component of China–EU relations and a paradigm for transregional cooperation as 2022 is the tenth anniversary of the commencement of cooperation between China and CEE countries. The cooperation is facing unprecedented challenges and difficulties as the world is changing at a more rapid pace due to the intensifying China–US and China–Europe competition, and in particular the impact of the COVID–19 pandemic and the escalating Ukraine crisis. It is advisable for China to boost pragmatic and specifically targeted cooperation in the interest of diverse nations and groups of people, and to establish a community of shared interests for China–CEE cooperation in the new area in order to facilitate their cooperation and meet long–run objectives.

Keywords: China–CEE Cooperation; Transregional Cooperation; Centennial Change; A Community of Shared Interests

中俄口岸园区平台经济转型发展

——以绥芬河为例

刘雪野[①]

【摘要】1992年，中国实施沿边开放战略，黑龙江省绥芬河市成为首批沿边开放城市之一。经历30多年发展变迁，绥芬河口岸园区的数量、规模、功能、业态发生显著变化，实现了从传统贸易向平台经济转型发展。具体而言，绥芬河口岸园区已搭建较完备的电子商务及相关服务平台、金融服务平台、跨境物流平台以及其他特色平台，其中尤以跨境电商为主要特色。平台经济与口岸园区深度融合，各平台之间、平台与园区之间建立起互联互通的信息共享机制。中俄口岸园区平台经济转型发展受多重因素影响：一是数字经济引领平台经济发展；二是传统园区发展过程中遭遇的限制性因素促使口岸园区寻求新业态；三是新冠疫情推动并加速平台经济发展；四是乌克兰危机等地缘政治事件客观上丰富并重构平台经济转型发展内涵。

【关键词】中俄口岸园区；绥芬河；平台经济；电子商务；跨境电商

2022年是中国实施沿边开放战略30周年。1992年，国务院批准黑龙江省绥芬河市为首批沿边开放城市之一。绥芬河地处东北亚经济圈中心地带，西距哈尔滨460千米，东距俄罗斯符拉迪沃斯托克190千米，是中国

① 刘雪野，中国社会科学院俄罗斯东欧中亚研究所博士后。

参与东北亚国际分工的桥梁纽带，也是中蒙俄经济走廊和俄远东大开发战略对接的节点城市。[①] 30多年来，特别在共建“一带一路”倡议下，绥芬河积极辟建园区，开展对俄经贸合作。口岸园区[②]是中国沿边开放的重要载体，具有得天独厚的地缘优势和政策带来的洼地效应。回顾绥芬河开放历史，其口岸园区的数量、规模以及功能、业态都发生了巨大变化。

一 绥芬河口岸园区及业态发展变迁

20世纪80年代，中苏关系逐渐正常化。1987年，国家赋予绥芬河直接对苏贸易权，原则上同意两国边民开展一次性等值易货贸易。[③]边民易货成为当时边贸主要形式，一批往返于两国边境的“国际倒爷”成为那个时代生动的写照。这种贸易形式不仅零散，而且缺乏监管。1988年，黑龙江省批准绥芬河为通贸兴边试验区，开创了出境种植蔬菜的先河。[④]通贸兴边试验区依然以边民易货为主。

1992年，绥芬河成为国家首批沿边开放城市，同年获批国家级边境经济合作区，实现了从省级园区向国家级园区的跨越。数年间，这里先后辟建多个国家级园区，经营形式从易货贸易向现汇贸易、加工贸易、互市贸易、旅游贸易、线上贸易发展。[⑤]园区辟建思路大体呈现出由依托地缘到政策导向再到创新业态几个发展阶段。

（一）依托地缘阶段

20世纪90年代国家实施沿边开放战略之初，绥芬河主要依托沿边、

① 《基本市情》，绥芬河市人民政府，http://www.suifenhe.gov.cn/channels/129.html。

② 本文“口岸”代指口岸城市，“口岸园区”指在口岸城市划定的园区。

③ 绥芬河市档案局编：《绥芬河市志（1989—2005）》，黑龙江人民出版社2014年版，第187页。

④ 金双燕、杜怀宇：《绥芬河 小乡镇变身国际商旅都市》，《黑龙江日报》2018年7月2日。

⑤ 绥芬河市档案局编：《绥芬河市志（1989—2005）》，黑龙江人民出版社2014年版，第187页。

口岸等地缘优势辟建园区。这一时期园区规模较小，带有一定尝试性。比较有代表性的园区包括绥芬河边境经济合作区、中俄绥芬河互市贸易区（绥—波贸易综合体）。

绥芬河边境经济合作区于1992年由国务院特区办公室批复设立。经济合作区初期规划面积为5平方千米，2011年规划扩建至16.5平方千米。截至2012年年底，已有300余家企业进驻园区，涵盖木材加工、IT、服装、食品、现代服务业5项基础产业。[①]园区利用“境内境外两种资源、两个市场”的沿边优势以及绥芬河作为俄罗斯进口木材最大集散地的优势，以木材、食品、建材、机电、家电、电子产品和轻工产品为导向，发展精深加工和终端产品，打造面向全国的对俄进出口加工基地。[②]

而今，该园区仍以进出口贸易和加工为牵动，以产业项目为依托，同时吸引电商产业链上下游企业入驻，加强国家电子商务基地建设，打造黑龙江省对外开放先导区、政策试验区、产业示范区。

1997年，黑龙江省人民政府批准设立中俄绥芬河互市贸易区。1999年，中俄两国政府就互市贸易区办理外交换文确认。2002年，黑龙江省人民政府与俄罗斯滨海边疆区签订协议，决定在绥芬河—波格拉尼奇内边境线上建设面积为4.53平方千米（中方为1.53平方千米，俄方为3平方千米）的贸易综合体。2004年，绥芬河互市贸易区更名为绥—波贸易综合体，[③]区内实行双向开放、无障碍通道联结、结构互补、功能对接，是集贸易、物流、现代工业、商务、会展、休闲娱乐、旅游等多种功能为一体的综合性贸易区。[④]该园区原计划分两期完成，一期工程包括在中方一侧建国际

---

① 姜毅等：《中俄边境口岸研究》，中国社会科学出版社2018年版，第93页。

② 《绥芬河边境经济合作区扩区建设纪实》，中国产业经济信息网，2013年1月10日，http://www.cinic.org.cn/xy/hlj/106269.html。

③ 早在20世纪90年代，绥芬河就计划与俄罗斯滨海边疆区波格拉尼奇内共建互市贸易区。2002年，中俄两国签署协议共建跨境园区。中方习惯称之为“绥芬河互市贸易区”，俄方文件表述为“绥—波贸易综合体”。为减少歧义，绥芬河市一度将园区更名为“绥—波贸易综合体”。随着园区发展，贸易综合体构想并未得到很好落实，反而是互市贸易成果突出。如今，该园区官方表述为“绥芬河互市贸易区”。

④ 绥芬河市档案局编：《绥芬河市志（1989—2005）》，黑龙江人民出版社2014年版，第235页。

会展中心、商务会议酒店、东方风情街、物流加工产业区等，在俄方境内建商务办公区、金融中心、主题公园、酒店、俄罗斯风情街、度假村、滑雪场等。[①] 但实际上，一期工程只有中方一侧的国际会展中心和商务会议酒店投入运营，俄方一侧进展十分缓慢。二期工程没有启动。绥—波贸易综合体的构想与现实相去甚远，互市贸易却有序开展。

2011 年，园区设立边民互市贸易点，进口商品价值在 8000 元人民币以下的可免征进口关税和进口环节增值税。近年来，互市商品进口国扩展至十余个国家，实现了从俄罗斯以外国家进口互市商品的突破。现有公路、铁路两个互市贸易点，从进口商品结构来看，铁路互贸点主要进口面粉、亚麻籽、葵花籽等大宗农副产品，公路互市贸易点主要进口预包装食品、糖果等商品。2020 年 1—10 月，绥芬河口岸互市贸易进口货运量为 10.76 万吨，同比增长 167%；进口交易额为 5.14 亿元人民币，同比增长 12.97%，约占黑龙江省进口交易总额的 80%；参加互市贸易的边民达到 24.8 万人次，同比增长 36.1%。[②]

（二）政策导向阶段

进入 21 世纪，绥芬河口岸园区在依托地缘基础向倚重政策过渡，在开放深度和广度上有所突破。通过政策导向形成洼地效应。例如，绥芬河综合保税区的保税政策，绥芬河—东宁重点开发开放试验区的先行先试功能等有利于吸引产业集聚。

2009 年，国务院批准设立绥芬河综合保税区，规划控制面积 1.8 平方千米，2010 年正式封关运营，是当时中俄边境唯一的综合保税区。绥芬河综合保税区是设立在内陆地区具有保税港区功能的海关特殊监管区域，实行封闭管理，具有对外口岸开放、保税物流、保税出口加工、国际贸易、

① 《中俄绥芬河互市贸易区运营》，《中国日报》2014 年 1 月 11 日，http://www.chinadaily.com.cn/dfpd/hlj/bwzg/2011-08/26/content_13200584.htm。

② 《绥芬河互贸区近期工作进展情况》，牡丹江市人民政府，2020 年 11 月 11 日，http://zwgk.mdj.gov.cn/bmxxgk/swj/202012/t20201210_311105.html。

国际中转、国际配送、国际采购分销等功能。具体而言，保税政策体现在以下几个方面：国外货物入区保税，货物出区进入国内销售按进口报关和征税；国内货物进区视同出口，实行退税；区内企业间交易不征增值税和消费税；[①]区内货物不设存储期限等。综保区还享有外汇优惠政策，区内企业可开设经常项目外汇账户和资本项目外汇专用账户，不实行外汇核销，企业外汇收入可全额留存，外商投资者的利润、股息、红利可汇出境外。[②]特殊政策驱动下，园区还有聚集企业和政策示范作用。[③]2021 年，绥芬河综保区进出口总额为 31.84 亿元人民币，同比增长 83.3%，黑龙江省综合保税区发展处于高速增长阶段。[④]

2013 年“一带一路”倡议提出后，中俄口岸园区向更广更深层次迈进。同年，绥芬河被国务院批准为中国首个卢布现钞使用试点市。俄罗斯公民可免签进入绥芬河市并停留长达 15 天。[⑤]2016 年，国务院批复建立绥芬河—东宁重点开发开放试验区，包括绥芬河市全境、东宁市东宁镇、绥阳镇、三岔口镇部分区域，面积为 1284 平方千米，边境线长 166 千米。绥芬河重点建设对俄金融中心、商贸服务基地、国际旅游会展中心、对俄跨境电商物流仓储中心和跨国投资服务中心，形成国际商贸集聚核心区。试验区享受诸多利好政策，如连续 5 年享受国家财政每年 1 亿元转移支付资金，享受《关于支持沿边重点地区开发开放若干政策措施的意见》（国发〔2015〕72 号）中给予重点开发开放试验区的优惠政策，可获得黑龙江省政策和资金方面支持，最为重要的是获得先行先试发展机遇。绥芬河可以在体制创新和制度设计上先行先试；在对外合作实施人员、资金、交易、投资、运输便利化上先行先试；在投融资体制上先行先试；在区域经济一

① 刘伟：《黑龙江绥芬河综合保税区》，《黑龙江日报》2009 年 4 月 29 日。

② 姜毅等：《中俄边境口岸研究》，中国社会科学出版社 2018 年版，第 94 页。

③ 《绥芬河保税区》，东北网，2016 年 9 月 9 日，https://heilongjiang.dbw.cn/system/2016/09/09/057371571.shtml。

④ 《哈尔滨海关多项支持措施推动综合保税区高水平开放高质量发展》，人民网，2022 年 5 月 18 日，http://hlj.people.com.cn/n2/2022/0518/c220024-35274707.html。

⑤ Власти КНР разрешили свободное хождение рубля в городе Суйфэньхэ, https://ria.ru/20131209/982857610.html?ysclid=ldy7u67wup103420807.

体化的合作上先行先试；在对东北亚地区乃至对欧美、北美区域合作上先行先试。①

（三）创新业态阶段

随着数字经济发展，绥芬河口岸园区出现平台经济转型趋势。2014年，绥芬河获批跨境贸易电子商务试点城市。2015年，边境经济合作区获批成为国家电子商务示范基地。2019年，国务院正式批复设立中国（黑龙江）自由贸易试验区②和中国（绥芬河）跨境电子商务综合试验区。创新业态成为推动口岸园区贸易转型和产业升级的新动力。

自由贸易试验区绥芬河片区（以下简称“绥芬河自贸片区”）占地19.99平方千米，涵盖边境经济合作区、互市贸易区、综合保税区等国家级功能区，具有上述园区功能和政策叠加优势。园区重点发展木材、粮食、清洁能源等进口加工业和商贸金融、现代物流等服务业，探索离岸贸易、离岸金融等新兴服务贸易，建设商品进出口储运加工集散中心和面向国际陆海通道的国家物流枢纽，“打造沿边地区营商环境优良、贸易投资便利、高端产业集聚、服务体系完善、监管安全高效的高标准高质量自由贸易试验区”。③推动贸易转型升级，培育新业态是其主要任务之一。自黑龙江自由贸易试验区成立以来，中俄电子商务稳步发展，④政务服务也实现平台化转型。平台经济已有机融入自由贸易试验区。

2020年，跨境电商综合试验区正式揭牌并常态化运营。综合试验区覆盖绥芬河市全域，依托上述诸园区，以国外商品、木材、能源、轻纺和农产品为产业基础，以信息共享、现代物流、网红经济、双创孵化、供应

---

① 李雅文、杜怀宇：《利好政策集聚 口岸发展添翼》，《黑龙江日报》2017年2月10日。

② 包括哈尔滨片区、黑河片区、绥芬河片区。

③《中国（黑龙江）自由贸易试验区绥芬河片区》，绥芬河市人民政府，2020年5月2日，http://www.suifenhe.gov.cn/SpecialReports/contents/3868/82241.html；《绥芬河片区简介》，中国（黑龙江）自由贸易试验区，http://ftz.hlj.gov.cn/suifenhe.html。

④ Трансграничная электронная коммерция стимулирует торговлю между КНР и РФ, https://ria.ru/20201121/torgovlya-1585649634.html?ysclid=ldg1rdqykr707969421.

链、融资等为服务保障，加强电商产业与传统实体经济的紧密融合互动，推动绥芬河口岸园区由传统业态向平台经济转型。[①] 绥芬河口岸园区将综合服务平台、跨境电商平台、金融平台、物流平台等作为重点建设对象，建立线上交易、线上监管、线上服务、线下支撑的跨境电子商务体系，打造贸易投资便利、政府服务高效、环境宽松有序的对俄及东北亚跨境电子商务运营中心、物流中心、金融中心和创新中心。[②]

从沿边开放之初的易货贸易到如今的平台经济，30 年巨变揭示了口岸园区发展的内在逻辑：从依靠地缘到倚重政策再到创新业态。不同发展阶段之间并无明显壁垒，而是循序渐进，层层深入，体现了开放程度由浅到深、质量由低到高的发展规律。中俄口岸园区平台经济转型是数字经济时代发展之必然，也是中国扩大沿边开放、深化东北亚区域合作、高质量共建“一带一路”的应有之义。

二　绥芬河口岸园区平台经济转型发展的内容与主要特点

平台经济是一种基于数字技术，由数据驱动、平台支撑、网络协同的经济活动单元所构成的新经济系统，也是基于数字平台的各种经济关系的总称。作为日趋成熟的新业态，平台经济在零售、出行、物流、金融等领域取得广泛发展。[③]

自 1994 年中国接入互联网以来，平台经济先后经历了探索阶段（1994—1997 年）、起步阶段（1998—2007 年）、爆发式增长阶段（2008—2015 年）、竞争加剧阶段（2016—2019 年）以及后疫情时代全面治理（2020 年以后）

---

① 《中国（绥芬河）跨境电子商务综合试验区线上揭牌》，黑龙江新闻网，2020 年 5 月 29 日，http://www.hljnews.cn/article/264/173274.html。

② 《中国（绥芬河）跨境电子商务综合试验区实施方案》，黑龙江省人民政府，https://zwgk.hlj.gov.cn/zwgk/publicInfo/detail?id=448040。

③ 赵昌文：《高度重视平台经济健康发展》，《学习时报》2019 年 8 月 14 日。

5个阶段。[①] 绥芬河地处东北边陲，并未立于平台经济转型潮头。但2013—2016年，绥芬河连续四年登上阿里巴巴研究中心发布的“中国电子商务百佳县”榜单。尤其是2015年前后，绥芬河口岸园区跨境电商平台呈井喷式发展，成立了多家有代表性的电商平台。绥芬河口岸园区平台经济转型发展内容包括以下四个方面。

（一）电子商务及相关服务平台

发展跨境电商，建立和完善跨境电子商务平台是绥芬河口岸园区平台经济转型发展的重点。2019年年底，绥芬河市印发《绥芬河市电子商务产业发展规划》，明确“一港、一园、五主体”的电商发展格局。“一港”是指打造中俄绥芬河信息港，汇集中俄动态、货币汇率、展博信息、项目申报、对接洽谈、法律服务、合作信息、平台链接等综合性信息服务平台。“一园”即打造跨境电商产业园，集聚全市电商企业、微商个体等电商主体进驻产业园，同时吸引软件开发、媒体服务、物流配送、人力资源、营销推广、电子支付等电商服务企业入驻，逐步建立产业园上下游电商产业链。“五主体”是指围绕中俄易购、木业交易、纺织设计、会展服务、医疗服务五大重点产业，推动其实现平台化转型。目前，绥芬河口岸园区已自建9个电商及电商服务平台（参见表1）。

表1　绥芬河口岸园区自建电商平台

平台类型	平台名称	业务功能
电商服务类	跨境电商通关服务、企业综合服务、公共服务平台	为跨境电商出口企业提供物流、报关等全流程服务
	黑龙江跨境电子商务综合服务平台	为跨境电商进口企业提供保税进口通关服务
	中俄信息港平台	集电商交易、跨境电商通关服务、信息发布、供应链服务等功能于一体的综合性政府公共服务平台

① 北京大学平台经济创新与治理课题组：《平台经济：创新、治理与繁荣》，中信出版社2022年版，第7页。

续表

平台类型	平台名称	业务功能
网上销售类	“俄优选”	对俄销售中国服装、鞋帽等产品
	智慧园俄货批发城	面向国内市场销售俄罗斯商品
	青云超市微商城	服务绥芬河本地超市商品的线上销售、线下配送
	幸福边城	服务绥芬河本地餐饮及商品的线上销售、同城配送
	绥芬河中俄交易平台	木材等大宗商品交易
网上展销类	阿拉丁跨境电商平台	跨境电商展销平台，开展中国、蒙古国、俄罗斯三国跨境电商销售业务

资料来源：《绥芬河市电子商务产业发展规划》，绥芬河市人民政府，2019年12月6日，http://www.suifenhe.gov.cn/zfxxgk/contents/4444/116609.html。

除绥芬河联合科技企业自建平台外，还有多家颇具规模的本地民营平台、外来平台，其业务模式以 B2C① 为主（参见表 2）。

表 2　　绥芬河部分颇具规模的本地民营平台及外来平台

平台名称	主要模式	功能定位及主营业务
“俄商汇”	B2B2C	1. 俄货一站式批发、销售平台 2. 从事进口贸易，包括俄罗斯食品、生鲜、茶饮、酒类、营养保健品、琥珀玉石等
绥芬河购物网	B2C	1. 融订单、支付、物流于一体的对俄跨境电子商务网站 2. 从事进出口业务，主营数码产品、母婴用品、玩具、服装、体育用品批发零售等
“绥易通”	B2C	1. 集跨境结算、金融服务、海关清关、仓储物流、市场推广功能为一体的一站式综合跨境电商服务平台 2. 从事零售和小规模批发进出口业务，包括电器、服装、体育用品、汽车配件等
“俄品汇”	B2C	1. 俄罗斯商品一站式代购、俄罗斯商品直销、线上线下双管营销平台 2. 从事进口业务，主营化妆品、针织纺织品、服装、日用品、工艺品、玉器、食品等

资料来源：笔者根据网络公开资料整理。

① B2C（Business to Consumer），指商家直接向消费者提供产品和服务的零售模式。B2B（Business to Business），指商家对商家的业务模式。不同企业利用专用网络来交换、传递数据信息，展开交易。B2B2C（Business to Business to Consumer），兼具上述两种模式。参见农家庆《跨境电商：平台规则 + 采购物流 + 通关合规全案》，清华大学出版社 2020 年版，第 2–3 页。

2022年，绥芬河综合保税区正式开通跨境电商零售出口业务。综合保税区成为黑龙江省首个实现跨境电商进出口业务全覆盖的海关特殊监管区域。此业务开通后，综合保税区内企业无须经他地通关，不仅使物流成本降低了30%—40%，而且极大地缩短了通关时间，促进跨境电商蓬勃发展。①

（二）金融平台

金融平台是提供或赋能金融服务的平台型互联网科技企业或金融机构。作为数字技术、平台和金融业务的综合体，金融平台能降低服务成本，扩大服务范围，促进产品和业务创新，支持实体经济发展。② 就绥芬河口岸园区而言，金融平台的作用一是协助小微企业融资，二是实现跨境支付结算。

绥芬河口岸园区以中小微企业为主，企业数量多、规模小，缺乏信用风险评估资质，融资困难。平台经济汇集中小微企业，形成长尾效应，实现规模经济。同时，金融平台利用大数据作为信用风险评估依据，发展普惠金融。绥芬河市金融服务中心联合多家本地金融机构，打造了绥芬河自贸片区线上金融超市。线上金融超市系公益性综合服务平台，包含政银企信息沟通、交易撮合、信用评估、融资担保、线上放贷等业务。自2022年8月揭牌以来，线上金融超市接受了100余家企业的咨询，对接意向贷款1.6亿元人民币，平台累计浏览量达10万余人次。截至2022年9月，线上金融超市已入驻各类金融机构41家，推出金融产品160款。③

金融平台的另一功能是跨境支付结算。为此，绥芬河开通"关银一key通"系统，将银行网银系统和国际贸易单一窗口系统相连接，为企业

---

① 《绥芬河综保区开通跨境电商零售出口业务》，澎湃新闻，2022年8月2日，https://www.thepaper.cn/newsDetail_forward_19280093。

② 北京大学平台经济创新与治理课题组：《平台经济：创新、治理与繁荣》，中信出版社2022年版，第201-202页。

③ 《打造金融超市服务千企万户》，绥芬河市人民政府，2022年9月27日，http://www.suifenhe.gov.cn/contents/1961/129318.html。

提供24小时货物报关、缴纳税费、金融服务，一站式满足企业“口岸入网＋线上金融”的综合业务需求。目前已签约15家企业，进出口跨境结算1500万美元。创新“单一窗口”跨境付汇业务，实现了商业银行、贸易企业与海关、税务等部门之间全程电子化单据的数据共享，推动企业结售汇从线下向线上转型，提升口岸银行外汇管理服务实体经济的能力和水平。①

（三）物流平台

绥芬河市居于东北亚经济圈中心，被誉为连接东北亚和走向亚太的“黄金通道”。②该地区已形成集公路、铁路、航空、境外港口于一体的现代化立体式交通网络，还是中欧班列东部通道铁路口岸之一。整合存量交通基础设施，建立完善跨境物流集疏运平台，与电商平台及海外仓、政府公共服务平台互联互通，无疑是口岸园区平台经济转型的重要环节。

绥芬河物流平台建设与黑龙江省物流智慧化升级相辅相成。黑龙江省目前有“俄运通”中俄物流平台、“俄e邮”跨境电商一网通平台、“运易达”物流协同可视化平台、中俄跨境电商物流一站式服务平台、食品溯源管理数据平台等跨境物流平台。③跨境物流通常服务于跨境电商，绥芬河市诸多跨境电商和综合服务平台兼具跨境物流平台功能。坐落于绥芬河边境经济合作区的“中俄云仓”是借助云计算及物联网技术，将中国和俄罗斯产品供应商、制造商、分销商、物流商、金融机构等进行整合的供应链平台。同时，“中俄云仓”也是智能仓储物流系统，具备对跨境电商物流的监管和担保功能。2018年，国家发展和改革委员会牵头印发《国家物流枢纽布局和建设规划》，规划在绥芬河—东宁建设陆上边境口岸型国家物流枢纽。2022年，绥芬河—东宁入选国家物流枢纽建设名单。该物流枢

---

① 杜怀宇：《绥芬河自贸片区构建一区引领多区联动协同发展新格局》，《黑龙江日报》2022年9月29日。

② 《基本市情》，绥芬河市人民政府，http://www.suifenhe.gov.cn/channels/129.html。

③ 王常君：《后疫情时代“新基建”赋能黑龙江省对俄跨境电商发展的路径选择》，《中国经贸导刊》2021年第14期。

纽以绥芬河国际口岸枢纽区为主，东宁、绥阳等枢纽区为辅，涵盖绥芬河诸口岸园区，并辐射境外园区，可实现境内功能区、境外园区与海外仓联动，推动跨境物流平台向更高水平发展。[①]

（四）其他特色平台

围绕公共服务、会展、旅游医养等内容，绥芬河市打造具有当地特色的“智慧城市 App”系列平台，包括“绥意办”“绥易展”“绥医养”“绥意游”等。

“绥意办”是绥芬河自贸片区打造的综合服务终端窗口。平台包含企业审批、政府办事和各类生活服务等 30 多项功能。政府和公共服务部门在平台内并联办公，极大程度地简化手续、提高效率、节约成本。“绥易展”是以龙江云展会平台为依托，借“第八届中国（绥芬河）国际口岸贸易博览会”[②]开幕之际推出的会展平台。平台铺设“云展示”“云会议”“云招商”“云直播”“云签约”等线上通道，搭建沉浸式数字展厅，展示了来自 45 个国家的 2000 家企业、涉及 15 个行业 7000 余种展品，打造永不落幕的线上“绥博会”。[③] 2019 年，绥芬河市人民医院获批国家中医药服务出口基地。借此，绥芬河市创建了对俄特色医疗旅游服务模式，开发中药熏蒸、中药汤剂、中药敷贴等中医特色医疗产品。同时培育中医药服务出口新业态，为俄罗斯患者提供远程医疗等服务。“绥医养”即是此类网络医疗平台。[④]围绕旅游产业，“绥意游”为游客提供旅游资讯、景区导览服务，为景区和管理部门提供大数据分析。

---

① 陈铁峰、杜怀宇：《2022 年国家物流枢纽建设名单公布绥芬河—东宁口岸枢纽入选》，《黑龙江日报》2022 年 11 月 29 日。

② 简称“绥博会”，是中国与俄罗斯以及其他国家开展经贸合作的重要窗口，旨在促进国内外企业展示展销、信息交流与投资洽谈。2022 年 8 月，第八届绥博会开幕，“绥易展”平台上线。

③ 《参展逛展零距离绥易展平台 8 月 8 日上线》，绥芬河市人民政府，2022 年 8 月 4 日，https://www.suifenhe.gov.cn/contents/1961/127645.html。

④ 杜怀宇：《自贸试验区绥芬河片区 贸易赋能产业经济 构建特色口岸新格局》，《黑龙江日报》2021 年 12 月 14 日。

结合绥芬河平台经济转型发展内容，可发现以下四个主要特点。

第一，以跨境电商为主要特色。绥芬河市具有得天独厚的地缘和政策优势，且积累了30年对俄经贸实践经验。跨境电商无疑是其平台经济转型发展的重点。其他平台很大程度上是为跨境电商服务。

第二，平台经济与口岸园区融合发展。园区内平台企业天然享受园区特有的利企政策。园区是平台企业载体，也是部分平台的创造者。例如，电商平台“俄商汇”在综合保税区内运营，享受其保税政策。而综合保税区根据自身需要，打造了提供保税业务服务的黑龙江跨境电子商务综合服务平台。再如，“绥意办”App是绥芬河自贸片区打造的综合服务平台，并入选第五批省级创新实践案例。

第三，各平台之间、平台与园区之间互联互通。由于绥芬河市平台经济总体围绕跨境电商展开，电商平台与电商服务平台、金融平台、物流平台等建立起信息共享机制，并逐步实现海关、边检、银行、边境经济合作区、综合保税区等部门互联互通。①

第四，平台经济以中小平台为主，跨境电商以小规模批发零售和传统产业为主。绥芬河口岸园区电商平台汇集的多为中小微企业，经营模式以B2C零售为主，经营内容多为食品和轻工产品等小宗商品。大宗商品交易依然以传统木材产业为主，缺乏产业链长、附加值高的大宗商品出口。

三 中俄口岸园区平台经济转型发展影响因素

在以数字技术为引擎的第四次工业革命浪潮下，数字经济崛起。作为数字经济组成部分的平台经济已是大势所趋，但具体到中俄口岸园区平台经济转型发展的影响因素，仍需多方面考察。

① 参见《绥芬河市电子商务产业发展规划（2019—2021）》，绥芬河市人民政府，2019年12月6日，http://www.suifenhe.gov.cn/zfxxgk/contents/4444/116609.html。

（一）数字经济引领平台经济发展

数字经济是“使用数字化的知识和信息作为关键生产要素、以现代信息网络作为重要载体、以信息通信技术的有效使用作为效率提升和经济结构优化的重要推动力的一系列经济活动”。[①]数字经济包括数字产业化和产业数字化。数字产业化是指打通信息技术从原理发现到技术应用、产品和服务开发到市场运作再到经济融合的链条。产业数字化指利用数字技术和数据资源为传统产业赋能，将数字技术与实体经济结合，实现增产提效。[②]平台经济是数字经济的重要组成部分。平台经济所依赖的大数据、云计算、区块链等数字技术属于数字产业化，而平台经济赋能传统产业，则属于产业数字化。

数字经济作为创新经济增长的强劲动力，受到各国政府高度重视。2016年G20杭州峰会上，中国提出将发展数字经济作为创新增长方式的主要路径。2017年政府工作报告将加快培育壮大新兴产业，“推动‘互联网+’深入发展、促进数字经济加快成长”作为重点工作任务。[③]2022年，党的二十大报告再次将“加快发展数字经济，促进数字经济和实体经济深度融合，打造具有国际竞争力的数字产业集群”作为建设现代化产业体系的一部分，明确了其在“加快构建新发展格局，着力推动高质量发展”中的作用。2016年，俄罗斯总统普京在国情咨文中提议启动大型系统项目发展数字经济[④]。2017年在圣彼得堡经济论坛上普京着重提到，加强俄罗斯在数字经济领域的人力、智力和技术优势，其中包括提升全民数字素养，以

① 《二十国集团数字经济发展与合作倡议》，中华人民共和国国家互联网新闻办公室，2016年9月29日，http://www.cac.gov.cn/2016-09/29/c_1119648520.htm。

② 刘军梅、谢霓裳：《国际比较视角下的中国制造业数字化转型——基于中美德日的对比分析》，《复旦学报》2022年第3期。

③ 《2017年政府工作报告》，中华人民共和国中央人民政府，http://www.gov.cn/guowuyuan/2017zfgzbg.htm。

④ Послание президента РФ Владимира Путина Федеральному Собранию, https://rg.ru/2016/12/01/poslanie-stenogramma.html?ysclid=lacp3pwjyv34020349.

及建设数字经济基础设施。[①] 同年7月，数字经济被列入《2018—2025年俄罗斯联邦主要战略发展方向目录》并编制完成《俄罗斯联邦数字经济规划》。[②]2021年，在中俄数字经济示范项目框架内，两国相关机构共同举办中俄数字经济高峰论坛，旨在搭建数字经济领域合作高端平台。[③] 中俄两国高度重视数字经济，并展开密切合作，为口岸园区发展平台经济提供了动力和坚实基础。

（二）传统园区受阻促使寻求新业态

中俄口岸园区发展至今，虽成绩斐然，但也并非一帆风顺。尤其是在跨境园区的探索过程中，绥芬河口岸的许多计划均未能如愿落实。其中的阻碍因素在黑龙江省的各个对俄口岸中具有普遍意义。实体园区遭遇的阻碍是促使对俄口岸建设改换思路、寻求新业态的动力之一。

第一，政治信任和人员跨境流动法律框架缺失限制园区发展。在中俄边境经济合作中，中方的开放意愿和政治信任远高于俄罗斯。从20世纪90年代到21世纪头十年，俄罗斯联邦政府甚至比俄罗斯远东地区的地方政府还要担心所谓“中国威胁”。[④] 普京初任总统之时，俄罗斯希望同中国保持总体友好，并加强经济联系。减少边境壁垒和允许人员自由流动是开发俄罗斯远东地区的必要条件，但俄方的开放意愿却始终与国家安全相互权衡。[⑤] 俄罗斯越来越担心中国移民在俄罗斯边境定居的后果，担心来自中国的移民改变当地的民族构成，使边境居民质疑本地区的俄罗斯属性。[⑥]

---

① Владимир Путин выступил на Петербургском экономическом форуме, https://eanews.ru/news/policy/Vladimir_Putin_vystupil_na_Peterburgskom_ekonomicheskom_forume_STENOGRAMMA_02_06_2017?ysclid=laci8u3lj9616043801.

② 高际香：《俄罗斯数字经济战略选择与政策方向》，《欧亚经济》2018年第4期。

③ 郭晓琼、蔡真：《百年变局下中俄经贸合作新趋势》，《俄罗斯学刊》2022年第4期。

④ 刘爽、马友君、钟建平：《中俄沿边地区基础设施建设状况考查及分析》，《欧亚经济》2017年第1期。

⑤ Natalia Ryzhova, “Freedoms, Security, and Development: Border Exclusion Zones in Post-Soviet Russia”, *Region*, Vol. 9, No. 2, July 2020, p.55.

⑥ Dmitri Trenin, “Pirouettes and Priorities: Distilling a Putin Doctrine”, *The National Interest*, Winter 2003/04, No. 74, pp. 80-81.

实际上，无论是在莫斯科，还是在北京都经常能看到对方国家的国民，这是双方交往繁多的反映，并不会构成移民威胁。

以绥—波贸易综合体为例。互市贸易区一直是绥芬河人追求的目标，但由于俄方原因一直未能进入实质交易阶段，到2005年尚在努力争取中。[①]早在20世纪90年代初期，中俄双方就计划在中国一侧建立跨境经济合作区，日后作为中俄跨境经济合作区的一部分。这一计划被反复提起，可在实践中，俄方几乎没有任何行动，原因在于俄罗斯对跨境经济合作缺乏明确的法律框架。[②]2006年，绥—波贸易综合体已建成的部分开业运营。按照原计划，中国和俄罗斯两国公民可持普通护照相对自由地进入绥—波贸易综合体。但俄方还不敢接受这种自由，担心非法移民激增。[③]实际上，并非俄罗斯政府中的每个人都认为这对国家有利，要实现这一计划，需要签署更多附加文件。[④]

第二，跨境园区开发成本高于俄罗斯对远东地区的预期和投资能力。历史上，西伯利亚长期作为毛皮产地和流放地，开发程度较低。俄罗斯独立后，远东地区大多数联邦主体作为联邦中央预算转移支付的净接受者，严重依赖国家财政。地方政府的决策效力很大程度上取决于他们在莫斯科的游说能力。而联邦中央对远东地区除了口头承诺之外没有什么可以提供的。[⑤]1996年，俄罗斯通过了一项远东开发计划。由于“缺乏真正的承诺”和充足的资金，大多未能实现。进入21世纪，远东开发一度被视为俄罗斯的“优先事项”。2012年俄罗斯成立远东发展部并于2013年通过了高

---

① 绥芬河市档案局编：《绥芬河市志（1989—2005）》，黑龙江人民出版社2014年版，第208页。

② Г.М. Костюнина, В.И. Баронов, Трансграничные свободные экономические зоны в зарубежных странах (на примере Китая)// Вестник МГИМО. 2011. №2.

③ Василий Авченко Олегович, Приграничный комплекс неполноценности// Электронная версия газеты «Владивосток», 16 май 2007, https://vladnews.ru/ev/vl/2142/4519/prigranichnyy_kompleks?ysclid=l7bll1o9bg820863403.

④ Олег Жунусов, В Приморье открыт уникальный торговый комплекс// Известия. 17 Август 2006.

⑤ Helge Blakkisrud, “Russia’s turn to the East: The Ministry for the Development of the Far East, and the Domestic Dimension”, Norwegian Institute for International Affairs, 2017, No.8.

昂的国家预算：到 2025 年，远东发展部总预算超过 10 万亿卢布，其中政府出资 3.8 万亿卢布。然而到 2014 年国家计划投资（到 2020 年）已降至 3460 亿卢布，只能依靠私人投资。虽然普京第二任期以来俄罗斯“向东看”迹象明显，但“对财政投资的研究表明，后克里米亚时期，俄罗斯远东地区的国家参与稳步下降……国家资金和承诺逐年减少”。①

远东地区人口稀少、市场有限、人均固定资产投资额较高，投资回报率较低。2000—2010 年，远东地区固定资产投资只占全俄固定资产投资总额的 7.9%。2011 年，远东地区固定资产投资增幅下降了 2.1%。除 2013 年 APEC 峰会期间修建的符拉迪沃斯托克大俄罗斯岛会议综合设施外，远东地区范围内近年来少有新建的大型配套建筑及基础设施。甚至存在一些街道、学校等必要基础设施老化问题。② 在这种情况下，很难想象俄罗斯会对诸如绥—波贸易综合体等跨境园区投资建设滑雪场、度假村等配套设施。可见，不宜过高估计俄罗斯对远东地区开发的预期、决心和经济投入。除此以外，传统口岸园区运作过程中的常见问题还包括：运力和边境基础设施不配套、合作区的面积较小、土地租赁成本高、边检等行政手续烦琐等。③

平台经济通过创新业务流程和商业模式，相比于传统经济能获得全新规模、内涵、效率和影响力，④ 一定程度上打破了传统园区发展遭遇的瓶颈。首先，减少人员流动。传统园区需要人员流动才能实现的商品展销和互市贸易可以通过“云展销”和跨境电商来实现。将人员流动变成跨境物流，减少俄方对边境移民的顾虑以及由此产生的法律问题。其次，平台经济可以缓解远东地区投资不足与基础设施薄弱的问题。一方面，平台经济摆脱

---

① Helge Blakkisrud, “Russia’s turn to the East: The Ministry for the Development of the Far East, and the Domestic Dimension”, Norwegian Institute for International Affairs, 2017, No.8.

② 刘爽、马友君、钟建平：《中俄沿边地区基础设施建设状况考查及分析》，《欧亚经济》2017 年第 1 期。

③ Г.М. Костюнина, В.И. Баронов, Трансграничные свободные экономические зоны в зарубежных странах (на примере Китая)// Вестник МГИМО. 2011. №2.

④ 北京大学平台经济创新与治理课题组：《平台经济：创新、治理与繁荣》，中信出版社 2022 年版，第 7 页。

了对实体市场的依赖，节省基建投入，且平台企业边际成本低，平台建成后无须大规模持续投资，中小电商企业借助平台优势连接海外市场，启动成本低；另一方面，平台经济利用大数据和物联网可以实现信息精准匹配和多仓联动，高效利用存量基础设施。平台经济相对于传统业态的优势使之成为口岸园区发展的新方向。

（三）新冠疫情推动平台经济转型

新冠疫情对发展平台经济具有推动作用。后疫情时代，平台经济可以帮助企业获得更大的生存空间。企业对平台模式和数字化转型的意愿明显上升。IBM 商业价值研究院 2020 年针对全球近 3500 名企业高管展开的调研显示，当被问及 2022 年的组织计划时，94% 的受访者希望积极参与平台，而 2018 年这一比重只有 46%。被问及 2022 年企业对数字化转型的规划时，62% 的受访者表示数字化转型是企业战略的重中之重，而 2018 年这一比重只有 17%。[①]

2020 年 3 月，部分在俄华商和留学生借绥芬河口岸入境，造成黑龙江省确诊输入性病例在 4 月出现环比峰值。自 2020 年 4 月 9 日起，绥芬河口岸旅检通道连续关闭 4 个多月。俄罗斯滨海边疆区也出台严格的防控措施。乘俄航抵滨海边疆区的中国公民落地后被强制隔离 14 天，滨海边疆区内实行特别通行证制度，区内所有酒店、疗养院等机构歇业。新冠疫情之下，绥芬河市涉外企业受到重创，口岸经济指标同比下降。[②] 为应对新冠疫情冲击，黑龙江省及各口岸城市积极发展平台经济。2020 年，黑龙江省商务厅搭建龙江云展会平台。黑河市成立跨境电商直播基地，助力新冠疫情下黑河跨境电商发展。绥芬河市则针对远程医疗、疫情防控、线上教育、用工就业等内容，建立了"绥医养""绥疫控""绥芯学""绥务

① IBM 商业价值研究院：《IBM 商业价值报告：平台经济：后疫情时代，获得更大生存空间》，东方出版社 2020 年版，第 2 页。

② 纪昕彤、张成立、庄艳华：《后疫情时代绥芬河口岸经济加快发展的对策研究》，《商业经济》2020 年第 10 期。

工”等终端App平台。新冠疫情成为加速中俄口岸平台经济转型的又一动因。

（四）乌克兰危机升级加速重构平台经济转型发展内涵

重大地缘政治事件对世界政治经济格局产生深远影响，势必加速重构中俄口岸平台经济转型发展内涵。2013年11月乌克兰危机爆发。2014年，伴随西方国家经济制裁和油价低迷，俄罗斯经济陷入衰退。卢布贬值使俄罗斯公民的购买力下降，绥芬河传统贸易受到挑战。据统计，2015年绥芬河口岸进出口总额和对俄贸易额皆大幅下降。[①] 绥芬河企业穷则思变。时值中国平台经济爆发式增长，中俄口岸电子商务方兴未艾，企业纷纷尝试互联网转型升级。[②] 这也是2015年前后绥芬河跨境电商呈井喷式发展的原因之一。

2022年2月24日，俄乌冲突爆发。区域性危机和政治环境动荡对全球供应链和物流造成影响。俄罗斯受到的金融制裁使中俄贸易结算效率大减，增加了对俄贸易企业的风险和成本。卢布汇率波动使部分跨境贸易企业蒙受汇兑损失，对“二级制裁”的担忧降低了涉俄企业的合作积极性。中俄口岸平台经济受到波及的同时，其转型发展内涵或可得到丰富与重构。

第一，中俄经贸合作或加强，中俄口岸跨境电商经营范围和贸易体量将有所增大。在俄罗斯与西方国家关系恶化的背景下，中国有望赶超欧盟成为俄罗斯最主要贸易伙伴国。[③] 目前，俄罗斯已降低中国坚果、水果等食品的准入标准，并将继续延长电子设备进口简化程序到2023年年底。[④]

---

① 《2015年绥芬河市国民经济和社会发展统计公报》，绥芬河市人民政府，https://www.suifenhe.gov.cn/zfxxgk/contents/4359/108573.html。

② 吴惠娟、杜怀宇：《绥芬河打造跨境电商全产业链》，《黑龙江日报》2015年12月21日。

③ Василий Кашин, Россия, Китай и украинский кризис// Россия в глобальной политике. 2022. №2.

④ Правительство продлило упрощённый порядок ввоза в Россию электронных устройств и оборудования, http://government.ru/docs/47489/.

中国已批准从俄罗斯全境进口小麦。能源、矿产、粮食等大宗商品和电子、机械设备等高附加值商品进出口迎来有利契机。

第二，跨境电商或成为中俄口岸更多中小企业转型方向。伴随全球经济增速放缓，加之跨境结算风险增加，中俄口岸中小企业面临资金压力较大。跨境电商具有门槛低、成本低、平台宽和小批量、多批次、收益快等特点，成为中小企业转型方向。甚至很多传统大型外贸企业也将大额购买改成小额购买，以此缓解资金压力和规避风险。俄罗斯遭受西方抵制，许多国际知名电商平台和物流平台已暂停对俄业务。阿里巴巴集团旗下的"全球速卖通"生长空间巨大。俄罗斯电商平台纷纷向中国开放入驻。中俄口岸跨境电商前景广阔。①

第三，金融平台跨境结算功能或将优化重构，人民币国际化程度加深。金融制裁将俄罗斯多家大银行剔除出环球银行金融电信协会（SWIFT）系统，严重削弱了俄罗斯跨境结算能力。中俄口岸跨境贸易企业不得不寻求更大的本币结算空间。中国人民币跨境支付系统 (CIPS) 与中国外汇交易系统的卢布和人民币支付对支付系统 (PVP) 可在 SWIFT 断网的情况下实现中俄人民币跨境结算支付。② 目前俄罗斯已有多家银行接入 CIPS 系统，绥芬河"关银一 Key 通"平台也已尝试依托 CIPS 开展全省边境口岸城市商业银行首笔对俄跨境本币结算业务，人民币国际化程度加深。③

中俄口岸园区平台经济寓于整体中俄经贸和全球经济之中，其转型发展的历程和特点既受历史因素影响，也由时代因素决定。平台经济转型发展内涵正在不断丰富与重构，向更广更深层次拓展。

---

① 中国银行黑龙江省分行课题组：《俄乌冲突后支付业务发展建议》，《黑龙江金融》2022 年第 12 期。

② 王晓泉：《中俄结算支付体系"去美元化"背景与人民币结算前景分析》，《俄罗斯东欧中亚研究》2021 年第 2 期。

③ 杜怀宇：《绥芬河自贸片区构建一区引领多区联动协同发展新格局》，《黑龙江日报》2022 年 9 月 29 日。

结 语

中国沿边开放30多年来，中俄口岸经贸合作不断深化。绥芬河是率先开启对俄合作且极具代表性的口岸城市。研究绥芬河口岸园区的发展变迁是检验中俄沿边合作成果的重要抓手。对绥芬河口岸园区平台经济转型发展的案例研究可得出以下结论。

第一，中俄口岸园区经过30多年的探索实践，实现了平台经济转型。以绥芬河市为例，从依靠地缘到倚重政策再到创新业态，走出了一条独具特色的沿边开放之路。随着数字经济崛起，以跨境电商为代表的平台经济与园区发展充分融合，在赋能传统业态的同时被不断赋予新的时代内涵。

第二，绥芬河口岸园区平台经济转型发展成绩显著，亦存在不足。围绕电子商务以及配套的通关服务、物流仓储、金融服务等，绥芬河市已搭建比较完备的平台体系，跨境电商蓬勃发展。但对比国内发达地区，绥芬河口岸园区平台经济起步晚，发展水平有限，缺乏具有国际知名度的大平台，部分平台功能还有待于进一步完善。电商企业多为中小微企业，交易规模有限，产品附加值低。

第三，中俄口岸园区平台经济转型发展受多重因素影响，挑战与机遇并存。20世纪90年代及21世纪伊始，俄罗斯对中俄边境人员流动抱有戒心，加之对远东地区投资能力不足，阻碍了跨境园区建设。这些阻碍一定程度上成为园区转型寻求新业态的动力。新冠疫情加速了近年来平台经济转型进程。乌克兰危机等地缘政治事件给中俄经贸合作带来冲击的同时，也在客观上对口岸园区平台经济提出了新要求，丰富和重构了其转型发展内涵。

对绥芬河口岸园区未来发展有以下几点思考。

第一，从优势产业入手，变通道经济为产业经济。强化木材等优势产业，延长产业链，增加产品附加值，加大宣传力度，打造特色品牌。

第二，抓住历史机遇，合理规避制裁风险，利用两国经济互补性，扩大中俄经贸合作。其重点在于拓展国产电子、机械、特色医疗服务等产品在俄罗斯的市场，同时进口俄罗斯的资源、矿产、粮食等大宗商品。

第三，注重加强金融合作，积极参与金融平台前沿建设。中国区块链技术具有良好基础，这使得创新中俄跨境支付清算工具成为可能。充分利用绥芬河市中俄本币现钞跨境调运陆路通道便利这一优势，加大两国本币合作力度。

第四，提升战略眼光，前瞻性地布局未来发展。主要表现为：加大人才培养和引进力度，将招商引资与企业发展潜力评估相结合；发挥绥芬河东北亚中心地带优势，加强枢纽建设，使之真正成为沟通国内与俄罗斯及日韩等亚太国家经贸往来的枢纽；加大与黑龙江省其他口岸合作力度，跨区联动，必要时申请扩大城市规模；监管和规范平台运行，使平台经济健康发展。总而言之，绥芬河口岸园区要继续发挥30年不懈探索的实践精神，紧跟世界经济大势，应对国际局势突变，服务国家发展大局，与时俱进，打造向北开放新高地。

The Transformation and Development of the Platform Economy of China-Russia Border Ports: An Example of Suifenhe

Liu Xueye

Abstract: In 1992, China implemented the strategy of opening up the border areas and Suifenhe City in Heilongjiang Province became one of the first cities to expand and open up along the border. Radical changes have taken place in the number, size, function, and business forms of the Suifenhe Port Park over the past thirty years of development and the traditional trade is transforming into a platform economy. To be exact, the Park has already developed a complete set of platforms for e-commerce and relevant services, financial services, cross-border logistics and other characteristic platforms especially cross-border e-commerce. This paper presents key factors impacting the transformation and development of the platform economy. Firstly, Digital economy galvanizes platform economy. Secondly, the limitations of traditional Parks has prompted port economy to seek new business forms. Thirdly, the development of platform economy have been expediated bt thee COVID-19 pandemic. Fourthly, geopolitical events such as the Ukraine crisis have enriched and restructured the depth of the platform economy.

Keywords: China-Russia Port Parks; Suifenhe; Platform Economy; E-commerce; Cross-border E-commerce

跨境边贸女性在推进中哈边境“一带一路”建设中的作用分析*

于洁茹①

【摘要】边贸女性是中哈边境互市贸易中的重要群体，对中哈两国边境经济合作、文化交流、边民交往有着特殊意义和作用。从发展历程来看，边贸女性经历了从“跨境行商”“互市坐商”再到“网络微商”的发展图景；从现实意义来看，她们延续了边境地区长久以来两国边民产品互换的地域性“小传统”，自主构建起适合自身发展的日常生活方式，并增强了由边民互市到祖国边疆的情感依恋；从其在“一带一路”建设中的作用来看，边贸女性形成的跨境供销链为边境贸易畅通提供保障，基于互市贸易展开的文化交流则增进了两国边民的相互了解和传统友谊，并在巩固两国边民社交往来的基础上推动了两国边民从贸易畅通到民心相通的发展转变。

【关键词】边贸女性；“一带一路”倡议；中哈边境；边民互市

自“一带一路”倡议提出以来，中哈边境贸易越发成为促进中哈两国经济合作发展的重要内容，对推进“一带一路”建设和构筑繁荣稳定的祖

* 本文为国家社会科学基金专项项目“中国陆地边境中华文化建设与传播研究”（项目批准号：22VMZ012）、新疆维吾尔自治区社会科学基金项目“新中国成立以来南疆地区少数民族妇女社会地位变化研究”（项目批准号：22CKS005）阶段性成果。

① 于洁茹，法学博士，兰州大学历史文化学院博士后。

国边疆亦具有重大意义。长久以来，中国边贸女性作为往来于中哈两国边境地区之间的贸易群体，是联动中哈边境贸易的重要力量，对推进中哈边境“一带一路”建设同样有着重要作用。但从目前边贸女性研究来看，国外学者大多以边贸女性面临的发展困境作为研究议题，如边贸女性从事边贸的民族志描述①、多种身份和应对新挑战②、身份认同与归属③、性别区隔与贸易公正性④、非正式跨境活动的“非法化”遭遇⑤、提高妇女社会地位及促进包容性贸易⑥、生存策略⑦以及基于边贸经济收入进而探讨关于边贸女性角色冲突⑧、家庭内部权力不对等⑨、跨境贿赂行为⑩等问题。反观

① Victor Ngonidzashe Muzvidziwa, “Cross-Border Trade: A Strategy for Climbing Out of Poverty in Masvingo, Zimbabwe”, *Zambezia*, Vol.25, No.1, pp.29-58; Manisha Desai, “Women Cross-Border Traders: Rethinking Global Trade”, *Development*, Vol.52, No.3, pp.377-386.

② Victor Ngonidzashe Muzvidziwa, “Zimbabwe’s Cross-Border Women Traders: Multiple Identities and Responses to New Challenges”, *Journal of Contemporary African Studies*, Vol. 19, No. 1, 2001, pp.67-80.

③ Victor Ngonidzashe Muzvidziwa, “Cross-border Traders:Emerging, Multiple and Shifting Identities”, *Alternation*, Vol.19, No.1, 2012, pp.217-238.

④ Koichi Kusakabe et al., “Women in Fish Border Trade: The Case of Fish Trade between Cambodia and Thailand”, Global Symposium on Gender and Fisheries: Seventh Asian Fisheries Forum, 1-2 December 2004, Penang, Malaysia: World Fish Center, 2006, pp.91-102.

⑤ Paul Brenton et al., “Risky Business: Poor Women Cross-Border Traders in the Great Lakes Region of Africa”, *Africa Trade Policy Note*, 2011; García Mora and Sabrina Roshan, “Barriers, Risks, and Productive Potential for Small-Scale Traders in the Great Lakes Region”, in Brenton et al. (Edts.), *Women and Trade in Africa: Realizing the Potential*, Washington, DC: World Bank Group, 2013, pp.27-42.

⑥ Talajeh Livani, Jennifer Solotaroff, “Promoting Women’s Participation in Cross-border Trade in South Asia”, *Indian Journal of Women and Social Change*, Vol.4, No.1, 2019, pp.9-32.

⑦ Busarin Lertchavalitsakul, “Shan Women Traders and Their Survival Strategies on the Myanmar–Thailand Borderland”, *Journal of Social Issues in Southeast Asia*, Vol. 30, No. 3, 2015, pp. 675-709.

⑧ Louis Njie Ndumbe, “Unshackling Women Traders: Cross-Border Trade of Eru from Cameroon to Nigeria”, in Brenton et al. (Edts.), *Women and Trade in Africa: Realizing the Potential*, Washington, DC: World Bank Group, 2013, pp.43-58.

⑨ Addmore T. Muruviwa, Dube C., “Cross-border Women Traders and Hegemonic Masculinities in Zimbabwe”, *Journal of Social Sciences*, Vol.47, No.3, 2016, pp. 239-248.

⑩ Chelsea Ruiter, Lance Hadley, Queena Li, “Impacts of Non-Tariff Barriers for Women Small Scale Cross-Border Traders on the Kenya-Uganda Border”, *Sauti Africa Journal*, Vol.2, No.1, pp.1-9.

国内关于边贸女性的研究，研究议题以介绍性内容为主，如曹贵雄①、刘玉皑②等学者在相关论述中主要对边贸女性的基本情况进行了较为详细的概述，并未展开更加深入的问题讨论。仅有个别学者以边贸女性为研究对象，展开专题研究。如邓玉函通过对中越边境越南籍女商贩营销实践的考察，认为越南女商贩进入中越边境口岸虽是为了谋求经济利益与个人发展，客观上却促进了边境地区多元文化的交流与互鉴③。此外在地理分布上，研究成果主要集中于中国西南边境地区，西北边境地区至今尚未开展关于边贸女性的相关研究。综上所述，本文拟以中哈边境从事互市贸易的中国籍跨境边贸女性为研究对象，通过勾勒其30年间商业实践发展图景，从而探讨边贸女性商业实践的现实意义及作用，以期为促进边境地区深度融入“一带一路”建设提供借鉴。

一　调研个案数据概况

“边贸女性”是指1992年沿边城镇陆续对外开放以来，伴随中哈两国边民互市贸易兴起而参与其中的中国籍女性商人群体。该群体的出现一方面是因为受“下岗潮”影响，另一方面则是被边境互市贸易发展日益繁荣吸引而来。从中哈边民互市发展现况来看，截至2022年7月，中哈边境只有吉木乃、巴克图、霍尔果斯口岸相继完成边民互市转型试点的验收，且长期保持着互市贸易的开展，故笔者以这三处边民互市作为田野调查点。其中，吉木乃口岸、巴克图口岸边民互市为中心田野调查点，霍尔果斯口岸边民互市为参照田野调查点。

本文选取的个案全部来自以上三处口岸边民互市。除了涵盖上述边

① 曹贵雄、黎莹：《口岸型城镇化进程中边境互市与边民互惠研究——以云南河口为例》，《广西民族大学学报》（哲学社会科学版）2018年第1期。

② 刘玉皑等：《西藏樟木口岸边境贸易发展情况调查》，《西藏民族大学学报》（哲学社会科学版）2016年第2期。

③ 邓玉函：《习得与创新：越南女商贩营销文化研究——以东兴小商品市场为例》，《云南民族大学学报》（哲学社会科学版）2021年第3期。

民互市市场内部的边贸女性外，调查也包含与边境互市贸易相关的主要群体。例如，哈方背包客、装卸工、“流动银行”、边民互市工作人员等。在选取具体个案的方法上，笔者在中心田野调查点主要采取普遍调查的方法，对互市市场内的商户逐一进行访谈；在参照田野调查点中，笔者则通过概率抽样来选取。在具体数据方面，吉木乃中哈边民互市访谈个案数量共计 37 人，其中女性为 28 人，男性为 9 人；巴克图中哈边民互市访谈个案数量共计 78 人，其中女性为 53 人，男性为 25 人；霍尔果斯口岸边贸互市行业访谈个案数量共计 22 人，其中女性为 17 人，男性为 5 人。与此同时，笔者还以“滚雪球”方式散发寻找自 1992 年口岸开放以来从事互市贸易的相关个案。

从年龄分布来看，40 岁以下（含 40 岁）访谈个案共计 31 人，其中女性为 17 人，男性为 14 人；40—50 岁（含 50 岁）访谈个案共计 50 人，其中女性为 41 人，男性为 9 人；50—60 岁（含 60 岁）访谈个案共计 50 人，其中女性为 36 人，男性为 14 人；60 岁以上访谈个案共计 6 人，其中女性为 4 人，男性为 2 人。访谈个案年龄、性别分布数量如表 1 所示：

表 1　访谈个案年龄、性别分布数量表　（单位：人）

年龄段	男性人数	女性人数	总计
≤ 40 岁	14	17	31
40 岁＜ A ≤ 50 岁	9	41	50
50 岁＜ A ≤ 60 岁	14	36	50
＞ 60 岁	2	4	6
总计	39	98	137

二　从“行商”“坐商”再到“微商”的发展图景

“世界上许多边境地区都是活跃的贸易中心，跨境贸易市场的形成具有不同的货币、交易技巧、异国商品和市场需求以及新物质世界的各种想象。贸易锚链和物资增值为边民提供了谋生机会，形成跨国网络，发展出新技能，再现不同物质的信念和想象力。”[①] 通过对中哈边境互市贸易文献资源及田野调查资料的梳理整合可知，边贸女性自进入互市贸易行业以来经历了从“跨境行商”到“互市坐商”再到“网络微商”的职业转型。

（一）进入边贸：跨越中哈边境的“行商时期”

1992 年中哈沿边城镇逐渐开放后，边民互市贸易便成为中国边境省区对外开放的重要形式，“靠边吃边”更是这一时期边境民众的主要谋生思路。“行商时期”的边贸女性大多是因为受到“下岗潮”（1993—2001 年）影响而进入互市贸易行业。获取财富、摆脱贫穷、改变生活是她们从事互市贸易的主要原因。

在跨境空间范围方面，该时期边贸女性主要在中哈两国边境指定集市内展开互市贸易，活动空间范围则以两国边民互市所在城镇为边界，不定期往返两国之间。具体跨境路线分别为：吉木乃县（中方）—吉木乃口岸（中方）—迈哈布奇盖口岸（哈方）—斋桑（哈方）——乌斯季卡缅诺戈尔斯克（哈方）—塞米巴拉金斯克（哈方）、塔城市（中方）—巴克图口岸（中方）—巴克特口岸（哈方）—巴克特村（哈方）—马坎奇（哈方）—乌尔加尔（哈方）、霍尔果斯市（中方）—霍尔果斯口岸（中方）—努尔饶尔口岸（哈方）—雅尔肯特（哈方）。

在跨境组织形式方面，1992—1996 年主要以“国际旅行团”形式进行群体跨境。这种贸易方式也被称为“旅游购物”，普遍存在于中国北方边境贸易中，如中俄边境口岸的“旅游团”“参贸团”便是如此。据不完全统计，这一时期中国对哈萨克斯坦出口产品中 60% 以上都是通过旅游购物

① Yuk Wah Chan, “Borderlands, Livelihoods and Material Circulations: Trade Routes and Market Formation at Asian Borderlands”, Paper presented at Panel Chair-Borderlands, Livelihoods and Material Circulations: Trade Routes and Market Formation at Asian Borderlands, The 5th Conference of the Asian Borderlands Research Network, 2016.

实现的。①1996年之后，这种群体跨境逐渐演变为个体跨境，由边贸女性持个人护照、签证前往哈萨克斯坦。在贸易路线上，群体跨境贸易期间，边贸女性主要从中国境内携带服装、鞋帽、蔬菜、水果等货物前往哈萨克斯坦进行销售。个体跨境贸易期间则表现为从哈萨克斯坦购买进口产品返回国内进行销售。两国互市产品在该时期呈现出明显的双向流动，产品类型也具备鲜明的互补性。为了更清楚地呈现该时期边贸女性跨境出行特点，笔者根据跨境"行商时期"边贸女性在不同阶段的跨境流程绘制图1。

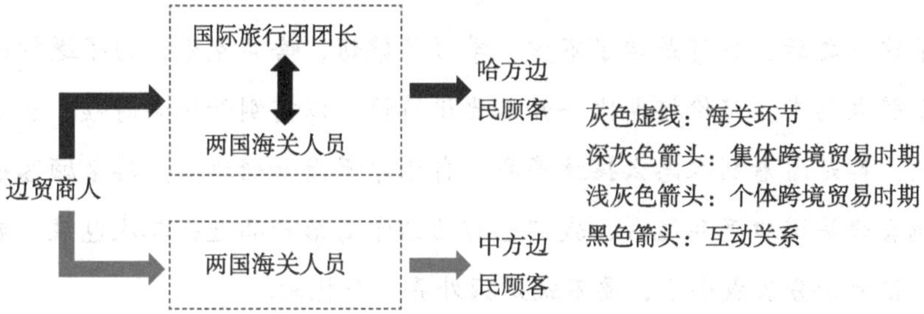

图1　跨境"行商时期"边贸女性跨境流程及群体类型变化

在跨境贸易网络方面，由于这一时期边贸女性始终贯穿于进货、带货、销货各个环节，并在往返中哈两国途中根据不同目的地而携带不同产品，所以她们既是帮助货物跨境流通的搬运者，也是推动两国产品进入邻国边民日常生活中的销售者。随着边贸女性长期在中哈两国之间进行跨境互市贸易，两国社会文化也因产品双向流通而得以相互交流，两国边民之间调剂余缺的贸易传统更是因此而获得新发展。所以长远来看，这一时期边贸女性在中哈两国边民之间建立起的贸易网络虽然简单，但实际上为日后边民互市点建立以及互市贸易网络发展奠定了重要基础。

（二）应对生计：限于互市空间的"坐商时期"

实际上自个体跨境带货以来，边贸女性由"行商"向"坐商"的转变

---

① 张永明、蒲开夫：《哈萨克斯坦共和国经济发展研究》，新疆大学出版社2011年版，第133页。

已悄然发生，并经历了从地摊流商到商铺坐商、从跨境行商到互市坐商两种转变。伴随互市贸易逐渐固定于中国境内经政府批准开设的边民互市市场，兼顾家庭与职业、满足日常社交需求以及证明个人能力也日益成为中国边贸女性加入互市贸易行业的重要原因。此外，为适应互市空间下的贸易竞争，边贸女性也开始主动学习以进货技巧、驾驶技术、摆放逻辑、记价格为主的实用技能，以产品包装、沟通交流为主的销售技巧，以及以营造氛围、深挖产品内涵、把握销售契机为内容的营销技巧。

干这行之后，我可是学了不少。学习了俄语、哈萨克语，为了送货还学会了骑电动车，记价格也比一开始要记得快。以前刚开始的时候，也不会摆放，都是看着别人怎么摆放产品，自己才慢慢开始琢磨。后来顾客也越来越喜欢买进口产品送人，我们也都开始学着给产品进行二次包装，要不就是把大袋分装成小袋，要不就是额外弄一个礼盒。①

伴随互市贸易不断发展，边民互市空间中也逐渐形成哈方背包客、装卸工、流动银行等诸多伴生行业。其中，背包客也被称为手提客，是中国边贸女性在退出跨境带货行列转为边境坐商之后逐渐出现的跨境流动群体。背包客以哈萨克斯坦女性边民为主，年龄在20—60岁，主要通过人货混装的方式将哈萨克斯坦商品带入中国边民互市中进行买卖。背包客早期是凭借护照、签证进入中国，后来随着中哈边境互市贸易发展渐入佳境，背包客也可通过“一日游”“三日游”等政策免签入境。从该群体婚姻情况来看，背包客大多为单身母亲，拥有1—3个孩子不等②。从语言情况来看，背包客群体主要通过俄语或哈萨克语进行交流，略懂一些简单的中文，如日常寒暄用语、买卖沟通短语等。从贸易规模来看，该群体中既有以个人为单位的小批量发货贸易，也有以班车、团队为单位的大批量订

① 访谈对象：WGH，46岁，女性；访谈时间：2021年4月8日；访谈地点：吉木乃县吉百汇边民互市。

② 该数据为笔者在调研期间通过与背包客、边贸女性访谈所得。

单贸易。通过访谈得知[①]，前者一天来回能够获得100多元人民币的纯利润，后者一天纯利润能够达到1000多元。装卸工是伴随背包客职业化、规模化发展而产生的职业群体。该群体出现时间基本与背包客出现时间相同，年龄从18到50岁不等，以哈萨克斯坦男性为主，以俄语或哈萨克语作为主要交流语言。从携带货物数量来看，平均一辆班车可以承载3—5吨货，配备7—8名装卸工。从工资结款方式来看，由于装卸工流动性较强，因此工资以日结为主。"流动银行"则指在边民互市内专门负责兑换货币的人群，主要以中国境内的哈萨克族男性为主，时而也有女性参与。该群体在年龄上从30到50岁不等，具体人数则根据互市市场规模而有所不同。与其他群体相比，"流动银行"因贸易需求而聚集，也因兑币机构日益健全而流散，因此是互市贸易中最容易被替代的群体。虽然边贸女性、背包客、装卸工、"流动银行"等群体间彼此分工不同，但在边民互市日常运转中仍然形成一种紧密的关系网络（参见图2）。

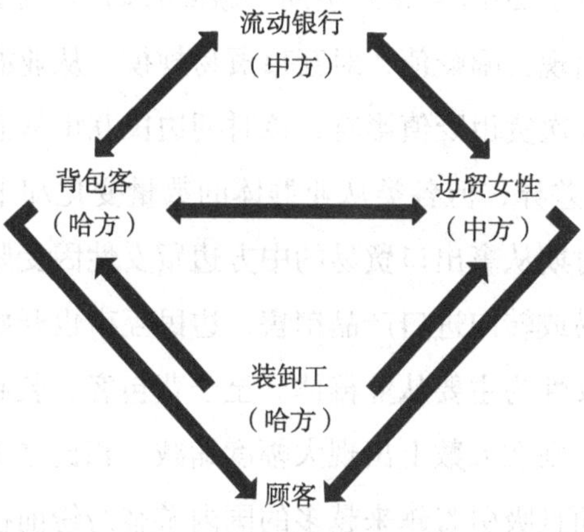

图2　互市空间内部群体关系分析图

进入边境"坐商时期"，原料型货物的进出口逐渐向大贸方式分流，边民互市贸易产品则以水果、蔬菜、床品、小电器等中方产品和小工艺品、红酒、香水、糖果、蜂蜜、厨具等哈方产品为主。从互市产品原产地

① 访谈对象：MK（哈萨克斯坦籍，大批量订单贸易），43岁，女性；访谈时间：2019年12月29日；访谈地点：巴克图口岸联检大厅门口。

来看，该时期背包客携带入境的进口产品并非完全产于哈萨克斯坦，其中也有不少原产地是来自其他国家的产品，如乌克兰、土耳其、俄罗斯的糖果及巧克力，格鲁吉亚的红酒，吉尔吉斯斯坦的蜂蜜，蒙古国的毛织品，韩国的面膜以及欧美国家的化妆品，等等。面对来自邻国的进口产品，消费者在消费行为中满怀着“进口 = 好的”消费想象，边贸女性则凭借着对哈萨克斯坦粗放式农业的了解而赋予了进口食品“零干预”“纯天然”的生长过程，哈萨克斯坦进口产品也日益融入当地民众日常生活中，并成为生活品质的重要体现。如日常三餐的哈萨克斯坦红茶、奶茶粉，逢年过节及婚礼庆典的进口糖果、饮料、饼干以及个人清洁使用的哈萨克斯坦牙膏、沐浴液、洗护用品等等。伴随物的广泛流通与使用，中国边境民众同邻国民众在饮食文化、生活习惯、审美标准等方面亦有更为深入的交流互鉴。

（三）适应发展：迈向网络空间的“微商时期”

边贸女性大概于 2015 年正式迈向“微商时期”。也是在这一年，哈萨克斯坦货币坚戈出现大幅贬值，对互市贸易规模、从业群体、商品种类造成严重冲击。受此次货币贬值影响，该时期边民互市从业群体类型虽然与“坐商时期”并无差异，但各类从业群体的数量变化却十分明显。从群体数量来看，这一时期从事出口贸易的中方边贸女性因受坚戈贬值影响，或大量退出互市贸易或转向进口产品销售，边民互市也开始以从事销售哈方进口产品的边贸女性为主要从业群体。至于背包客、装卸工、“流动银行”及哈方边民商客，则在人数上出现大幅度缩减。相比之下，中国边民商客人数不断增加，而且吸引着越来越多的国内游客纷纷前往。伴随群体数量变化，边民互市中的产品也出现以进口产品为主的“一边倒”特点，中国边贸女性则成为哈方进口产品的主要“代言人”。

为销售好进口产品，边贸女性在这一时期采取了“线上 + 线下”的贸易方式，以此作为调和淡旺季销售情况悬殊的解决办法。在夏季销售旺季期间，边贸女性通过添加微信来积攒微信顾客，待到冬季销售淡季时，她们便通过发布朋友圈来促进产品销售：或选择发布店内产品的精美照片，或拍摄哈方背包客运送货物的视频，通过展示产品及其入境时的真实场景来增加顾客对商铺运营情况及产品的熟悉程度，由此增强顾客对边贸女性的信任。

在与互市其他群体交往方面，由于中哈两国边境口岸每逢国家重要节日便要闭关，所以边贸女性及哈方边民商客在适应行业发展的过程中，也根据口岸节假日闭关通知逐渐熟悉对方国家的重要节日（参见表2）。如SDY女士[①]在受访中便提到有时候明明不是周末，可是哈方边民商客却没有来，出去一打听才知道原来她们是去庆祝自己的节日了。随着边贸女性与哈方边民商客交往不断深入以及微信的广泛应用，她们也开始用微信相互祝福对方节日快乐。通过相互熟悉对方传统节日，中国边贸女性与哈方边民商客不仅对彼此的社会文化有了更加深入的了解，亦为长久稳定的贸易互动奠定了重要文化基础。

表2　中哈边境吉木乃、巴克图、霍尔果斯公路口岸节日闭关情况统计表

中方节日	节日日期	放假天数	哈方节日	节日日期	放假天数	共有节日	节日日期	放假天数
春节	农历正月初一	7—10天不等	东正教圣诞节	1月7日	1天	元旦	1月1日	4—5天不等
清明节	4月5日	1—5天不等	武装力量日 反法西斯卫国战争胜利日	5月7日 5月9日	3—5天不等	妇女节	3月8日	1—4天不等
劳动节	5月1日	3—4天不等	迁都日	7月6日	1—4天不等	纳吾鲁孜节	3月21日	1—5天不等
端午节	农历五月初五	1—5天不等	宪法日	8月30日	1—3天不等	肉孜节	伊斯兰教历十月一日	1—8天不等
中秋节	农历八月十五	1—5天不等	总统日	12月1日	1—3天不等	古尔邦节	伊斯兰教历十二月十日	1—9天不等
国庆节	10月1日	3—16天不等	独立日	12月16日	2—4天不等	两国会晤日	不定	不定

资料来源：表格数据由笔者根据中华人民共和国海关总署历年节日闭关通知统计所得，详见http://www. customs. gov. cn/。

① 访谈对象：SDY，42岁，女性；访谈时间：2020年1月14日；访谈地点：巴克图口岸中哈边民互市丝路文化商品城。

三 边贸女性商业实践的现实意义

由边贸女性从“行商”“坐商”再到“微商”的发展图景可知，边贸女性商业实践对边境发展的意义不止于经济层面，更是深入到两国边民之间文化交流、社会交往、情感交融等多个方面。因此，笔者认为边贸女性商业实践具有以下现实意义。

（一）边贸女性商业实践延续了地域性“小传统”

“小传统”[①] 概念最早是由罗伯特·雷德菲尔德（Robert Redfield）提出，旨在反映复杂社会中存在的两个不同文化层次的传统。本文所说的“小传统”与罗伯特·雷德菲尔德的“小传统”概念相似，也是自发地从本土群众生活习惯之中萌生，并在民众中代代持续。但不同点之处在于，本文所说的“小传统”并非从农村与城市的二元对立出发，而是更侧重对边缘地理空间互惠关系的阐释。边民互市本身是一个建立在调剂生活余缺习惯之上的具有互惠性、国际性、政府主导性的“内发型”非正式经济，其发展植根于地域生计传统，[②]并以历史条件为基础、以外来知识技术等为参考而不断进行自律性创造。对于边境地区民众而言，地处祖国领土边缘的地理空间现实使以日常需求为半径的产品交换必然涉及邻国社会。同时，中哈两国之间本身便存在产品差异，这种交换不仅可以满足双方民众彼此生活需求，还通过差异性融通继而日益转换成彼此之间多样性文化共生共存的互惠实践。如清朝时期，哈萨克人便通过互市牲畜与中国边民换取日常生

---

① ［美］罗伯特·雷德菲尔德：《农民社会与文化：人类学对文明的一种诠释》，王莹译，中国社会科学出版社 2013 年版，第 94 页。

② 传统主要是指在某些地域或集团中，经过代代相传的被继承的结构或类型，是集体智慧的累积。传统有三个层面：首先是意识结构的类型，表现为代代相传的思考方式、信仰体系和价值观等；其次是代代相传的社会关系，如家族、村落、都市、城乡之间的关系的结构等类型；最后是提供衣食住等必需品的技术类型。参见杨新华、居占杰《非正规经济的多维度分析》，《贵州社会科学》2014 年第 6 期。

活所需的粮食、布匹和茶叶。当两国产品不断融入对方社会生活之中，生活习惯进一步巩固了这种以物品、人力以及讯息的跨境流通为代表的地域“小传统”。此外，从文献记载来看，中国与哈萨克人之间的互市贸易传统已逾260年，尽管在此期间贸易规模、形式、内容、性质等方面均发生了变化，但从实质作用和目的来说，边民互市仍然是对过去两国边境民众互换产品的地域性“小传统”的延续。通过商业实践，边贸女性正是延续这种地域性“小传统”的重要群体。

（二）边贸女性商业实践是对其日常生活方式的主动建构

由前文内容可知，边贸女性进入互市贸易行业在很大程度上是受到当时“下岗潮”这一客观因素的影响。但随着边民互市发展日趋向好，边贸女性加入互市贸易更多是经过思考之后根据个人生活情况而作出的主动选择。例如对于退休后又从事互市贸易的边贸女性[①]来说，在固定岗位工作了几十年突然退休了反而感到不适应，她们没有了单位依托，逐渐表现出失落、空虚以及无聊的心理状态。而从事互市贸易不仅能够帮助她们顺利度过这段时期，同时也增加了她们的经济收入，更让她们在新行业中结识了更多朋友，丰富了她们的个人社交生活和精神状态。而对于丈夫工作忙碌的边贸女性[②]来说，参与边民互市是她们平衡事业家庭的不二之选，既可以从事比较自由的职业，获得相对不低的经济收入，还能够通过自主安排工作时间来完成其照顾家庭的责任。对常人而言，边贸女性从事的互市贸易是其维持生计的商业实践，也是她们最重要且舒适的日常生活方式。在适应互市贸易行业过程中，她们经历了着装风格、日常安排以及思维方式上的明显改变，更加懂得如何在这种单调重复的日子里建构起充实而有意义的日常生活。例如从边贸女性的日常生活安排来看，主要分为以商铺

---

① 访谈对象：GLNRZ，47岁，女性；访谈时间：2019年8月28日；访谈地点：巴克图口岸边民互市。

② 访谈对象：ZBK，39岁，女性；访谈时间：2021年4月27日；访谈地点：吉木乃县吉百汇边民互市。

为核心的时空和以家庭为核心的时空。以前者为例，商铺不仅是边贸女性的工作场所，同样是她们的社交、娱乐及学习场所。在生意忙碌时，她们专心进行工作；在闲暇之余，她们便邀请三五好友在店里聊天聚会，偶尔还跟着其他年轻商户接触最新的流行文化，甚至还通过相互交流经验来应对日常生活中的各类问题。因此与其他行业群体相比，她们的工作时光并不是纪律严明、枯燥无聊，反而是将多种空间、活动叠加整合在一起。正是因为对商铺时间、空间的高效整合利用，边贸女性对家庭时光的投入程度也格外高。除了睡觉休息之外，她们几乎将时间全部分摊在做饭、带孩子、照顾老人、收拾家务等事情上，很少有时间与朋友旅行、聚会。久而久之，边贸女性更加珍惜家庭时光，对人生意义也有了更为深刻的认知。由此可知，边贸女性的商业实践不只是创造物质财富的路径，还是她们有序安排好家庭生活、工作生活以及个人社交生活的重要载体，而互市贸易本身也在价值观念、生活方式上对边贸女性施以影响。

（三）边贸女性商业实践增强了其由边民互市到祖国边疆的情感依恋

边民互市作为一个集物理空间、社会空间于一体的复杂场域，对边贸女性个人发展的影响是持久而深远的。从熟悉互市贸易环境到掌握商业技能、从应对生计挑战到实现个人发展，边贸女性的感受源于其对自然环境、从业环境等物理空间直接、深入的认知，而思想则源于边贸女性对互市符号表达、文化意蕴等社会空间间接、概念性的认知。在感受和思想的共同作用下，边贸女性完成了对互市空间的完整体验，并形成对这一场域的丰富现实经验。在段义孚教授看来，经验是人们对世界的理解和认知从空间结构转变为“地方”的关键因素。与空间概念相比，地方是一个能够抓住我们注意力的安稳的对象；一个凝聚了价值观念并能够栖居的对象；同样也是价值和养育支持的焦点。[①] 所以当互市空间能够满足边贸女性生物需求和社会关系需要时，她们对周围环境便有了在物理空间层面的判断

① ［美］段义孚：《空间与地方：经验的视角》，王志标译，中国人民大学出版社 2017 年版，第 112-121 页。

和认知以及在社会空间层面的价值赋予，也由此对边民互市这一空间场域产生了强烈的依恋。伴随边贸女性长年累月在互市空间下进行商业实践，她们对互市空间的认知逐渐由客观的“空间”转向极具情感依恋的“地方”，并由此在情感上形成一种与“地方”相连的存在感。由于边民互市在地理空间上从属于其所在的边境地区，而对国门、界碑、边境线等国家符号的空间跨越以及与邻国边民之间存在的强烈异质性同样强化了边贸女性的空间认同、国家认同以及身份认同，也进一步促使这种情感依恋由从业所在的互市空间延伸至生活所在的边境地区。边贸女性参与互市贸易的过程具有情感驱动和身份认同的双重逻辑，加之大多数情况下“我是谁”的身份问题通常被转化为“我在哪”的空间问题[①]，而“某个特定的空间概念会构成人们定位自己的参照系”[②]。所以边贸女性同样通过对国家、边境地区等地理空间的认知来完成对自我身份的建构，由此进一步强化对互市空间、边境地区以及国家的情感认同与依恋，而这对于维护边疆稳定与安全、促进边境发展与向西开放方面亦有着重要作用与深远影响。

四　边贸女性在“一带一路”建设中的作用

基于上述现实意义，笔者认为边贸女性 30 年来的商业实践实际上对边境地区深度融入“一带一路”建设亦发挥着重要作用。

（一）形成以人为中心的跨境供销链，为边境贸易畅通提供保障

边贸女性对中哈边境经济发展的积极影响最先体现为在两国之间建立起比较完整的跨境供销链，使零散、小规模的个人产品互换逐渐发展为以边贸商人为中介的两国边境社会全体成员的产品贸易。边贸女性和哈方边

① Liz Bondi, “Locating Identity Politics”, in Michael Keith and Steve Pile,（Eds.）, *Place and the Politics of Identity*, Routledge, 1993, pp.84-101.

② David Harvey, *Justice, Nature and the Geography of Difference*, Oxford: Blackwell, 1996.

民商客自然也成为维系产品供销流通的核心要素。从历史发展过程来看，边贸女性将社会互动网络与贸易发展相结合，延续并强化了人员在边境贸易中的能动性作用。中国边贸女性的商业实践主要经历了前往邻国边贸市场销售中国产品、前往邻国购买当地产品并返回国内销售，以及从进入中国边民互市的哈方背包客手中购进邻国产品三个阶段。在第一阶段，中国边贸女性与哈萨克斯坦边民建立起广泛的贸易关系，并逐渐在人际互动中建立起社会网络，“销售者—购买者”这一简单的商业关系也进一步延伸转变。进入第二阶段后，中国边贸女性既出售中国产品也购买大量哈萨克斯坦产品，哈方边民商客亦开始兼具购买者、销售者双重身份。在前两个阶段中，中国边贸女性始终是跨越边境线运输两国产品的主力。直到进入第三阶段，哈方边民才开始稳握带货运输的接力棒，成为来回运输两国产品的主要群体。由上述可知，中哈两国产品的流通离不开边贸人员的跨境流动。人货同行既是边民互市贸易长久以来的固有流通方式，也是两国边民之间最贴近日常生活的运输方式。随着现代运输方式的不断发展，人货同行的跨境运输虽然效率低、程序烦琐、依托人工搬运，却日渐成为人们眼中关于历史长河里传统边境互市贸易真实场景的再现，边民互市空间也由此成为充满边贸文化的消费场景，两国边民商客之间亦形成了分工明确、合作紧密的跨境产品供销链。由此可知，以人为中心的跨境供销链是社会互动与经济行为互嵌共生的结果，也是长久以来两国边民充分发挥主观能动性积极探索的致富之路，能够有效维系边境地区两国贸易往来的畅通无阻。

（二）基于互市贸易展开文化交流，增进两国边民相互了解和传统友谊

边贸女性对哈萨克斯坦社会文化的了解伴随其商业行为的发展而逐渐深入。在早期贸易互动中，通过观察市场销售产品类型和哈方边民购买产品类型，中国边民女性对邻国消费市场有了最初认识。随着与哈方边民贸易互动日益频繁，哈方边民的商品需求也成为其输出本土社会文化的重要渠道。比如哈方边民只要方形枕，反映出哈萨克斯坦深受俄罗斯文化影响；

对浴巾、四件套等床品需求量大等贸易细节，则反映出哈方边民在日常生活中对桑拿、温泉的喜爱。此外，围绕产品贸易展开的语言交流、共进餐食、欢庆节日同样为两国文化交流提供路径。根据布迪厄“惯习”（habitus）概念，由于语言是嵌入日常生产、文化生活的习性，在学习和应用俄语或哈萨克语的过程中边贸女性得以了解哈方边民热情且低调的寒暄礼仪文化。“夫礼之初，始诸饮食”。由于不同食物体系具有各自的文化特性，用餐过程既是对食物、味道的共享，也伴随不同饮食文化间的认知与理解。透过进口产品类型及共进餐食，边贸女性很快便发现哈萨克斯坦社会同样存在“食不言”的用餐礼仪，并根据进口食品类型和哈方边民用餐习惯总结出“爱吃糖”“能喝酒”“离不开茶”的饮食文化特点。由前文可知，两国边民通过口岸闭关得以熟悉邻国重要节日，而两国共有节日的不同庆祝方式则反映了节日在不同国家的在地化发展，也同样增进了两国边民之间的文化交流。特别值得提及的是，哈方边民商客的节日仪式感、日常消费观念以及价值观往往也深刻影响着中国边贸女性。譬如哈方背包客每日通过跨境运输产品来挣钱养家的贸易行动，不仅正面展示了女性独立、自强、勇敢、进取的精神面貌，她们也逐渐成为中国边贸女性学习的榜样。由此可知，虽然两国边民均是围绕着产品销售相互往来，但显然这种交流已不再局限于经济方面，而是悄然深化至文化交流之中，增进了两国边民之间的相互了解。

（三）巩固两国边民社交往来，以贸易畅通推动民心相通

在米歇尔·罗萨尔多（Michelle Rosaldo）看来，情感是主体存在的最后堡垒，是保护个性的最后阵地，是最私密的个体领域。[①]随着中国边贸女性与哈方边民之间贸易合作不断深入，“身体和心灵的情感诉求也在这种交互过程中循序渐进地产生”[②]。在中国边贸女性的回忆中，哈方背包客不

---

① ［英］威廉·雷迪：《感情研究指南：情感史的框架》，周娜译，华东师范大学出版社2020年版，第55页。

② ［加拿大］戴尔·斯宾塞、凯文·沃尔比、艾伦·亨特编：《情感社会学》，张军、周志浩译，江苏凤凰教育出版社2015年版，第3页。

仅分享诸如欢度节日、子女结婚、孩子满月、自己生日等日常喜悦之情，家庭经济困难、身体患病、婚姻不和等烦心琐事也会向中国边贸女性倾诉。而当两国边民在贸易过程中遇到难以借助法律来解决的跨境欠债问题时，基于交往信任，通过邻国边贸人员作为中间调节者进行协商也往往成为最为有效的解决方案。边贸女性与哈方边民以中哈边境线为界分属两国，但长久以来形成的调剂生活余缺的产品互市贸易传统让两国边民愈发达成跨境共生的共识。例如在笔者调研中，中国边贸女性曾多次表示在口岸关闭之后，哈方背包客仍然通过微信向她们咨询口岸开关及新冠疫情情况，并直接表示十分怀念以前在中哈边境买卖产品的时光。自2020年年初口岸关闭至今已过去三年，哈方边民在无法继续跨境贸易的情况下不得已在本国转向了打字员、服务员等其他职业。反观中国边贸女性，同样也因为哈方背包客无法携货入境而面临进货难、进货贵等贸易难题。恢复口岸通关和互市贸易已成为两国边民共同的心愿。由此可以发现，通过互市贸易往来，两国边贸从业者在思想共识方面经过了从各自安好到跨境共生的调整与转变，边民之间也从单一的经济合作开始向文化交流、社会交往方面延展深入。

结　语

中国边贸女性经历了从“跨境行商”到“互市坐商”再到“网络微商”的从业变化，并在此过程中与背包客、装卸工、流动银行等互市伴生行业群体形成密切往来。随着边民互市发展变迁，中哈两国互市产品从起初的双向流动逐渐转为以进口哈方产品为重点，边贸女性则通过文化想象在销售过程中赋予进口商品更多价值以确保商品畅销。从现实意义来看，边贸女性的商业实践既延续了边境地区长久以来两国边民调剂余缺的地域性“小传统”，也主动建构出她们热爱的日常生活方式，同样增强了边贸女性由边民互市到祖国边疆的情感依恋。而从边境地区积极融入“一带一路”建设来看，边贸女性不仅形成以人为中心的跨境供销链，为边境贸易畅通提供保障，并在增进两国边民相互了解和传统友谊的同时，也深化了彼此间的文化交流和社交往来，从而以贸易畅通推动民心相通。

社会经济的发展归根到底是人的发展。通过从事互市贸易，边贸女性一方面逐渐成为中哈边境地区促使两国产品有序流通、两国边民相互交流的重要群体；另一方面则有效推进了中哈两国从贸易畅通向民心相通的发展转变。边贸女性及其从事的互市贸易虽然在边境贸易整体发展中不再具备显著的经济效益，但其仍然对边境地区的经济发展、社会治理、文化交流、民众交往有着重要作用，也是两国边民交往共生的重要纽带。因此在推进中哈共建“一带一路”高质量发展的过程中，我们不仅要着眼于经济产业为两国发展带来的效益，同样应当对边贸女性等重要群体所发挥的作用予以充分关注，这样才能真正实现政策沟通、设施联通、贸易畅通、资金融通、民心相通的发展目标。

Analysis of the Role of Women in Cross-border Trade in Promoting the Construction of the Belt and Road Initiative on China-Kazakhstan Border

Yu Jieru

Abstract: Women in border trade are an important group between China and Kazakhstan, and they have a special significance and role in the economic cooperation, cultural exchanges and border people's exchanges between China and Kazakhstan. From the perspective of development history, women in border trade have gone through the development prospect from cross-border business, mutual market business to Wechat business. From a practical point of view, they have continued the long-standing regional small tradition of the exchange of products between the border people of the two countries, independently constructed their own daily life style, and strengthened their emotional attachment from border people's mutual trade to the motherland's frontier. Judging from its role in the construction of the Belt and Road, the cross-border supply and marketing chain formed by border trade women provides guarantee for smooth border trade, and the cultural exchange based on mutual trade promotes mutual understanding and traditional friendship between the border people of the two countries, and on the basis of consolidating the social contacts between the border people of the two countries, it promotes the development and transformation of the border people of the two countries from unimpeded trade to people-to-people bond.

Keywords: Border Trade Women; Belt and Road Initiative; China-Kazakhstan Border; Border Trade

中蒙俄经济走廊：全球新挑战下的交通基础设施发展*

田　浩①

【摘要】中蒙俄三国毗邻而居，经贸合作历史悠久，而中蒙俄经济走廊则是三国在21世纪开展区域经贸合作的重要平台。在中蒙俄经济走廊合作框架内，交通基础设施项目是建设的重中之重。连接中蒙俄三国的交通基础设施主要是跨境铁路和亚洲公路网，与此同时，过境蒙古国的中俄天然气管道也对三国的交通运输规划产生了一定影响。但从发展现状来看，跨境铁路仍然是承担经济走廊交通运输任务的主要载体，而高速公路运输发展则相对滞后。2020年以来，随着新冠疫情的暴发和国际地缘政治形势的急剧变化，蒙古国和俄罗斯在跨国交通运输与国际贸易领域中受到了巨大的冲击，损失惨重。这迫使两国调整对外经济发展战略，重新审视自身在中蒙俄经济走廊框架内的发展前景和潜在利益，在一定程度上有利于中蒙俄经济走廊交通基础设施的进一步发展。

【关键词】中蒙俄经济走廊；交通基础设施；地缘政治环境

---

* 本文为国家社会科学基金重要国家和区域重大研究专项“中国和欧亚经济联盟建立自贸区前景研究”子课题“建立高质量中国—欧亚经济联盟自贸区模式、议题与对策选择”研究成果（项目批准号：21VGQ011）；亦受到吉林省教育厅人文社科研究项目“后疫情时代吉林省粮食安全与粮食产业发展战略研究”（项目批准号：JJKH20221222SK）的资助。

① 田浩，中共中央党史和文献研究院博士后，吉林外国语大学国际商学院国际经济与贸易系主任，副教授，硕士生导师，主要研究方向包括东北亚区域经济合作、俄罗斯经济。

一方面，中蒙俄经济走廊是“一带一路”倡议框架内的六大经济走廊之一，是全方位深化中国与蒙古国、俄罗斯国际合作的重要通道，也是联通东北亚经济圈与欧洲经济圈的重要桥梁。中蒙俄三国同属新兴经济体，地理毗邻，相互友好，且经济结构互补性强，因此三国之间有着巨大的经济合作发展空间。在中蒙俄经济走廊建设过程中，交通基础设施的互联互通始终是发展的优先领域和关键环节，只有陆上运输通道的完备和现代化才能充分发掘三国经济合作的巨大潜力，同时保障其他领域的国家间交流顺利进行。另一方面，作为全球化发展的重要载体，无论是“一带一路”倡议还是中蒙俄经济走廊建设都无时无刻不处于国际环境的影响之下。“国际大事件”增强了未来世界的不确定性，改变了各国的潜在利益和战略选择，同时也向处于“新现实”下的利益攸关方提出了新挑战。

在这样的背景下，本文的研究将首先从历史视角出发，结合不同时代的国际环境特点简要回顾中蒙俄三国之间交通基础设施的发展历程。其次详细考察中蒙俄经济建设规划中的重点项目落实情况，并在此基础上分析新冠疫情和地缘政治形势动荡对蒙古国和俄罗斯在中蒙俄经济走廊框架内的潜在利益与未来国际战略可能产生的变化，以及对交通基础设施建设与对接的影响。最后结合上述研究，从中国的具体利益出发，为中蒙俄经济走廊在全球新挑战背景下的进一步发展提供相关的政策建议。

一　中蒙俄经济走廊发展的历史背景

中国、蒙古国和俄罗斯之间的跨境互动有着悠久的历史。在 17 世纪晚期，中俄就签订了茶叶贸易协议，并开辟了一条从中国东南省份一直延伸到俄罗斯帝国中部地区的“万里茶路”。[①] 这条固定的运输路线从中国汉口出发，穿越现今蒙古国境内的乌兰巴托和阿勒坦布拉格（买卖城），途经恰克图直至西伯利亚。但随着 1869 年苏伊士运河的开通，由于海上运

① 李明滨：《中国茶怎样传入俄罗斯》，《福建史志》2021 年第 2 期。

输具有周期短和成本低等优势，这条传统的“万里茶路”逐渐丧失昔日的重要地位。

进入20世纪30年代，随着军国主义日本对满洲的占领以及“诺门坎战役”的爆发，日本在东北亚地区对苏联的军事威胁与日俱增。在这样的背景下，蒙古地区对苏联的地缘政治意义愈加明显，“蒙古走廊”的国际地位在一定程度上得到了复兴。1940年，从乌兰乌德到纳乌什基的铁路建成并投入使用，它将俄罗斯的西伯利亚大铁路和蒙古地区联结在一起，是中蒙俄交通基础设施发展史上具有里程碑意义的事件，对区域基础设施的连通起到了很大的实践与示范作用。

第二次世界大战后，穿越蒙古国的乌兰巴托铁路开始正式修建。在这一过程中，首先建成通车的是纳乌什基—乌兰巴托路段（1947—1950年）。随后，乌兰巴托—扎门乌德路段也投入使用（1950—1955年）。1956年，乌兰巴托—集宁铁路线正式投入使用，它标志着中国、蒙古国和苏联三国之间开启了交通基础设施联通，也意味着三国的经贸合作进入一个新的阶段。

进入20世纪60年代，在中苏关系恶化的背景下，“乌兰巴托—纳乌什基—乌兰乌德”铁路以及“乌兰巴托—恰克图—乌兰乌德”公路对蒙古国来说都具有非常重要的意义。可以说，它们构成了当时“蒙古走廊”的主干线。苏联当时是蒙古国的重要贸易伙伴，对苏贸易额占蒙古国对外贸易总额的90%左右。[①] 而且，苏联向蒙古国出口的民用和军用物资几乎全部通过乌兰乌德经“蒙古走廊”的主干线进入蒙古国境内。

随着苏联解体和“经互会”的解散，俄罗斯与蒙古国之间的经贸关系也降至谷底。20世纪90年代以后，俄蒙之间的贸易额急速萎缩，双方传统的贸易结构受到沉重打击。[②] 与此同时，自20世纪80年代末开始，俄

---

① 田浩：《俄罗斯在蒙古国经济发展与对外经济关系中的作用》，《东北亚经济研究》2022年第6期。

② Намжилова В.О., Батомункуев В.С. Монголо-китайская граница: преобразования приграничной инфраструктуры и влияние ЭПШП // Проблемы Дальнего Востока. 2021. № 1. С. 21–32.

罗斯与中国的货物贸易规模却在不断增长。在这一时期，“哈尔滨—满洲里—外贝加尔斯克—卡雷姆斯卡亚”铁路线承担了中俄两国货物运输的主要任务。这样一来，包括中俄货物贸易在内的“蒙古纵贯铁路”（Trans-Mongolian Railway）运输量急剧下降。这条连接三国的传统运输路线也逐渐失去了自身的意义。

2013年，随着“一带一路”倡议的提出，传统的“蒙古走廊”重现生机。“一带一路”倡议旨在打造一个联通亚洲、欧洲与非洲大陆的广阔经济空间。在“一带一路”倡议框架内共包含六条经济走廊，其中的中蒙俄经济走廊是联结欧亚大陆各经济圈的重要纽带。建设中蒙俄经济走廊的倡议是习近平主席在2014年中蒙俄三国元首杜尚别峰会上提出的。2016年，中蒙俄三国元首在乌兹别克斯坦首都塔什干正式签署《建设中蒙俄经济走廊规划纲要》，中蒙俄经济走廊成为共建“一带一路”合作中的首个多边项目。其中，最重要的发展方向是支持交通运输基础设施的相互对接，并加强在组织跨境运输方面的合作。

二 中蒙俄经济走廊交通基础设施重点建设项目

加强交通基础设施的连通是建设中蒙俄经济走廊的必要条件，而且有助于在全球范围内提升本区域的物流竞争力。该区域内的重点计划项目旨在改善区域内交通运输基础设施（主要集中在蒙古国境内），同时与邻国的基础设施对接。有研究者指出，虽然经济走廊的建设对中蒙俄三国都具有一定的吸引力，但它对蒙古国尤为重要，因为它会对蒙古国的社会经济发展产生直接影响。[①]

① Даваасурэн А., Ариунжаргал Ч. О проблемах формирования экономического коридора Россия – Монголия – Китай // Регион: экономика и социология. 2021. № 3 (111). С. 184–202.

（一）铁路走廊建设

在中蒙俄经济走廊建设规划中共包括 13 个交通基础设施建设项目，其中有 7 个项目涉及铁路运输走廊的建设，这些重点建设项目涵盖了穿越蒙古国境内东、中、西、北各个方向的铁路运输路线，在这些线路上几乎包括了中蒙俄三国境内的全部重要交通节点。① 这些铁路线对蒙古国来说至关重要，在缺少出海口且自身生产能力有限的条件下，蒙古国的关键进口产品（包括能源产品、食品、消费品和机器设备等）必须依靠铁路运输。但从目前情况来看，上述运输走廊基本上还处于可行性研究阶段，而蒙古国主要还是通过“蒙古纵贯铁路”向中国出口铁矿石和铜精矿，向俄罗斯出口萤石。

在保障蒙古国进出口贸易的同时，“蒙古纵贯铁路”还在中欧过境运输方面发挥着重要作用。目前，中蒙俄三国跨境铁路运输也受到全球集装箱（化）运输趋势的影响。在“一带一路”框架内落实物流运输项目可以使洲际铁路集装箱运输产生爆炸式增长，而且与海运相比，其运输速度有较大的不同。近年来，蒙古国一直在积极发展跨境运输线路，通过“蒙古纵贯铁路”的过境集装箱列车数量已从 2015 年的 73 列增加到 2020 年的 2124 列，② 但仍逊色于连接哈萨克斯坦、白俄罗斯和俄罗斯的欧亚铁路（参见图 1）。

蒙古国在跨境运输体系方面的国际影响力在很大程度上受限于自身的铁路运力，因此它需要对国内的交通运输基础设施进行改造与升级。显而易见，蒙古国需要建设更多的铁路线，同时对“蒙古纵贯铁路”进行电气化改造。但即便各条铁路走廊开发项目均处于优先地位，对上述问题的解决仍然存在一定困难。出现这种被动局面的主要原因是蒙古国一直以来限

---

① 乌日丽格等：《中蒙俄经济走廊框架内交通基础设施建设研究报告》，中国发展出版社 2022 年版，第 35 页。

② Макаров А.В., Макарова Е.В. Программа создания экономического коридора Китай – Монголия – Россия: проблемы и перспективы реализации // Проблемы Дальнего Востока. 2021. № 4. С. 84–94.

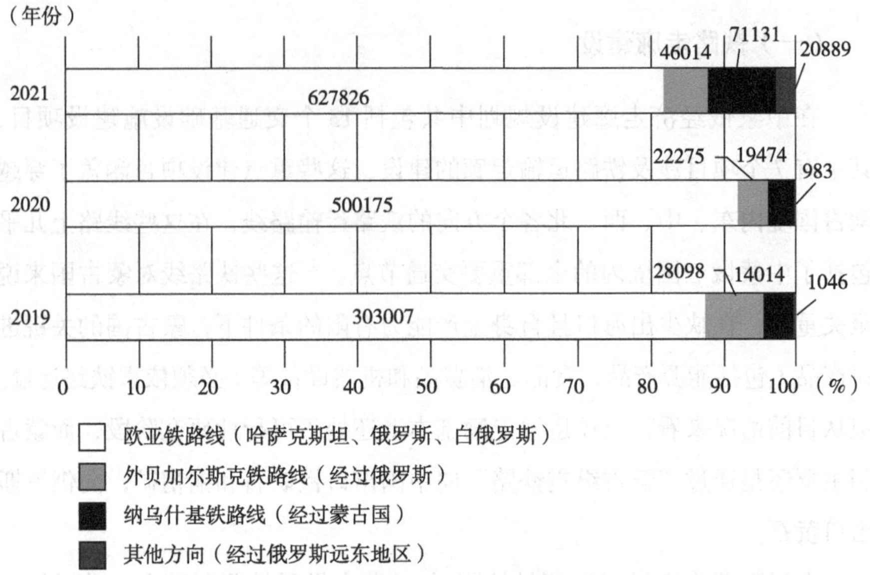

图1　中欧（欧中）各主要过境铁路线上的20英尺集装箱运输数量（2019-2021年，国际标准单位）

说明：不同的色块代表各线路所占比重，为方便理解，笔者把各线路具体数量也一一标出。

资料来源：https://index1520.com/analytics/konteynernye-zheleznodorozhnye-perevozki-naevraziyskom-prostranstve-v-2021-godu/.

制中国基础设施投资项目，同时，西方国家对这一地区缺少投资意愿，而俄罗斯的金融投资能力又不足以参与这些项目的开发。此外，从俄罗斯方面来看，蒙古国当前的铁路建设项目并不是其重点关注的领域，因为俄罗斯东部地区的贸易运输主要依靠途经外贝加尔斯克的赤塔—哈尔滨—北京铁路线。①

但无论如何，从自身利益出发，蒙古国已开始积极开发自己的铁路网络，其主要目标是与中国铁路相连接。在现有1900千米铁路轨道的基础上，蒙古国计划分三阶段建设总长为6600千米的新轨道。②这一规划如果能完全落实，那么三国跨境地区基础设施环境将会发生巨大变化。目前，蒙古

① Безруков Л. А., Фартышев А. Н. Особенности внешней торговли Монголии: риски для России // Мировая экономика и международные отношения. 2022. № 3. С. 101-109.

② Төрөөс төмөр замын тээврийн талаар баримтлах бодлого. URL: https://mrtd.gov.mn/i/2559.

国正在建设的三个主要铁路项目包括塔万陶勒盖（Tavan Tolgoi）—祖恩巴扬（Zuunbayan）铁路（414 千米）、塔万陶勒盖—嘎舒苏海图（Gashuunsukhait）铁路（267 千米），以及祖恩巴扬—汉吉铁路（226 千米）。接下来还要建设的路段包括蒙古国西部的阿尔茨—苏尔—纳里因苏海特—希瓦胡伦铁路（780 千米），以及乔巴山—胡特和东部的胡特—比希格特铁路（426 千米）。[①] 由此可见，蒙古国正在为《建设中蒙俄经济走廊规划纲要》中概述的西部和东部铁路走廊的启动创造条件。

（二）高速公路建设

中蒙俄经济走廊建设框架内的第二个重点建设领域是沿 AH-3 和 AH-4 高速公路发展公路运输。[②] 但与铁路运输不同的是，跨蒙古国的公路运输基础设施仍处于起步阶段。蒙古国在发展公路运输方面存在很多困难与障碍，其中主要包括公路基础设施发展水平低、物流链建设困难、边境口岸通关能力有限以及公路运输利润普遍较低等问题。

除上述障碍外，在蒙古国跨境公路运输发展中还存在着制度性限制。例如，虽然中蒙俄三国在 2016 年就已经签署了《关于沿亚洲公路网国际道路运输政府间协定》，但有关各方直至 2019 年才撤销了对"国际公路运输"（Transport International Rout）体系中的相关限制。之后，由于新冠疫情的暴发，相关协议的落实与跨境公路运输的实际发展都受到边境口岸相关防疫政策的制约。

但蒙古国境内的公路基础设施正在不断地得到改善，其主要目标是推动 AH-3 和 AH-4 两条跨境线路投入使用，其中包括修建乌兰巴托—达尔汗的四车道公路以及重建巴彦乌勒盖和霍特省的公路，这些地区都具有发

---

① Баруун болон зүүн босоо чиглэлийн төмөр замыг үргэлжлүүлэн барина. URL: https://mrtd.gov.mn/i/2969.

② AH 是亚洲公路网（Asian Highway）的缩写。其中 AH-3 线路包括：乌兰乌德—恰克图 / 阿勒坦布拉格—达尔汗—乌兰巴托—赛音山达—扎门乌德 / 二连浩特—北京—天津；AH-4 线路包括：新西伯利亚—巴尔瑙尔—戈尔诺—阿尔泰斯克—塔尚塔 / 乌兰拜兴特—霍特—雅兰台 / 塔克什肯—乌鲁木齐—喀什—红其拉甫。

展过境运输的潜力。此外，蒙古国政府还计划在乌尔汗、哈毕日嘎、毕其格图、杭吉、嘎舒苏海图等边境口岸地区修建公路。[①]

（三）天然气管道建设

原则上来说，中蒙俄经济走廊基础设施建设的第三个重点领域应该是“探索中资企业参与俄蒙电网现代化改造”。但目前在这方面取得的进展不大，或是宣传很少。而从俄罗斯经蒙古国向中国输送天然气的项目则受到更多的关注。

虽然天然气管道建设不属于中蒙俄经济走廊的规划建设项目，但对俄罗斯和蒙古国来说，它们之间又有着密切的联系和互动。早在2019年，俄罗斯天然气工业股份公司（Газпром）就接受了俄罗斯政府委派，开始研究过境蒙古国的“西伯利亚力量2号”天然气管道建设方案。2020年8月，俄罗斯设立了一家名为“东方联盟输气管道”公司（Союз Восток）的专门企业，负责天然气输送项目的经济技术可行性研究。2021年11月，俄罗斯方面首次宣布天然气管道将于2024年开始建设。2022年2月，相关的设计和勘探工作正式开始，该项目也随之有了更加清晰的轮廓。与此同时，考虑到天然气管道项目的落实前景，俄罗斯专家开始对蒙古国天然气管道系统建设进行研究。[②]

显而易见，通过蒙古国建设天然气管道将显著提升中蒙俄经济走廊的发展潜力。然而，该项目的实施前景仍然不明朗。虽然目前正在进行项目的设计和研究工作，但中国方面并未对经过蒙古国的天然气管道建设作明确表态。与此同时，中国和俄罗斯已经开始规划另一条输气管线，即从萨哈林海上气田供应天然气的远东线路——“西伯利亚力量3号”管道。在俄乌冲突持续不断的背景下，2022年6月，中国石油天然气集团有限公司和俄罗斯

① Интервью министра транспорта Л. Халтар // Одрийн сонин. 11.12.2020. https://montsame.mn/ru/read/246438.

② Санеев Б. Г., Попов С. П., Максакова Д. В. Моделирование развития газотранспортной системы Монголии с учетом возможностей международного сотрудничества // Известия Российской академии наук. Энергетика. 2022. № 2. С. 27–43.

天然气工业股份公司签署了长期天然气购销协议，之后，双方在确定该管道跨境段的主要技术参数和资源基础后，签订了相关技术协议。[①]

三　疫情背景下的中蒙俄经济走廊

自新冠疫情暴发以来，中蒙俄经济走廊框架内的跨境交通基础设施合作项目受到很大的限制。原则上来说，中蒙俄经济走廊建设是为了满足跨国交通运输的需求。但在疫情背景下，经济走廊的基础设施也在某种意义上承担了国家间彼此隔离的功能。显而易见，建设经济走廊的本质是加强人员、货物和服务的流动，但在最近两年间，走廊空间的关键节点——边境口岸的边境隔离功能在不断加强。

在2020年年初，为了防范疫情扩散，蒙古国和俄罗斯迅速做出反应，关闭了对中国的边境通道。针对新冠病毒的传播，两国最初的应对步骤是阻断人流。2020年1月31日，俄罗斯方面关闭了中俄边境的过境点。[②]2月1日，蒙古国也对中国公民关闭了边境口岸。[③]一个月后，俄蒙边境的人员通行也被暂时叫停。随后，为了防止货运人员带来的新冠病毒进一步扩散，三国边境间的公路货运也受到限制。[④]

蒙古国的第一批本土病例在疫情全面暴发后的第10个月才出现，其感染源来自蒙俄边境上的国际货运司机。由于疫情存在进一步恶化的风险，蒙古国国家应急委员会在2020年11月6日关闭了蒙俄边境的所有公路口

---

① «Газпром» и CNPC подписали техсоглашение по «Силе Сибири-3». URL: https://www.eastrussia.ru/news/gazprom-i-cnpc-podpisali-tekhsoglashenie-po-silesibiri-3/?utm_source=yxnews&utm_medium=desktop.

② Принято решение о временном ограничении движения через пункты пропуска на отдельных участках государственной границы Российской Федерации с Китайской Народной Республикой. URL: http://government.ru/docs/38879/.

③ Монголия ограничила передвижение граждан КНР через монголо-китайскую границу. URL: https://www.montsame.mn/ru/read/214708.

④ Alicia Campi, "Mongolia and the Coronavirus Outbreak – Rethinking Strategies for Regional Integration", *Mongolian Journal of International Affairs*, Vol. 21. No. 1, 2020, pp.13-49.

岸。[①]但运输医疗物资、食品以及能源产品的卡车每周允许入境一次。蒙古国政府原定的边境公路封锁计划到2021年1月15日结束，但实际上公路封锁持续了三个月。

俄蒙边境的封锁造成了过境车辆的拥堵和物流链的复杂化。在俄罗斯方面，受到影响最大的是与蒙古国接壤的布里亚特共和国，来自俄罗斯各地并运往蒙古国的货物大多集中在这里。在这种背景下，承运人曾被迫尝试将公路运输转为铁路运输，但由于铁路机车车辆短缺、货物装卸困难，以及关税增长等原因未能实现，使很多问题浮出水面。

俄蒙公路口岸于2021年2月23日恢复通行，但为了最大限度地减轻疫情扩散风险，蒙古国政府引入一项新的政策，外国承运人被要求将载有货物的拖车移交给清关区的蒙古国货运代理公司，并在阿勒坦布拉格的通行站进行检疫，然后发往最终目的地。[②]

疫情期间，中蒙边境的情况更为严重。边境口岸对客运完全关闭，而跨境货物运输也受到严格的限制，这在很大程度上影响了经济走廊的发展。而且，由于蒙古国向中国出口的战略性矿产资源大多通过公路运输完成，所以中蒙边境口岸的交通运输限制给依靠矿产出口的蒙古国经济造成了不小的冲击。到2020年年底，蒙古国的国内生产总值下降了5.3%，是自1990年以来下降幅度最大的一年。[③]

以蒙古国向中国出口煤炭为例。在疫情之前，每月有数百辆卡车经过蒙古国嘎舒苏海图—中国甘其毛都和蒙古国西伯库伦—中国策克口岸向中国运送煤炭，每月的出口规模可以达到200万—300万吨，而在2020年2—3月只有30万吨。煤炭出口受阻给两国都带来了一定的损失，从2020年8月1日起，中蒙边境开通了专门的“绿色走廊”，对出入境的货运司机实

① Хилийн боомтуудыг түр хааж, нэвтрэх хөдөлгөөнийг зогсоов. URL: https://news.mn/r/2373199/.

② КПП «Алтанбулаг» с 23 февраля переходит на режим постоянной работы. URL: https://montsame.mn/ru/read/253989.

③ Григорьева Ю. Г. Монголия в условиях COVID-19: основные вызовы и меры социально-экономического реагирования // Азиатско-Тихоокеанский регион: экономика, политика, право. 2022. Т. 24, № 1. С. 85–98.

施更为详细的防疫检查。[①] 这一变化在一定程度上缓解了蒙古国的出口压力，煤炭出口规模在一定程度上得到了恢复。蒙古国海关总署初步统计数据显示，2020 年年初至 2020 年 5 月 10 日，蒙古国煤炭出口总量为 460 万吨，同比大降 63%，这与疫情引发的一系列连锁反应有直接关系。

随后的 2021 年，蒙古国新冠疫情形势迅速恶化，这使得中国政府对蒙古国进口产品采取了更加严格的检疫措施。从 2021 年年初开始，蒙古国对华煤炭出口经历了四次暂停，时间从两天到 28 天不等。这对蒙古国煤炭出口造成了严重影响，与 2019 年相比，2021 年蒙古国对中国煤炭出口量下降了一半以上（参见图 2）。

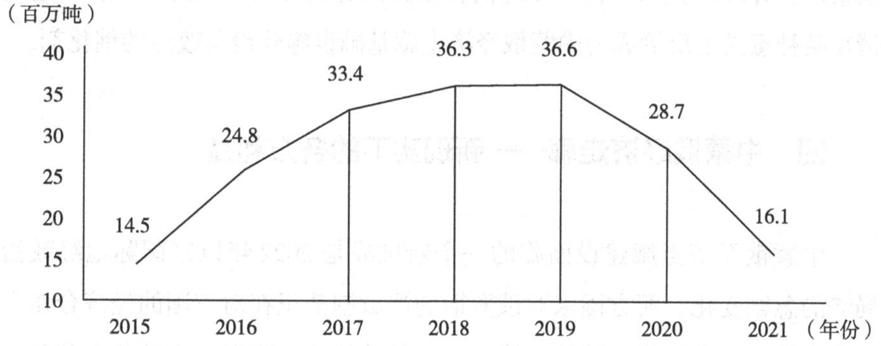

图2　蒙古国对中国煤炭出口规模动态（2015—2021年）

资料来源：URL: http://1212.mn/。

由此可见，中蒙俄三国跨境公路运输受疫情影响很大，公路运输的脆弱性在疫情的影响下暴露无遗，这也对中蒙俄经济走廊框架内的公路运输提出了一定的挑战。

此外，疫情的暴发及其带来的负面影响也促进了蒙古国铁路建设的提速，为了维持和扩大本国矿产资源的出口，蒙古国对“蒙古纵贯铁路”的现代化改造就显得尤为迫切。

在 2021 年 12 月提出的“新复兴政策”（Шинэ сэргэлтийн бодлого）中，

---

① «Ногоон гарц» түр журам ирэх сарын 1-нээс хэрэгжиж эхлэнэ. URL: https://montsame.mn/mn/read/232230.

蒙古国政府总结了疫情带来的教训，其中包括加强跨境交通基础设施建设的必要性。在这份文件中，蒙古国政府提出了未来重点发展的六大关键领域，其中之一便是振兴边境口岸，[①]它包括了建设自由贸易区、建设国家铁路网、提高乌兰巴托铁路运输能力、在各个边境口岸之间建设公路交通网络等。[②]在这一政策框架内，蒙古国政府计划在中蒙边境设立四个铁路口岸：嘎舒苏海图—甘其毛都、西伯库伦—策克、毕其格图—珠恩嘎达布其、杭吉—满都拉。

2022 年 3 月，到达杭吉边境口岸的宗巴彦—杭吉铁路开始建设（全长 226 千米），并于同年 11 月正式通车。这一线路的主要任务是运送铁矿石和铜精矿，并缓解扎门乌德—二连浩特铁路的运输压力。如此看来，新冠疫情在某种意义上反倒成为中蒙俄经济走廊基础设施建设与改造的催化剂。

四　中蒙俄经济走廊——新现实下的各方利益

中蒙俄经济走廊建设面临的一个新挑战是 2022 年以来国际地缘政治局势的急剧变化。西方国家对俄罗斯的严厉制裁正在对三国的经济合作产生重大影响。在这样的国际环境中，中蒙俄经济走廊框架内的各方利益以及它们的目标和原则都处在重塑过程中（参见表 1）。

表 1　中蒙俄经济走廊发展的阶段性特点及各方利益变化

	初期阶段（2014–2019 年）	地缘政治形势变化下的新阶段（2022 年开始）
主要的阶段性特点	·签署了一系列经济合作文件 ·政府间及社会各界互动积极	·地缘军事冲突引发对俄制裁 ·三国经济合作形势更加复杂
中国	·存在较大的潜在利益 ·是中蒙俄经济走廊建设的倡议者和发起方	·潜在利益下降 ·持观望态度
蒙古国	·存在较大的潜在利益 ·是中蒙俄经济走廊建设的中心区域	·潜在利益发生战略性变化 ·国际政治策略更加趋于谨慎

① 此外还包括振兴能源产业、发展工业、城市与乡村建设、绿色经济以及提高政府效率。

② Эдийн засгийг тэлэх боомтын сэргэлт. URL: https://dorgio.mn/p/136466.

续表

	初期阶段（2014–2019年）	地缘政治形势变化下的新阶段（2022年开始）
俄罗斯	·潜在利益较低，吸引力不足 ·参与中蒙俄经济走廊建设的积极性较低	·潜在利益上升 ·尚未表现出参与中蒙俄经济走廊建设的积极性

资料来源：笔者根据网络公开资料整理。

中蒙俄经济走廊是“一带一路”倡议的主要组成部分，也是中欧陆路运输的主要备选通道之一。因此，中国一直以来都是经济走廊建设的主要推动者。目前，俄罗斯与欧洲大陆国家的经济关系出现了很深的裂痕，双方的跨境贸易运输规模急剧下降。在这样的背景下，中国也正在积极开拓可以绕道俄罗斯的替代交通运输路线。2022年4月，从中国西安到德国曼海姆的铁路与海路联运路线正式启用。①

金融领域的合作也出现了一定困难。虽然中方认为制裁从来都不是解决问题的根本有效途径，也一贯反对任何非法的单边制裁，但受西方国家对俄罗斯制裁的影响，中俄两国在金融领域的合作空间仍然受到很大的压缩。其中，2023年4月，亚洲基础设施投资银行宣布，暂时搁置与俄罗斯和白俄罗斯相关的金融交易业务。②

制裁的实施也影响到俄罗斯的航空运输。西方国家已经全面禁止向俄罗斯航空公司出口航空运输设备和零部件。与此同时，与航空运输有关的保险、维修及租赁等服务也在禁止行列。③

在这样的背景下，蒙古国政府坚持奉行谨慎的外交政策。一方面，蒙古国夹在中俄两个大国之间，在很多方面对两国存在高度依赖；另一方面，蒙古国政府一直奉行“第三邻国”外交战略，其核心是在中国和俄罗

① Китай запустил новый грузовой железнодорожный маршрут в Германию в обход территории России. URL: https://tass.ru/ekonomika/14420633?utm_source=yxnews&utm_medium=desktop.

② АБИИ приостанавливает выдачу кредитов России и Белоруссии. URL: https:// www.interfax.ru/business/826135.

③ Китай закрыл небо для Boeing и Airbus российских авиакомпаний. URL: https://www.rbc.ru/politics/27/05/2022/6290b53a9a7947300bc0fc87.

斯之间寻求力量平衡，同时与美国、欧盟、日本、韩国及其他区域的主要国家建立合作伙伴关系。这一策略在某种程度上限制了蒙俄之间经济关系发展，但蒙古国更担心失去西方国家的支持。

在新的地缘政治背景下，中蒙俄经济走廊建设对俄罗斯的吸引力应该会越来越大，但这需要重新规划与启动一些三方合作项目。蒙古国可以成为俄罗斯商品进入国际市场，以及外国产品进入俄罗斯的主要通道之一。首先，较之俄罗斯西部边界而言，这一运输通道相对安全，不存在地缘政治风险；其次，中蒙俄经济走廊上的铁路运输具备较高的效率，这是在空运受限的情况下一种较为理想的替代方案。

在这样的情况下，俄罗斯必须要重新考虑边境铁路运输及物流综合体的发展与调整，以适应环境的变化。其边境地区的首要任务是为国际货物流动提供及时、高质量、低成本且具有竞争力的服务，并积极开展对外经济中介活动。

俄罗斯对外经济政策大概率会在不久的将来进行重新调整。长期来看，中国有可能取代欧盟国家成为俄罗斯的主要贸易伙伴，而俄罗斯“贸易流”的逐渐东转可能成为带动西伯利亚和远东地区发展的一个重要因素。但俄罗斯要真正实现国际贸易的多元化发展就需要着力开发其东部地区的交通基础设施。从这个角度来看，建设中蒙俄经济走廊又具备了更加重要的国际战略意义。

五　新形势下的中国对策

交通基础设施联通是中蒙俄三国利用地缘优势和比较优势实现共赢的必要条件。在当前蕴含各种挑战的国际大环境中，中蒙俄经济走廊的交通基础设施建设与对接合作也迎来了新的拐点。从自身视角出发，后疫情时代，为了在地缘政治动荡的大环境下继续推动中蒙俄经济走廊交通基础设施发展，同时回应俄罗斯和蒙古国对外经济发展战略的变化，中国可以从以下三个方面思考进一步的战略布局。

第一，在中蒙俄三国之间推动设立风险管控的长效合作机制。从近两年的实际情况来看，新冠疫情对三国经济合作与贸易往来造成了严重的负面影响，拖累了各国经济增长速度，降低了经济发展质量。疫情期间的混乱局面在很大程度上源自各国在信息交流和互信机制等方面缺少协同行动与有效沟通，这也是一直以来阻碍中蒙俄之间开展有效合作的负面因素。在后疫情时代，为了更加有效地防范未来的潜在风险，提高三国间的合作韧性与稳定性，中蒙俄三国需要进一步强化政府间的交流，通过顶层设计来提供更有效的制度安排。作为中蒙俄经济走廊的主导国家，中国可以倡导设立政府间的常设风险管理机构，并以此为平台加强信息交流，协调政策安排，在应对风险过程中实现联防联控，以制度化的方式增强互信，为区域经济合作的可持续发展提供坚实的保障。

第二，加快交通基础设施建设，同时深化中蒙俄经济走廊框架内的合作模式创新。在交通基础设施方面，一方面，中国应继续推进中蒙、中俄的跨境铁路对接，同时积极参与蒙古国和俄罗斯远东地区的铁路网与公路网的投资项目；另一方面，要积极利用中国的资源与技术优势，在境内外枢纽地区创建国际产业合作园区和自由贸易区等制度化的合作要素，进一步降低合作进程中的不确定性，分散风险，增强合作信心和意愿，进而提高跨境交通基础设施建设的吸引力。

第三，促进数字贸易发展，并以此来带动中蒙俄经济走廊交通基础设施建设。中蒙俄三国独特的地理位置决定了三方要走经贸友好合作的发展道路，但是由于蒙俄两国的经济结构较为单一，目前的经贸合作主要集中在畜牧业、矿业、石油等资源类产业，同时由于交通基础设施建设不完善，关税壁垒等问题，中蒙俄的合作层次不高，合作机制缺乏创新性。这些负面因素也在一定程度上弱化了该区域交通基础设施项目的吸引力。为了扭转这种不利局面，中国可以利用自身的数字技术优势，在中蒙俄经济走廊框架内推动数字贸易发展，与蒙俄两国开展网络平台对接合作，同时调整相关服务政策与法律，以此来提升中蒙俄区域贸易的便利化程度，降低贸易成本，进而增强区域内运输服务行业的吸引力，提高蒙俄两国政商界投资交通基础设施的积极性，加快中蒙俄经济走廊交通基础设施的建设进程。

结 语

自“万里茶路”出现以来，与“蒙古走廊”相邻的国家就一直在寻找彼此间的最佳交通路线和货物运送方式，这也是它们进行交流与互动的重要基础。俄罗斯、中国和蒙古国之间的跨境互动有一段漫长而复杂的历史，其间又由于受到各方利益变化和国际政治形势的影响而起伏不定。2014年，中蒙俄三国首脑对建设中蒙俄经济走廊的倡议达成共识，为三国合作提供了新的动力。在2016年签署的《建设中蒙俄经济走廊规划纲要》中，交通基础设施建设被列为重点规划项目。

中国是中蒙俄经济走廊倡议的发起者，同时也是经济走廊第一阶段建设（2014—2019年）的主要实施方。中蒙俄经济走廊是“一带一路”倡议的重要组成部分，能够确保中欧陆路贸易运输通畅便利与安全。蒙古国作为中蒙俄经济走廊的中心环节，对框架内的规划项目表现出极大的兴趣，经济走廊的建设与发展可以使蒙古国境内的铁路运输与中国对接，进而为其进出口贸易提供更加便捷与稳定的条件。俄罗斯一直以来都是中蒙俄经济走廊建设最被动的参与者，除天然气管道项目外，俄罗斯在发展区域交通基础设施方面并不积极。

新冠疫情的暴发和蔓延对中蒙俄三国的跨境经济合作带来了极大的挑战。疫情高峰期间，各国严格的防疫政策对基础设施合作项目的落实产生了很大的负面影响。同时，疫情也成为经济走廊区域基础设施转型的催化剂，在此期间，交通运输方式、基础设施发展方向以及蒙古国对跨境铁路建设的态度都发生了急剧变化。

2022年2月以来，国际地缘政治形势发生了巨大变化。在这样的背景下，中蒙俄经济走廊框架内的各方潜在利益也出现了重新布局的趋势。在西方国家对俄罗斯实施严厉制裁的条件下，中国跨境俄罗斯向欧洲的出口运输受到了很大的影响，因此中国正在积极寻找可行的跨国运输替代路径。而处于中俄之间的蒙古国则继续坚持谨慎的对外关系政策，在中俄及其他西方国家之间寻求平衡。

随着国际形势与各方利益诉求的变化，中蒙俄经济走廊框架内的合作规划很可能需要重新调整。由于航空运输受到限制，俄罗斯需要发展铁路运输，并在蒙俄与中俄边境地区建设跨国运输与物流综合体。要实现这一转型，俄罗斯必须要协调联邦与地方的活动，同时引导国内大型商业主体参与其中。

而作为中蒙俄经济走廊建设的重要国家，中国需要在新的全球性挑战与各方利益诉求变化的背景下从自身利益和区域可持续性发展角度出发，积极回应新形势的冲击。中国可以充分发挥自身的比较优势，为中蒙俄经济走廊交通基础设施建设提供技术支持和制度保障，增强各方对交通基础设施建设的信心，提高交通基础设施投资的吸引力，进而将中蒙俄经济走廊塑造为一个具有韧性的区域经济合作平台。

The China-Mongolia-Russia Economic Corridor : Transportation Infrastructure Development in the Face of New Global Challenges

Tian Hao

Abstract: China, Mongolia, and Russia are neighbors and have a long history of economic and trade collaboration, the China-Mongola-Russia Economic Corridor is a crucial platform for the three countries as they expand their regional economic and trade cooperation in the twenty-first century. Construction of transport infrastructure projects is given significant attention as part of the China-Mongolia-Russia Economic Corridor partnership. The transnational railroad and the Asian Highway system serve as the key transportation infrastructure connecting China, Mongolia, and Russia. In addition, the Russian-Chinese gas pipeline that passes through Mongolia has an effect on how the three Countries plan their transportation. Since the COVID-19 pandemic broke out in 2020 and the global geopolitical landscape underwent dramatic changes, Mongolia and Russia have experienced significant losses in cross-border trade and transportation, which has compelled them to revise their foreign economic development strategies and reevaluate their role in China's economic development. In some ways, this is helpful for the continued development of the transportation infrastructure in the China-Mongolia-Russia Economic Corridor because it has forced them to review their development prospects and potential interests within the framework of the corridor and adjust their foreign economic development strategies.

Keywords: China-Mongolia-Russia Economic Corridor; Transportation Infrastructure; Global Geopolitical Landscape

中国与欧亚经济联盟贸易便利化水平评价及贸易潜力研究*

王效云①

【摘要】对中国与欧亚经济联盟贸易便利化水平评价和双边贸易潜力测算，有助于为“一带一路”倡议与欧亚经济联盟对接合作提供决策支撑。中国和欧亚经济联盟成员国的贸易便利化水平普遍较低，而贸易便利化水平是影响双边贸易流量的显著因素，尤其是进口国贸易便利化水平。平均来说，进口国贸易便利化水平每提高1%，双边贸易流量将增加7.214%，出口国贸易便利化水平每提高1%，双边贸易流量将增加4.573%。如果中国和欧亚经济联盟成员国的贸易便利化水平能同时提高一个等级，将带来双边贸易额60%以上的增长。若双方能达成高水平经贸合作协定，切实提高贸易便利化水平，将极大地释放双方贸易潜力，实现以投资引领贸易、以贸易促进投资的有利局面，推动中国和欧亚经济联盟之间产能调整和产业链优化布局，最终促进双方产业升级，提升经济发展能力，实现互利共赢。

【关键词】欧亚经济联盟；“一带一路”倡议；贸易便利化

* 本文系国家社科基金青年项目“中俄战略协作伙伴关系中的欧亚经济联盟因素研究”（项目批准号：20CGJ040）的阶段性研究成果。

① 王效云，经济学博士，中国社会科学院俄罗斯东欧中亚研究所博士后，研究方向为区域经济一体化。

引 言

欧亚经济联盟成员国地处欧亚大陆之交，正值“一带一路”倡议的关键区域，加强与欧亚经济联盟的对接合作是中国实施“一带一路”倡议的题中之义。作为发展中经济体，中国与欧亚经济联盟所处发展阶段相近，但产业结构差异较大，互补性较强，与此同时双方都面临同样的优化经济结构、提升经济发展动力的核心任务，在“一带一路”与欧亚经济联盟对接合作的框架下，加强双边经贸合作、优势互补，实现产能对接，有助于优化区域产业链布局、提升区域发展动力、促进双边经济发展。

作为发展中经济体的领头羊，中国和欧亚经济联盟主导国俄罗斯的经济总量位居世界前列，在世界经济中具有重要的地位，且中国和欧亚经济联盟成员国政治互信程度高，经贸合作历史悠久且关系密切。中国是欧亚经济联盟第一大贸易伙伴国，2019 年与中国的贸易额占联盟对外贸易总额的 18%，相对而言欧亚经济联盟只是中国一个较小的贸易伙伴，与联盟的贸易额占比不足中国对外贸易总额的 4%。就规模而言，双边贸易额始终不高，2018 年之前中国与俄罗斯的双边贸易额不足 900 亿美元，与联盟其他四个成员国的贸易额累计不足 200 亿美元，2018 年中俄双边贸易额首次突破 1000 亿美元，此后两年维持在略高于 1000 亿美元的水平。产业结构和世界经济地理特点是造成这一局面的主要内因。欧亚经济联盟国家制造业相对落后，能生产和出口的产品种类较少，基本围绕农产品和矿产能源等少数几种产品，而中国自 20 世纪 90 年代初开始深度融入东亚生产网络，贸易伙伴以东亚和欧美发达国家为主，欧亚经济联盟国家在中国的历史贸易结构中相对边缘化。

但自 2008 年国际金融危机以来，国际经济环境开始发生大的调整，保护主义率先在发达国家复兴，以美国为首的西方发达国家不断发起针对中国的一系列打压措施，而俄罗斯更是长期处在西方国家的围追堵截中。面对新的国际形势，中俄等发展中国家急需抱团取暖，加强合作，开拓新的国际市场，寻找新的经济发展动力，这为中国和欧亚经济联盟加强经贸合作提供了契机。推动中国和欧亚经济联盟的经济一体化，在此基础上建立统一的区域大市场，以贸易为引领，实现区域内产业链的优化布局，对于促进中国和欧亚经济联盟产业升级，优化产业结构，提升经济发展能力具有重要意义。

要实现这一目标，首先要破除影响双边经贸合作的制度障碍，提升贸易自由化和贸易便利化水平。就贸易自由化水平而言，中国和除白俄罗斯之外的联盟成员都是 WTO 成员，在入世承诺下关税壁垒和传统非关税壁垒都经过了实质性削减，白俄罗斯虽然不是 WTO 成员，但也开启了加入 WTO 的谈判，而且作为欧亚经济联盟成员，白俄罗斯执行联盟统一的对外贸易政策，关税水平与其他成员国也保持同步。因此，总体上而言，中国和联盟各国在 WTO 的引领下，贸易自由化都达到了较高的水平。与世界其他经济体一样，在贸易自由化水平较高的情况下，影响各国贸易合作的主要制度障碍集中体现在以海关通关效率为代表的贸易便利化水平上。2018 年 5 月 17 日，中国与欧亚经济联盟签署了《中华人民共和国与欧亚经济联盟经贸合作协定》，核心内容之一便在于提升中国和联盟的贸易便利化水平。

本文的目的在于衡量中国与欧亚经济联盟贸易便利化水平，在此基础上，评估双方贸易潜力，为双方最终建立自由贸易区，实现深度经济贸易一体化提供决策支撑。

一　中国与欧亚经济联盟经贸合作的基础和现状

（一）中国与欧亚经济联盟经贸合作的基础

中国和欧亚经济联盟成员国经济结构差异很大，具有典型的互补性特征。从三次产业结构来看，中国工业比重显著高于联盟国家，而联盟国家的吉尔吉斯斯坦、亚美尼亚经济在更大程度上依赖农业。制造业是中国工业的主要组成部分，但俄罗斯、哈萨克斯坦、吉尔吉斯斯坦以及亚美尼亚，矿产能源产业在工业部门中占比较高，制造业所占比重较低。

就制造业内部结构来看，中国与联盟国家也具有显著的差异。首先，与联盟国家相比，中国制造业技术水平较高，中高新技术占比较大，代表较高技术水平的机械和交通设备是制造业第一大门类，其他制造业部门都较为均衡，中国制造业没有明显的短板。联盟国家中白俄罗斯制造业的总体技术水平略低于中国，机械和交通设备在制造业中也占据较大份额，但其化学工业更为突出，纺织服装业较为薄弱。俄罗斯的化学工业和食品饮料烟草工业占比较大，纺织服装较为薄弱。哈萨克斯坦的制造业主要集中在食品饮料烟草这类低加工制造业，机械和交通设备、化学工业所占的比重不大，但远高于纺织服装业。吉尔吉斯斯坦和亚美尼亚的制造业主要以食品饮料烟草为主，较低技术水平的纺织服装和较高技术水平的机械和交通设备、化学工业等都极为薄弱。

表1　欧亚经济联盟和中国三次产业及制造业结构　（%）

	农业	工业	服务业	制造业						
				GDP占比	中高新技术	食品饮料烟草	纺织服装	机械和交通设备	化学工业	其他制造业
俄罗斯	3.70	29.99	56.27	13.26	30.49	16.58	1.89	8.53	15.10	57.91
白俄罗斯	6.83	31.30	49.07	21.48	40.01	24.94	6.69	18.46	18.57	31.33
哈萨克斯坦	5.32	33.12	55.75	12.66	14.51	22.99	0.88	6.82	6.37	62.95
吉尔吉斯斯坦	13.51	29.46	49.63	17.01	2.80	17.04	2.79	1.27	0.67	78.23
亚美尼亚	11.72	26.41	53.30	12.44	4.84	63.09	2.19	1.35	1.93	31.45
中国	7.65	37.82	54.53	26.18	41.45	11.83	9.99	24.53	10.81	42.84

说明：农业、工业、制造业和服务业增加值占GDP比重为2020年数据，中高新技术、食品饮料和烟草、纺织服装、机械和交通设备、化学工业以及其他制造业占制造业增加值比重为2018年数据。

资料来源：世界银行世界发展指数WDI数据库，https://datatopics.worldbank.org/world-development-indicators/。

经济结构互补性为中国与欧亚经济联盟开展经贸合作提供了基本动因，柴瑜等[①]提出，提高经济复杂度，是中国和欧亚经济联盟之间超越互

① 柴瑜、王效云：《“丝绸之路经济带”与欧亚经济联盟的对接——基础、挑战与环境塑造》，《欧亚经济》2018 年第 5 期。

补性的更深层次的经贸合作动因。经济复杂度体现一国所拥有的生产技术和能力的多样性，经济复杂度越高，该国越有能力生产复杂的高技术含量的产品，进而实现产业的升级转型。因此，提高经济复杂度是促进各国产业发展的根本途径。经济复杂度包括两个维度：多样性和普遍性。一方面，一国拥有的知识和能力越多，意味着其能生产更多样化的产品，产品的多样性也就越高；另一方面，产品需要的知识越多、越复杂，则有能力生产该产品的国家越少，即产品的普遍性越低。显然，多样性越高、普遍性越低，经济复杂度越高。

根据哈佛大学增长实验室公布的经济复杂度指数（ECI）及最新排名，2018 年日本 ECI 指数最高，为 2.32，居第 1 位。中国 ECI 指数为 1.15，居第 21 位。联盟国家中 ECI 指数最高的是白俄罗斯，为 0.79，排名第 34 位，其次为俄罗斯，ECI 指数为 0.34，居第 48 位，吉尔吉斯斯坦 ECI 指数为 0.03，居第 64 位，亚美尼亚指数为 –0.09，居第 70 位，哈萨克斯坦指数为 –0.46，居第 88 位。[①]

从经济复杂度上可以看出中国和欧亚经济联盟成员国之间经济发展阶段的差异性，中国和联盟国家都面临提高经济复杂度的任务，但二者的需求侧重点不同。中国的工业门类大而全，能生产多样化的产品，因而多样性较强，但产品的技术含量普遍较低，因此普遍性过高。而欧亚经济联盟成员国大多产业结构单一，经济严重依赖能源资源及农产品出口，能生产的产品种类不仅十分有限，而且技术含量也很低，因此联盟国家除了面临与中国同样的普遍性过高的问题之外，还面临突出的多样性不足的问题。

提高经济复杂度、促进产业发展是中国与欧亚经济联盟开展经贸合作的深层基础和动力。中国建立了较完备的产业体系，产品的多样性在世界上居于前列。部分优势产能，例如钢铁、水泥、平板玻璃、造船、光伏等在国内已近饱和，既是对资本、人力资源等生产要素的极大浪费，又阻

① 基于 HS92、HS96、HS02、HS07、HS12 五套国际贸易分类体系，哈佛大学增长实验室测算了五套 ECI 指数，正文所列指数和排名是基于 HS12 计算得到的。

碍了结构效率的提升和产业升级，因而面临与其他国家开展产能合作的需要，而这部分优势产能却高度契合了亟待建立完善本国工业体系的欧亚经济联盟国家的工业化需求，二者合作既有助于推动联盟国家产业体系的建设，提高产品多样性，降低普遍性，又有助于释放生产要素，推动中国产业深化与升级。因此，基于提高经济复杂度的角度，深化中国和欧亚经济联盟国家在产业链层面的经贸合作，不仅意义重大，而且潜力巨大。

（二）中国与欧亚经济联盟经贸合作现状

中国和欧亚经济联盟国家历史关系较好，政治互信度高，经贸往来密切。但受双方发展阶段、发展战略等因素的制约，双边贸易额并不高。如前文所述，欧亚经济联盟国家制造业发展相对落后，能生产和出口的产品种类较少，基本围绕农产品和矿产能源等少数几种产品，而中国自 20 世纪 90 年代初开始深度融入东亚生产网络，贸易伙伴以东亚和欧美发达国家为主，欧亚经济联盟国家在中国的历史贸易结构中相对边缘化。梳理中国和欧亚经济联盟经贸发展历史和现状，可以发现如下特点。

第一，中国和欧亚经济联盟双边贸易额较低，但增速很快。

中国和欧亚经济联盟成员国的进出口贸易数额不大，但增速很快。2000—2019 年，中国自欧亚经济联盟成员国进口额由 68.7 亿美元增长到 710 亿美元，增长了约 9.3 倍，同期中国进口总额由 2251 亿美元增长到 2 万亿美元，增长了约 7.9 倍。中国对欧亚经济联盟成员国出口额由 29.8 亿美元增长到 706 亿美元，增长了约 22.7 倍，同期中国对外出口总额由 2492.03 亿美元增长到 24994.57 亿美元，增长了约 9.0 倍。中国与联盟成员国的进出口贸易总额同比增长了约 13.4 倍，同期中国对外贸易总额平均增长了约 8.6 倍。

从趋势上来看，2000—2019 年，中国和欧亚经济联盟成员国贸易额总体呈现上升趋势，但中间经历两次大的波动。双边贸易额在 2002 年开始进入上升通道，2006 年之后增速大幅提高，但受 2008 年国际金融危机影响，2008—2009 年双边贸易额显著下滑。经过短暂的调整之后，2009 年开始双边贸易额恢复增长，一直持续到 2014 年。2014 年俄罗斯爆发经济危机，受其影响，2014—2015年双边贸易额再次大幅下滑。2015年欧亚经济联盟正式运行，一年之后，即2016年开始双边贸易额再次大幅增长。

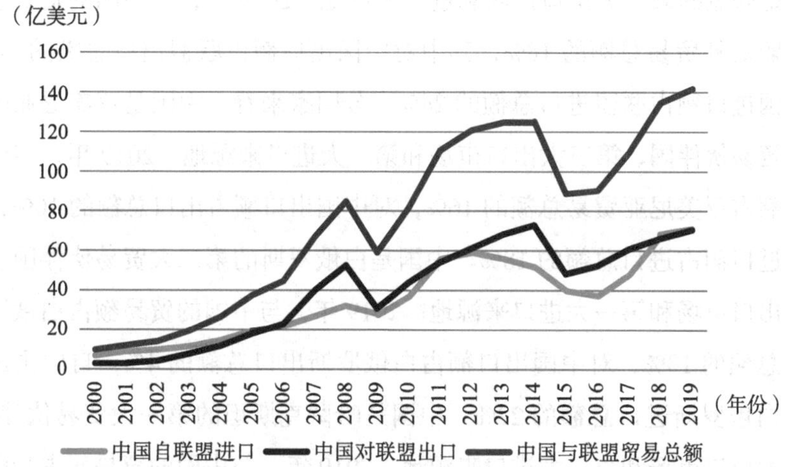

图1　2000—2019年中国与欧亚经济联盟国家贸易

资料来源：UN COMTRADE，https://comtrade.un.org/data.

第二，中国和欧亚经济联盟在双方贸易中的地位不平衡。

在中国对外贸易中，欧亚经济联盟成员国一直是中国一个相对较小的贸易伙伴。2005—2019年，联盟五国在中国出口贸易中合计占比2.13%—3.67%，在进口贸易中合计占比2.38%—3.43%。中国与联盟成员国的贸易主要集中在俄罗斯。2005—2019年期间，中国对俄罗斯出口占中国出口总额的1.46%—2.34%，中国自俄罗斯进口占中国进口总额的1.86%—2.91%。哈萨克斯坦是联盟成员国中中国的第二大贸易伙伴，中国对哈萨克斯坦出口占中国出口总额的0.37%—0.69%，自哈萨克斯坦进口占中国进口总额的0.3%—0.88%。吉尔吉斯斯坦是联盟成员国中中国的第三大出口市场，对吉尔吉斯斯坦出口额占中国出口总额的0.11%—0.64%，中国自吉尔吉斯斯坦进口额占中国进口总额的比重很低，不足0.02%。中国对白俄罗斯出口额和自白俄罗斯进口额占比均不足0.07%，对亚美尼亚出口额和亚美尼亚进口额占比分别在0.01%和0.03%以内。

相比欧亚经济联盟只是中国一个较小的贸易伙伴，中国却是欧亚经济联盟最重要的贸易伙伴国。自 2015 年欧亚经济联盟成立开始，中国一直是联盟第一大贸易伙伴（不含区域一体化组织在内）。自 2017 年开始，中国同时是联盟的第一大出口市场和进口来源地。2019 年，与中国的贸易总额占联盟对外贸易总额的 18%，其中对中国出口额占联盟出口总额的 14%，自中国进口额占联盟进口总额的 24%。分国家来看，中国是亚美尼亚的第一大贸易伙伴国、第三大出口市场和第一大进口来源地。2019 年，与中国贸易额占亚美尼亚贸易总额的 16%，对中国出口额占出口总额的 10%，自中国进口额占进口总额的 18%。中国是白俄罗斯的第二大贸易伙伴国、第七大出口市场和第一大进口来源地。2019 年，与中国的贸易额占白俄罗斯贸易总额的 13%，对中国出口额占白俄罗斯出口总额的 4%，自中国进口额占白俄罗斯进口总额的 22%。中国是哈萨克斯坦的第一大贸易伙伴国、第二大出口市场和第一大进口来源地。2019 年，与中国的贸易额占哈萨克斯坦对外贸易总额的 19%，对中国出口额占哈萨克斯坦出口总额的 15%，自中国进口额占哈萨克斯坦进口总额的 28%。中国是吉尔吉斯斯坦的第一大贸易伙伴国、第四大出口市场和第一大进口来源地。2019 年，与中国贸易额占吉尔吉斯斯坦贸易总额的 43%，对中国出口额占吉尔吉斯斯坦出口总额的 6%，自中国进口额占吉尔吉斯斯坦进口总额的 60%。中国是俄罗斯的第一大贸易伙伴、第一大出口市场和第一大进口来源地。2019 年，与中国贸易额占俄罗斯贸易总额的 18%，对中国出口额占俄罗斯出口总额的 15%，自中国进口额占俄罗斯进口总额的 24%。

第三，中国与欧亚经济联盟成员国贸易产品集中度高，且以产业间贸易为主，体现出较强的互补性特征。

在贸易产品方面，中国与欧亚经济联盟成员国的进出口贸易具有如下特点：首先，无论是进口还是出口，商品的集中度都非常高，而且中国自联盟成员国的进口集中度普遍高于出口集中度。其次，中国对联盟成员国的出口以机械设备等制造品为主，而中国自联盟成员国的进口以矿产、农牧产品等初级产品为主，呈现出典型的互补性和产业间贸易特征。具体来看，2019年，中国对亚美尼亚的出口中，62.6%集中在机械设备、电气设备及零部件、车辆、钢铁制品等方面；中国自亚美尼亚进口的94.7%都是矿石、矿渣和灰分，另有4.6%是服装和服饰。中国出口到白俄罗斯的产品，52%集中在机械设备、电气设备、车辆及其零部件；中国自白俄罗斯进口中，化肥占60.6%，另有31.9%是乳制品、木材及木制品、肉、塑料及其制品、动植物油脂等，上述几种产品合计占比92.5%。中国出口哈萨克斯坦的产品中，49.7%集中在机械设备、电气设备、服装、鞋帽等；中国自哈萨克斯坦进口的商品中，87.3%集中在矿物燃料、铜及其制成品、矿石、矿渣、铁和钢以及无机化学品等。中国对吉尔吉斯斯坦出口商品中，55%集中在服装、服饰和配件以及鞋类方面，此外是电气设备、水果坚果、机械设备和零件等，上述商品合计占比73.5%；中国自吉尔吉斯斯坦进口的商品中，52%是矿石、矿渣和灰分，另有34.9%集中在生皮和皮革、铅及其制品、矿物燃料和动物毛料等，以上几种商品合计占比86.9%。中国对俄罗斯出口的前两大类商品分别是电气设备和机械设备及其零部件，两者合计占比38%，其次是毛皮和人造毛皮及其制成品、车辆及零部件、鞋类等，前五大类商品合计占比53%；自俄罗斯进口商品中，69.4%是矿物燃料，7.1%是木材及木制品，此外，矿石、鱼和甲壳类动物以及铜及其制品合计占比10%。

表2　　2019年中国与欧亚经济联盟成员国前五大类进出口商品及其占比

（%，按照HS2位编码）

国家	出口		进口		国家	出口		进口	
	HS编码	占比	HS编码	占比		HS编码	占比	HS编码	占比
亚美尼亚	84	28.05	26	94.74	白俄罗斯	84	19.47	31	60.57
	85	17.76	62	4.57		85	18.81	4	6.75
	90	6.85	22	0.26		87	13.69	44	5.76
	87	5.20	28	0.11		29	4.32	2	5.46
	73	4.72	24	0.09		64	3.86	47	5.11
	合计	62.58	合计	99.77		合计	60.15	合计	83.65

续表

国家	出口		进口		国家	出口		进口	
	HS 编码	占比	HS 编码	占比		HS 编码	占比	HS 编码	占比
哈萨克斯坦	84	12.21	27	31.69	吉尔吉斯斯坦	62	26.56	26	52.01
	85	11.70	74	18.77		61	15.36	41	13.97
	62	11.23	26	17.65		64	13.06	78	8.96
	64	7.58	72	9.81		52	4.38	27	7.12
	61	7.01	28	9.39		85	4.37	51	4.86
	合计	49.73	合计	87.31		合计	63.73	合计	86.92
俄罗斯	85	19.15	27	69.43					
	84	18.83	44	7.10					
	43	6.62	26	3.68					
	87	4.36	3	3.63					
	64	4.08	74	2.75					
	合计	53.04	合计	86.59					

资料来源：UN COMTRADE 数据库。

二　中国与联盟国家贸易便利化水平评价

（一）贸易便利化评价体系构建

贸易便利化通常是指政府通过简化程序、协调法律法规和标准、采用新技术和其他有效方法，消除或减少资源跨国流动和配置的机制性和技术性障碍，以提高贸易的运作效率。就其范畴而言，贸易便利化不仅应涵盖边境障碍相关内容，还应涵盖境内障碍相关内容，不仅包括货物流动所经历的边境措施，同时还涉及一系列国内法规以及新技术的使用等。落实到实际操作层面，亚太经济合作组织（APEC）将贸易便利化的行动措施分为四大类：海关程序、标准和一致化、商务流动以及电子商务。约翰·威尔森（John S. Wilson）等①据此构建了港口效率、海关环境、规制环境和电子

① John S. Wilson, Catherine L. Mann, and Otsuki Tsunehiro, "Trade Facilitation and Economic Development: A New Approach to Quantifying the Impact", *The World Bank Economic Review*, Vol.17, No.3, 2003, pp.367-389.

商务 4 个一级指标和 13 个二级指标的贸易便利化评价体系。后续学者大都沿袭了这一思路，在威尔森评价体系基础上，根据具体情况对指标体系略作修改和调整。

本文将借鉴威尔森等人的研究成果和思想，从贸易便利化的概念和内涵出发，结合贸易便利化的新发展、数据的可得性，以及欧亚经济联盟成员国的自身特点，构建一个综合的评价体系。与威尔森等人的研究相比，在一级指标体系上，本文用交通与物流替代港口效率，在这一项中，除了考察港口、水陆和航空等交通运输硬件基础设施外，还增加了对物流效率和物流服务质量等软件能力的考察；用金融与电子商务替代电子商务，除了考察互联网的使用情况外，还考察金融中介服务对贸易便利化的促进作用。在二级指标体系上，基于数据的可得性，综合选取了世界银行和图尔库经济学院物流绩效指数调查项目（LPIS）、世界银行全球营商环境评价项目（DB）、世界银行全球治理指数数据库（WGI）、世界银行世界发展指数数据库（WDI）的有关指标。在此基础上，本文构建了由交通与物流、海关环境、规制环境和金融与电子商务 4 个一级指标和 21 个二级指标组成的综合评价体系，从流程上看，既涵盖了以海关环境为代表的边境措施，也涵盖了以交通与物流、规制环境和金融与电子商务为代表的边境后措施；从内容上看，既包含影响商品跨境流动的交通运输、通信基础设施，也包含与流程、制度、技术和金融支持等相关的制度和技术环境，从而能更加全面地对贸易便利化的程度进行考察和评价。

表 3　　　　贸易便利化测评体系指标构成

一级指标	二级指标		得分范围	指标来源
交通与物流（T）	贸易和运输相关基础设施的质量	T1	1—5	LPIS
	跟踪和追踪托运货物的能力	T2	1—5	LPIS
	价格有竞争力的货运	T3	1—5	LPIS
	物流服务的能力和质量	T4	1—5	LPIS
	货物在计划或预期时间内到达收货人的频率	T5	1—5	LPIS

续表

一级指标	二级指标		得分范围	指标来源
海关环境（C）	清关流程的效率	C1	1—5	LPIS
	出口时间—文件合规性	C2	0—100	DB
	进口时间—文件合规性	C3	0—100	DB
	出口时间—边境合规性	C4	0—100	DB
	进口时间—边境合规性	C5	0—100	DB
	出口成本—文件合规性	C6	0—100	DB
	进口成本—文件合规性	C7	0—100	DB
	出口成本—边境合规性	C8	0—100	DB
	进口成本—边境合规性	C9	0—100	DB
规制环境（L）	合同执行情况	L1	0—100	DB
	腐败控制	L2	-2.5—2.5	WGI
	法治	L3	-2.5—2.5	WGI
	监管质量	L4	-2.5—2.5	WGI
金融与电子商务（F）	获得信贷难易度	F1	0—100	DB
	个人使用互联网比例	F2	0—100	WDI
	固定宽带订阅比例	F3	0—100	WDI

（二）测评指标含义

第一，交通与物流。该指标用来衡量一国航空、铁路、公路、港口口岸等硬件基础设施质量以及物流服务等软件能力，该指标分值越高，代表交通物流设施越好，越有利于促进贸易便利化。选取5个二级指标，分别包括贸易和运输相关基础设施的质量、跟踪和追踪托运货物的能力、价格有竞争力的货运、物流服务的能力和质量、货物在计划或预期时间内到达收货人的频率。5个二级指标均来自世界银行和图尔库经济学院物流绩效指数调查项目（LPIS），阈值范围1—5（1=极差，5=极好）。

第二，海关环境。该指标用来衡量一国海关程序的烦琐与海关相关成本的高低。该指标分值越高，代表海关程序越简单透明，成本越低，越有利于促进贸易。该指标选取9个二级指标，其中清关流程的效率来自LPIS（1=最低，5=最高），另外8项指标，出口时间—文件合规性、进口时间—

文件合规性、出口时间—边境合规性、进口时间—边境合规性、出口成本—文件合规性、进口成本—文件合规性、出口成本—边境合规性、进口成本—边境合规性，分别对出口和进口所需的时间和成本以及单证数量进行考察，0= 极差，100= 极好。

第三，规制环境。该指标用来衡量一国营商的宏观制度环境，一国法制越健全、合同执行越有效，越有利于促进贸易。该指标包含 4 个二级指标：合同执行情况（0= 最不利，100= 最有利）、腐败控制（–2.5= 腐败控制最不力，2.5= 腐败控制最好）、法治（–2.5= 法治最弱，2.5= 法治最好）、监管质量（–2.5= 最差，2.5= 最好）。

第四，金融与电子商务。考察一国金融和信息技术对国际贸易的支持情况，该项指标得分越高，代表一国金融和技术对贸易的支持力度越大。选取 3 个二级指标：获得信贷难易度（0= 极困难，100= 极容易）、个人使用互联网比例（0= 最低，100= 最高）、固定宽带订阅比例（0= 最低，100= 最高）。

（三）数据来源与处理

本文所有数据均来源于世界银行和图尔库经济学院物流绩效指数调查项目（LPIS）、世界银行全球营商环境评价项目（DB）、世界银行全球治理指数数据库（WGI）、世界银行世界发展指数数据库（WDI），时间跨度为 2014—2018 年。[①] 鉴于不同的数据库量纲不同，取值范围不同，为了便于比较和处理，本文首先将数据中心化，以统一量纲。公式如下：

$$yij = \frac{x_j - \min(x_j)}{\max(x_j - \min(x_j))}$$

（四）指标权重的确定

考虑到一个国家贸易便利化水平的各个方面往往是协同发展的，本文

① 世界银行和图尔库经济学院物流绩效指数调查项目（LPIS）每两年更新一次数据，最新的一期数据更新到 2018 年，故本文选取的数据时间跨度也截止到 2018 年。

首先对二级指标数据进行相关性检验，结果显示所有二级指标均与其他指标之间具有很强的相关性（参见表 4）。

表 4　贸易便利化二级指标相关性检验

Variable	smc	Variable	smc
T1	0.991	C7	0.996
T2	0.992	C8	0.973
T3	0.988	C9	0.999
T4	0.993	L1	0.991
T5	0.986	L2	0.992
C1	0.987	L3	0.976
C2	0.995	L4	0.977
C3	0.998	F1	0.965
C4	0.996	F2	0.988
C5	0.993	F3	0.980
C6	0.951		

为了更加精确地对贸易便利化指标体系进行测算，减少数据的共线性的影响，本文使用主成分分析法对各指标的权重进行赋值。首先用 Stata15 软件进行主成分分析，得到 5 个主成分 Comp1–Comp5（参见表 5）。

表 5　主成分各指标的系数构成

二级指标		Comp1	Comp2	Comp3	Comp4	Comp5
贸易和运输相关基础设施的质量	T1	0.346	–0.114	–0.041	0.015	–0.015
跟踪和追踪托运货物的能力	T2	0.322	–0.149	–0.119	–0.062	–0.093
价格有竞争力的货运	T3	0.346	–0.070	–0.032	–0.001	–0.149
物流服务的能力和质量	T4	0.351	–0.087	–0.035	–0.018	0.064
货物在计划或预期时间内到达收货人的频率	T5	0.344	–0.040	–0.061	–0.129	0.023
清关流程的效率	C1	0.323	–0.085	–0.036	0.129	–0.212
出口时间—文件合规性	C2	0.094	0.022	0.420	0.169	0.340
进口时间—文件合规性	C3	0.028	0.409	–0.043	0.128	0.082

续表

二级指标		Comp1	Comp2	Comp3	Comp4	Comp5
出口时间—边境合规性	C4	0.003	–0.107	0.480	0.112	–0.127
进口时间—边境合规性	C5	–0.085	0.393	–0.078	–0.101	0.075
出口成本—文件合规性	C6	0.112	–0.011	0.430	0.069	0.339
进口成本—文件合规性	C7	0.094	0.385	–0.063	–0.094	–0.241
出口成本—边境合规性	C8	–0.052	0.206	0.298	0.349	–0.258
进口成本—边境合规性	C9	–0.096	0.392	–0.047	0.109	–0.171
合同执行情况	L1	0.294	0.167	–0.176	–0.087	0.195
腐败控制	L2	0.258	0.195	0.230	0.151	–0.093
法治	L3	0.205	0.108	–0.144	0.493	0.050
监管质量	L4	0.021	–0.003	–0.291	0.566	0.102
获得信贷难易度	F1	–0.131	–0.223	–0.149	0.219	0.451
个人使用互联网比例	F2	0.080	0.314	–0.121	–0.142	0.474
固定宽带订阅比例	F3	0.207	0.199	0.238	–0.294	0.137

5 个主成分提取了 21 个指标中 95% 的信息量。在此基础上，获得贸易便利化水平的综合评价模型：

$$COMP = 0.091T1 + 0.045T2 + 0.095T3 + 0.103T4 + 0.095T5 + 0.09C1 + 0.159C2 + 0.132C3 + 0.066C4 + 0.056C5 + 0.149C6 + 0.104C7 + 0.111C8 + 0.063C9 + 0.126L1 + 0.202L2 + 0.131L3 + 0.015L4 - 0.088F1 + 0.109F2 + 0.156F3$$

将上述系数归一化，得到贸易便利化评价的综合模型：

$$TWTFI = 0.045T1 + 0.022T2 + 0.047T3 + 0.051T4 + 0.047T5 + 0.045C1 + 0.079C2 + 0.066C3 + 0.033C4 + 0.028C5 + 0.074C6 + 0.052C7 + 0.055C8 + 0.031C9 + 0.063L1 + 0.101L2 + 0.065L3 + 0.007L4 - 0.044F1 + 0.054F2 + 0.078F3$$

其中，各个指标前的系数为各二级指标在主成分中的权重。一级指标权重为各一级指标下二级指标权重总和，因此，交通与物流（T）、海关环境（C）、规制环境（L）、金融与电子商务（F）的权重分别为 0.21、0.46、

0.24 和 0.09。

（五）贸易便利化水平测算与分析

将中国和欧亚经济联盟成员国 2014—2018 年各个评价指标的指标值和指标权重带入上述模型，得到各国贸易便利化水平测度结果、五年均值及其排名（参见表 6）。

表 6　2014—2018 年中国和欧亚经济联盟成员国贸易便利化水平及排名情况

国家	2014 年		2015 年		2016 年		2017 年		2018 年		均值	
	TWTFI	排名	TWTFI	排名	TWTFI	排名	TWTFI	排名	TWTFI	排名	TWTFI	排名
亚美尼亚	0.59	3	0.59	3	0.58	3	0.60	3	0.62	3	0.60	3
白俄罗斯	0.65	1	0.65	1	0.65	1	0.65	1	0.66	2	0.65	1
中国	0.61	2	0.62	2	0.62	2	0.63	2	0.68	1	0.63	2
哈萨克斯坦	0.49	5	0.49	5	0.52	5	0.52	5	0.54	5	0.51	5
吉尔吉斯斯坦	0.41	6	0.40	6	0.42	6	0.43	6	0.48	6	0.43	6
俄罗斯	0.54	4	0.53	4	0.53	4	0.54	4	0.55	4	0.54	4

总的来看，欧亚经济联盟中贸易便利化水平最高的是白俄罗斯，其次是亚美尼亚、俄罗斯和哈萨克斯坦，贸易便利化水平最低的是吉尔吉斯斯坦。与欧亚经济联盟成员国相比，中国的贸易便利化水平处于中上，2014—2017 年中国的贸易便利化水平仅次于白俄罗斯，高于其他四个欧亚经济联盟成员国。2018 年，中国的贸易便利化水平首次超过白俄罗斯。

为了考察中国和欧亚经济联盟成员国贸易便利化水平在世界中的相对地位，本文同时测算了英国、法国、德国、美国、意大利、日本、加拿大、比利时、奥地利、澳大利亚、新加坡、韩国、西班牙、波兰、智利、秘鲁、泰国、墨西哥、巴西、印度共 20 个国家在 2014—2018 年期间的贸易便利化指数，这 20 个国家中，前 13 个为发达国家，后 7 个为发展中国家。按照五年均值计算，中国和欧亚经济联盟成员国贸易便利化水平均大幅落后于发达国家。在选取的几个发展中国家样本当中，贸易便利化程度最高的是波兰，2014—2018年贸易便利化平均得分为0.748，其次是智利，平均得分为0.684，白俄罗斯处于第三位，平均得分为0.65（次于发达国家澳大利亚0.683的平均得分）。曾铮等①将贸易便利化指数分为四个等级：0.8分以上为非常便利，0.7—0.8分为比较便利，0.6—0.7分为一般便利，0.6分以下为不便利。参照这种划分方法，比利时、奥地利、法国、德国、英国和新加坡的贸易便利化水平都在第一个等级，属于非常便利；西班牙、日本、韩国、美国、加拿大、意大利和波兰处于第二个等级，属于比较便利；智利、澳大利亚、白俄罗斯、泰国和中国处于第三个等级，属于一般便利；欧亚经济联盟中除了白俄罗斯之外的其他成员国以及墨西哥、秘鲁、印度、巴西同处于第四等级，属于不便利。因此，与世界其他国家相比，中国和欧亚经济联盟成员国的贸易便利化水平都有很大的提升空间。

表7　2014—2018年相关国家贸易便利化水平及排名情况（五年均值）

国家	TWTFI	等级	国家	TWTFI	等级
比利时	0.851	非常便利	智利	0.684	一般便利
奥地利	0.843		澳大利亚	0.683	
法国	0.838		白俄罗斯	0.65	
德国	0.824		泰国	0.631	
英国	0.823		中国	0.63	
新加坡	0.811				
西班牙	0.792	比较便利	亚美尼亚	0.59	不便利
日本	0.781		墨西哥	0.583	
韩国	0.777		俄罗斯	0.54	
美国	0.776		秘鲁	0.511	
加拿大	0.765		哈萨克斯坦	0.51	
意大利	0.754		印度	0.5	
波兰	0.748		巴西	0.499	
			吉尔吉斯斯坦	0.43	

① 曾铮、周茜：《贸易便利化测评体系及对我国出口的影响》，《国际经贸探索》2008年第10期。

三　中国与欧亚经济联盟贸易前景预测

（一）模型设定与数据来源

本文采用引力模型测度贸易便利化对中国和欧亚经济联盟双边贸易的影响。用引力模型研究贸易流量是20世纪60年代荷兰经济学家简·丁伯根（Jan Tinbergen）① 和德国经济学家彭蒂·波贺农（Pentti Pyhnen）② 首次提出的，最初的模型设定十分简单，其基本思想是两国双边贸易额与两国经济总量（反映供给能力和市场需求能力）成正比，与两国距离（反映贸易成本）成反比。自此之后，引力模型成为研究国际双边贸易流量的经典模型，被广泛使用，并不断被加入新的解释变量，得到拓展。一般来说，经典的引力模型可表示为：$X_{ijt}=K_0Y_{it}Y_{jt}D_{ij}A_{ijt}$，其中 X_{ijt} 代表第 t 年 i 国到 j 国的出口量，Y_{it} 代表第 t 年出口国的 GDP，Y_{jt} 代表第 t 年进口国的 GDP，D_{ij} 代表两国之间的距离，A_{ijt} 代表促进或阻碍两国贸易流量的其他因素。在借鉴前人对引力模型研究的基础上，本文将贸易便利化水平评价指标值作为解释双边贸易流量的外生变量纳入模型，将模型设定为如下形式：

$$LnX_{ij}=\alpha_0+\alpha_1LnGDP_i+\alpha_2LnGDP_j+\alpha_3LnD_{ij}+\alpha_4LnPOP_j+\alpha_5LnTariff_j+\alpha_6LnTWTFI_i+\alpha_7LnTWTFI_j+U_{ij}$$

有关变量名称、数据来源及预期符号见表8。

① Jan. Tinbergen, "Shaping the World Economy: An Analysis of World Trade Flows", *New York Twentieth Century Fund*, vol.5,No,1, 1962, pp.27-30.

② Poyhonen P., "A Tentative Model for the Volume of Trade between Countries", *Weltwirtschaftliches Archiv*, vol.90, 1963, pp.93-100.

表 8 变量数据来源和预期符号

变量	变量含义	预期符号	理论说明	数据来源
X_{ij}	i 国对 j 国的出口额（现价美元）		被解释变量	UNCOMTRADE
GDP_i	出口国 i 国内生产总值（现价美元）	正	出口国 i 经济规模越大，出口供给能力越强	世界银行数据库
GDP_j	进口国 j 国内生产总值（现价美元）	正	进口国 j 经济规模越大，进口需求越大	世界银行数据库
POP_j	进口国 j 人口规模	正	进口国 j 人口规模越大，进口需求越大	世界银行数据库
D_{ij}	i 国和 j 国之间的距离	负	两国之间距离越远，贸易成本越高，贸易量越小	CEPII 数据库
$Tariff_j$	进口国 j 关税水平	负	关税越高，贸易量越小	世界银行数据库
$TWTFI_i$	出口国 i 贸易便利化水平	正	出口国贸易便利化程度越高，贸易量越大	笔者测算
$TWTFI_j$	进口国 j 贸易便利化水平	正	进口国贸易便利化程度越高，贸易量越大	笔者测算

（二）贸易流量的实证分析

本文用 Stata15 软件对 2014—2018 年中国与欧亚经济联盟成员国之间的贸易流量进行回归分析。样本数据是 N=10、T=5 的面板数据。

首先，用 Xttest3 命令对面板数据进行异方差检验：

$$Chi2\ (10) = 595.75$$

$$Prob>Chi2 = 0.0000$$

结果显示面板数据有显著的异方差问题。

其次，用 xtcsd 命令对面板数据进行截面相关检验：

Pesaran’s test of cross sectional independence = 10.032, Prob = 0.0000

结果显示面板数据存在显著的截面相关。

在综合考虑面板数据存在的异方差问题、截面相关问题和个体效应，以及面板数据本身是 N 不大，T 也较短的方块面板数据这种结构类型的情况下，本文采取 xtpcse 命令进行估计。估计结果如表 9 所示。

表 9 模型回归结果

VARIABLES	(1) 模型	(2) 模型	(3) 模型	(4) 模型	(5) 模型	(6) 模型	(7) 模型	(8) 模型
$LnGDP_i$	0.828***	1.023***	0.837***	0.807***	0.906***	0.873***	0.872***	1.289***
	(0.0801)	(0.0566)	(0.0761)	(0.0840)	(0.0927)	(0.119)	(0.119)	(0.0760)
$LnGDP_j$	0.471***	−1.011***	0.609***	0.494***	0.399***	0.427*	0.440***	−2.251***
	(0.0755)	(0.255)	(0.122)	(0.0889)	(0.0766)	(0.224)	(0.150)	(0.383)
LnD_{ij}	−0.518***	0.0878	−0.976***	−0.895	−1.802***	−3.407**	−3.372**	−4.858***
	(0.150)	(0.211)	(0.309)	(0.615)	(0.456)	(1.523)	(1.471)	(0.953)
$LnPOP_j$		1.940***						3.409***
		(0.364)						(0.431)
$LnTariff_j$			−1.731*			0.136		0.266
			(0.974)			(1.692)		(1.179)
$LnTWTFI_i$				1.556		4.642*	4.573*	7.520***
				(2.474)		(2.724)	(2.623)	(1.829)
LnTWTFIj					5.302***	7.441*	7.214**	15.10***
					(1.702)	(4.024)	(2.985)	(2.931)
Constant	−10.04***	−16.10***	−8.144***	−6.051	3.567	20.83	20.22	37.10***
	(1.709)	(2.498)	(2.521)	(5.899)	(4.293)	(17.71)	(16.05)	(11.19)
Observations	50	50	50	50	50	50	50	50
R-squared	0.471	0.567	0.494	0.474	0.511	0.536	0.536	0.768
Number of dum	10	10	10	10	10	10	10	10

Standard errors in parentheses

*** p<0.01, ** p<0.05, * p<0.1.

说明：根据正负号判断正负相关性，*代表显著性水平，括号里面是参数估计值的标准误。

模型（1）是最初始的引力模型，只考虑进口国和出口国的 GDP，以及两国之间的距离，回归系数符合理论预期，且统计上十分显著。

模型（2）至模型（5）分别在模型（1）的基础上增加了进口国的人口规模、进口国关税水平、进口国贸易便利化水平、出口国贸易便利化水平这几个解释变量。其中，模型（3）中进口国人口规模的系数为正，符合理论预期，且高度显著，但与此同时，增加了人口因素之后，进口国国内生产总值的系数发生了反转，不符合理论预期。考虑到进口国的经济总量与其人口规模具有高度关联性，因此在进口国国内生产总值与进口国人口规模这两个解释变量之间，只保留最直接相关的国内生产总值因素。模型（3）中进口国关税水平的回归系数与理论预期相符，且回归系数显著，但总体的 R^2 改进不大。模型（4）中出口国贸易便利化水平的回归系数与预期相同为正，但统计显著性不高。模型（5）进口国贸易便利化水平的回归系数与理论预期相符，且回归系数显著，总体 R^2 由 0.471 增加到 0.511。

模型（6）在模型（1）的基础上同时增加关税水平、出口国贸易便利化水平和进口国贸易便利化水平这三个解释因素，关税水平系数为正但统计上不显著，出口国贸易便利化水平和进口国贸易便利化水平的回归系数均为正且统计上显著，出口国贸易便利化水平的回归系数小于进口国贸易便利化水平回归系数，说明进口国贸易便利化水平对两国贸易的影响更大。

模型（7）在模型（6）的基础上去掉了统计上不显著的关税水平这一解释变量，模型整体的拟合优度不变，进口国贸易便利化水平，以及进口国国内生产总值的显著性水平均有所提高。

模型（8）再一次将人口规模和进口国关税水平这两个因素纳入模型，除了进口国国内生产总值的回归系数与预期不符、进口国关税水平系数与预期不符但统计上不显著之外，其他变量回归系数均与预期一致，出口国与进口国贸易便利化水平的回归系数大大提高，显著性水平也提高到 99%，同时，模型整体的拟合优度也有显著提高。

综合上述几个回归模型，我们可以判断，中国和欧亚经济联盟成员国的贸易便利化水平对双边贸易具有显著正影响，贸易便利化水平对贸易的影响，比出口国和进口国的国内生产总值、两国之间的距离等因素要大得多，而且进口国贸易便利化水平比出口国贸易便利化水平对贸易的影响更为显著。从回归结果来看，进口国贸易便利化的系数最低为5.302，最高为15.10，出口国贸易便利化系数最低为4.573，最高为7.520，考虑到进口国人口和进口国市场规模的相关性可能导致回归结果不稳健，保守起见本文将采纳模型（7）的回归结果，认为进口国贸易便利化水平每提高1%，中国和欧亚经济联盟成员国的双边贸易流量将增加7.214%，出口国贸易便利化水平每提高1%，双边贸易流量将增加4.573%，回归模型的经验方程如下：

$$LnX_{ij} = 0.872 \times LnGDP_i + 0.4 \times LnGDP_j - 3.372 \times LnD_{ij} + 4.573 \times LnTWTFI_i + 7.214 \times LnTWTFI_j + U_{ij}$$

（三）贸易流量的潜力研究

运用引力模型进行贸易流量的潜力估计一般有两种方法：第一种方法是根据经验方程获得模型拟合值，根据拟合值估算双边贸易理论值，再求出实际值与理论值之间的比值，一般认为如果实际值 / 理论值的比值≤ 0.8为贸易潜力巨大型，0.8< 实际值 / 理论值 <1.2 为贸易潜力挖掘型，实际值 / 理论值≥ 1.2 为贸易潜力再造型，这种方法只是对现有贸易条件下对双边贸易潜力进行估算，并未涉及贸易条件改变之后所可能带来的贸易潜力的变化。第二种方法是将贸易条件改变，由此测算可能引致的贸易量的变化，也就是将贸易便利化水平提升到一定程度，再带入经验方程，以此估计贸易便利化改善所带来的贸易潜力。根据本文的研究目的，本文拟采取第二种方法，在测算得到的2018年中国和欧亚经济联盟成员国贸易便利化水平基础上，借鉴曾铮等学者对贸易便利化水平四个等级的分类，分别将中国和欧亚经济联盟成员国的贸易便利化水平提升一个等级，即将中国与白俄罗斯和亚美尼亚的贸易便利化水平由一般便利提升到比较便利（0.7分），

将与俄罗斯、哈萨克斯坦、吉尔吉斯斯坦的贸易便利化水平由不便利提升到一般便利（0.6分），估计由此带来的双边贸易量的变化。测算结果如表10所示。

表10　中国和欧亚经济联盟成员国双边贸易潜力测算

出口国	进口国	*TWTFIi* 变化 %	*TWTFIj* 变化 %	贸易流量变化 %	2018年贸易值（百万美元）	贸易提升值（百万美元）	贸易预测值（百万美元）
中国	亚美尼亚	2.94	—	13.98	53677	7504	61181
		—	12.90	93.08		49965	103642
		2.94	12.90	107.06		57468	111145
中国	白俄罗斯	2.94	—	13.98	34757	4859	39616
		—	6.06	43.72		15196	49953
		2.94	6.06	57.70		20055	54812
中国	哈萨克斯坦	2.94	—	13.98	37340	5220	42559
		—	11.11	80.16		29930	67269
		2.94	11.11	94.13		35150	72489
中国	吉尔吉斯斯坦	2.94	—	13.98	42831	5987	48818
		—	25.00	180.35		77245	120076
		2.94	25.00	194.33		83232	126063
中国	俄罗斯	2.94	—	13.98	48005	6711	54716
		—	9.09	65.58		31483	79488
		2.94	9.09	79.56		38194	86199
亚美尼亚	中国	12.90	—	61.33	107	66	173
		—	2.94	21.22		23	130
		12.90	2.94	82.55		89	196
白俄罗斯	中国	6.06	—	28.81	476	137	614
		—	2.94	21.22		101	577
		6.06	2.94	50.02		238	715
哈萨克斯坦	中国	11.11	—	52.81	8530	4505	13034
		—	2.94	21.22		1810	10339
		11.11	2.94	74.03		6314	14844
吉尔吉斯斯坦	中国	25.00	—	118.83	61	73	134
		—	2.94	21.22		13	74
		25.00	2.94	140.04		86	147

续表

出口国	进口国	*TWTFIi* 变化 %	*TWTFIj* 变化 %	贸易流量变化 %	2018 年贸易值（百万美元）	贸易提升值（百万美元）	贸易预测值（百万美元）
俄罗斯	中国	9.09	—	43.21	56020	24206	80226
		—	2.94	21.22		11886	67906
		9.09	2.94	64.43		36092	92112
中国	联盟总体	中国提升，联盟不提升		13.98	216609	30281	246890
		联盟提升，中国不提升		94.09		203818	420427
		中国和联盟同时提升		108.07		234099	450708
联盟总体	中国	联盟提升，中国不提升		44.46	65194	28986	94180
		中国提升，联盟不提升		21.43		13970	79164
		中国和联盟同时提升		65.68		42819	108013

测算结果显示，如果中国和欧亚经济联盟成员国同时将贸易便利化水平提升一个等级，那么中国对联盟国家的出口将增加 108.07%，联盟国家对中国的出口将增加 65.68%。分国家来看，如果进口国和出口国均将贸易便利化水平提升一个等级，则中国对亚美尼亚的出口将增加 107.06%，亚美尼亚对中国的出口将增加 82.55%；中国对白俄罗斯的出口将增加 57.70%，白俄罗斯对中国的出口将增加 50.02%；中国对哈萨克斯坦的出口将增加 94.13%，哈萨克斯坦对中国的出口将增加 74.03%；中国对吉尔吉斯斯坦的出口将增加 194.33%，吉尔吉斯斯坦对中国的出口将增加 140.04%；中国对俄罗斯的出口将增加 79.56%，俄罗斯对中国的出口将增加 64.43%。可以看出，中国和联盟国家通过提高贸易便利化水平促进双边贸易的潜力巨大。

结 语

中国与欧亚经济联盟的经贸合作，既有基于互补性的产业结构基础，又有高度互补性、着眼于产业升级和经济综合能力提升的内在动力，从这个角度来说，中国和欧亚经济联盟经贸合作潜力巨大。然而，梳理中国和欧亚经济联盟贸易发展历史和现状可以发现，尽管近 20 年来双边贸易额以超过中国对外贸易平均增速的速度快速增长，但鉴于基数较小，双边贸易额总体上仍然较低。对中国和欧亚经济联盟成员国贸易便利化水平的评价显示，中国和欧亚经济联盟成员国的贸易便利化水平普遍较低，这在一定程度上导致了双边贸易额的低下。对双边贸易流量的引力模型回归显示，贸易便利化水平是影响双边贸易流量的显著因素，尤其是进口国贸易便利化水平，平均来说，进口国贸易便利化水平每提高 1%，中国和欧亚经济联盟成员国的双边贸易流量将增加 7.214%，出口国贸易便利化水平每提高 1%，双边贸易流量将增加 4.573%。而如果中国和欧亚经济联盟成员国的贸易便利化水平能同时提高一个等级，将带来双边贸易 60% 以上的增长。

中国和俄罗斯两个大国同时面临来自以美国为首的西方力量的围追堵截，外部形势严峻。与此同时，中国和联盟成员国都面临产业升级的内在需求。在此背景下，推进“一带一路”与欧亚经济联盟投资、贸易全方位的对接合作，对于中俄两国降低西方遏制战略的不利影响，优势互补，推动各自产业升级，提高经济发展能力，具有重要意义。本文的分析结论显示，中国和欧亚经济联盟双边贸易前景广阔，潜力很大。若能在中国和欧亚经济联盟之间达成高水平经贸合作协定，建立自由贸易区，切实降低有形壁垒，提升贸易便利化水平，必将极大地释放双方贸易潜力，实现以投资引领贸易、以贸易促进投资的有利局面，推动中国和欧亚经济联盟之间产能调整和产业链优化布局，最终促进双方产业升级，提升经济发展能力，实现互利共赢。

Evaluation of China and Eurasian Economic Union Trade Facilitation Level and Trade Potential

Wang Xiaoyun

Abstract: The docking and cooperation with the Eurasian Economic Union is one of the key tasks for the implementation of the Belt and Road Initiative.

Based on the evaluation of the level of trade facilitation and the calculation of the potential of bilateral trade, this article provides decision-making support for advancing the Belt and Road and the Eurasian Economil Union docking cooperation.The level of trade facilitation between China and the member states of the Eurasian Economic Union is generally low, and the level of trade facilitation is a significant factor affecting bilateral trade flows, especially the level of trade facilitation of importing countries. On average, the level of trade facilitation of importing countries for every 1% increase, the bilateral trade flow will increase by 7.214%, and for every 1% increase in the trade facilitation level of exporting countries, the bilateral trade flow will increase by 4.573%. And if the level of trade facilitation between China and the member states of the Eurasian Economic Union can be raised by one level at the same time, it will bring about a 60% increase in bilateral trade. If a high-level economic and trade cooperation agreement can be signed between China and the Eurasian Economic Union and to improve trade facilitation effectively, it will greatly release the trade potential of the two sides, realize the favorable situation of leading trade with investment and promoting investment with trade, promote the adjustment of production capacity and optimize the layout of the industrial chain between China and the Eurasian Economic Union, and ultimately promote industrial upgrading of both parties, enhance economic development capabilities, and achieve mutual benefit and win-win results.

Keywords: Eurasian Economic Union; the Belt and Road Initiative; Trade Facilitation

第五篇

欧亚国家研究的历史维度

中东铁路“地亩处事件”述略

滕 仁[1] 罗雯琦[2]

【摘要】中东铁路管理局地亩处是负责管理经营铁路“附属地”土地的重要机构，是沙俄侵略中国殖民东北政策的主要执行部门，地亩处的实际职权范围严重损害了中国的主权和领土完整。1923年，奉系集团宣布撤销中东铁路管理局地亩处，成立东省特别区地亩管理局，意图收回沿路部分土地管理权，捍卫国家主权，维护国家利益。在地亩权收回过程中，白俄分子负隅顽抗，美、英、法、日等国也频频施压，北京政府和奉系集团利用外交、军事、政治等多方面斗争手段，顶住各方压力，经过一年多的交涉和斗争，最终收回了被沙俄掠去近三十年的中东铁路地亩权。“地亩处”事件实际上是多方势力针对中东铁路控制权所展开的明争暗斗的一个缩影，苏联政府对中东铁路的态度也在事件中有所体现，特别是其接管中东铁路管理局之后表现出来的延宕拖沓，不仅引起了奉系集团的严重不满，也为日后奉苏间的冲突矛盾埋下了伏笔。

【关键词】中东铁路；地亩处；张作霖；奉苏关系

① 滕仁，黑龙江大学俄罗斯语言文学与文化研究中心副主任、副研究员。
② 罗雯琦，黑龙江大学俄罗斯语言文学与文化研究中心硕士研究生。

一 中东铁路管理局地亩处之概况

中东铁路管理局地亩处（Земельный отдел управления КВЖД）是隶属于中东铁路管理局专司管理和经营中东铁路附属地土地的重要机构，其前身是中东铁路管理局民政处下设的土地科，1904 年 11 月 5 日更名为东省铁路沿线管理与土地开发处，1905 年 1 月 1 日起改为中东铁路管理局地亩处。

自 1896 年中俄《御敌互助援助条约》(即《中俄密约》）签订之后，俄国终于实现了其“借地筑路”的侵华计划，并于 1897 年开始修筑中东铁路。[①] 随后中俄两国又接连签订《合办东省铁路公司合同》《合办东省铁路公司章程》和《东省铁路公司续订合同》，对中东铁路修筑各项事宜做了详细规定。其中《合办东省铁路公司合同》第六款规定：“凡该公司建造、经理、防护铁路所必需之地，又于铁路附近开采沙土、石块、石灰等项所必需之地，若系官地，由中国政府给与，不纳地价；若系民地，按照时价，或一次缴清，或按年向地主纳租，由该公司自行筹款付给。凡该公司之地段，一概不纳地税。”[②] 依据此项条款，沙俄以“铁路附属地”的名义开始大肆侵占铁路两侧的大面积中国领土。

中东铁路当局征收大片中国官民土地的同时，还千方百计不断地向外拓展，占用土地面积远远超过了铁路建设实际所需用地面积。1902 年，沙俄财政大臣谢尔盖·尤利耶维奇·维特“视察”中东铁路时，就曾以种种文化和商业特点为理由，认为“应该适当扩大征地面积，南部增加 600 俄亩，东部和西部一些较大的车站增至 3000 俄亩”。[③]1906 年，黑龙江将军程德全也报告称：“铁路历年展占吉、江两省地亩，每一火车

---

① 中东铁路原称东清铁路或东省铁路，1920 年 10 月由北洋政府交通部代管后，始改为中东铁路。

② 步平等编著：《东北国际约章汇释》，黑龙江人民出版社 1987 年版，第 136 页。

③ ［俄］E. X. 鲁斯：《中东铁路沿革史》俄文版，1923 年，第 412-413 页。转引自吴文衔、张秀兰《霍尔瓦特与中东铁路》，吉林文史出版社 1993 年版，第 61 页。

站，多者数万亩，少亦数千亩，皆非公司势所必需，不过以铁路为名，设肆招商，坐收地租之利。”[①] 东省特别区行政长官公署秘书石福篯提交的地亩调查报告书中所列数据更为详尽，“统计全线长三千华里，共占地十六万二千四百四十三华垧，平均路线一里占地五十四垧有奇，易词言之，即平均路线两旁各占地九十丈，”“查敷设铁道占用地亩世有定律，上开数目时所创闻”。[②] 由于铁路铺设，周边土地价格飙升，地亩处通过出租土地获取大量“地价上涨的利润”，却凭借《合办东省铁路公司合同》第六款之规定，“概不缴纳地租”。

地亩处向外出租土地的方式分为长期出租和短期出租两种。长期出租的最长期限与中东铁路租让期相同为 80 年，租金一次性付清。租地契约由租户和中东铁路管理局局长共同签字生效，契约内容包括租用土地的位置、面积、租用期限、租金和租地户应遵守的规章等。按照规定，租地户必须在签订契约之日起，在不迟于两年的期限内进行建房或整理土地，不执行建房要求则契约不再有效，铁路局有权收回租地，不返还已交付的租金。此外，租地户必须遵守所有公安、卫生、商业、工业和其他部门的规章，以及铁路局颁布的规章。不经铁路局准许租地户不得将租用的地段私自转让给他人，租用地段上建成的房屋，只能租给在中国东北有居住权的俄国公民和中国公民。公正税、契约的印花税均由租地户支付，在向俄罗斯法庭出示契约时的印花税也由租地户支付。执行契约过程中，双方发生争执时提交边区海山崴（原文如此——笔者注）法院判决。契约原本由租地户保存，中东铁路管理局保存复制本。短期出租的最短期限为 1 年，由租地户出具甘结，经中东铁路管理局地亩处处长审定签字和公证人签字后生效。甘结内容包括租用地段的位置、编号、面积、用途、租期、租金，以及租地户对铁路局的有关规定和要求的承诺，签署甘结时年租金一次付

① 程德全：《程将军守江奏稿》卷 7，第 21 页。转引自吴文衔、张秀兰《霍尔瓦特与中东铁路》，吉林文史出版社 1993 年版，第 62 页。

② 薛衔天等编：《中苏国家关系史资料汇编（1917—1924 年）》，中国社会科学出版社 1993 年版，第 365 页。

清。租用者无权在租用地段上挖沟、挖坑，或进行某种破坏土地的活动，除建立经商的小铺外，无权在租用地段上建住房，租期结束时租地户要在两周内拆除地段上的建筑物，否则该建筑物归铁路管理局处理。不经铁路管理局的书面批准，租地户无权把租用的地段转让给他人，如有违反甘结条款情况出现，甘结立即无效，铁路管理局有权收回出租地段且不返还所交租金。[①] 对短期出租的土地，中东铁路管理局地亩处每年都按月进行统计。

地亩处内设俄籍处长 1 人，俄籍副处长 1 人，1924 年添设华籍副处长 1 人。地亩处下设林场、农业、会计、测绘、总务、基建—卫生、技术—地界等科室，其主要职能是通过短期和长期出租土地的方式经营土地铁路附属地土地；管理租用土地的契约和甘结以及土地用户转让土地的公证文件；管理工商企业的事务、发放工商企业经营许可证，登记、征收当地各工商企业的税金，管理村镇居民的福利设施；制定各项与社会秩序的行政命令，各项商业法及与经营土地有关的法规；掌管破坏社会秩序和行政法令有关的司法工作；监察居民生产、生活和管理公共设施等。[②] 此外，地亩处辖下还有生产松节油、松香、桐油、松焦油以及家具和地板块的木材加工厂，为附属地区域提供种子、树苗、奶制品、农机具等的农艺机构等附属单位。[③]

地亩处在其实际运行过程中，已经严重超越了合同所规定的商业范畴，其职权范围涉及财政税收、治安司法、市政管理等多个方面，“凡租放地亩，征收税捐，开辟道路，规划户居等事悉属之”，[④]“区划城镇，显有殖民之意，有碍行政主权”，[⑤] 铁路沿线黑吉两省人民深受其害。

---

① 哈尔滨市地方志编纂委员会：《哈尔滨市志 · 城市规划　土地　市政公用建设》4，黑龙江人民出版社 1998 年版，第 430-431 页。

② 《哈尔滨市土地志（1896—1996）》，哈尔滨市土地管理局，1999 年，第 310 页。

③ Г.В.Мелихов,“*Белый Харбин середина 20-х*”, ЗАО *Издательство* “*Русский путь*”, Москва, 2003г.,С.35.

④ 《交通史路政编》（第 17 册第 7 章），1935 年，第 142 页。转引自石楠《沙俄攫取中东路路区行政权始末》，《近代史研究》，1989 年第 4 期。

⑤ 《中东铁路地亩处接管情况》，上海《民国日报》1923 年 9 月 18 日第 7 版。

1917 年俄国十月革命胜利之后，苏维埃政府在第一次对华宣言中曾声明：“愿将中国东部铁路及租让之一切矿产、森林、金产及他种产业，由俄皇政府与克伦斯基政府及霍尔瓦特、谢米诺夫、高尔恰克等贼徒与从前俄军官商人及资本家等侵占得来者，一概无条件归还中国，毫不索偿”[①]，但宣言中的承诺并未得以实现。受到十月革命的鼓励和影响，中东铁路的中俄工人也积极行动起来，多次举行罢工、示威游行等活动，但屡遭镇压，以霍尔瓦特为首的沙俄残余势力仍然把持着中东铁路及铁路附属地的行政权和管理权。1918 年 7 月，霍尔瓦特更是自任“俄国最高临时执政官”，“直到在人民协助下恢复国家秩序及召开自由选举的立宪会议以确定俄罗斯国家的政权组织形式为止”。[②]

1920 年后，北京政府和以时任东三省巡阅使张作霖为代表的奉系集团开始积极谋划，利用俄国布尔什维克和白俄分子之间的矛盾，陆续成功收回中东铁路的军队护路权、行政权、司法权和设警权，在中东铁路上升起了中国的五色旗，“中东铁路不再是‘作为俄国租用的领土的附属地’，重新成为中国的领土”。[③] 随后在 1920 年 12 月又在南由长春起至哈尔滨止、东由哈尔滨起至绥芬河止、西由哈尔滨起至满洲里止的范围内设立了东省特别区，负责管辖中东铁路沿线两旁 11 千米以内的地方。[④] 北京政府和奉系集团的一系列举动，暂时稳定了中东铁路路区乃至整个东北地区的局势。但是“在东路上悬国旗，置军警，表面上似觉完善，然铁路营业权及

① 《西伯利亚及远东外交人民委员会全权委员杨松电致中国外交部转俄罗斯苏维埃联邦社会主义共和国政府对中国人民和中国南北政府的宣言》，1920 年 3 月 26 日，《中苏国家关系史资料汇编（1917—1924）》，中国社会科学出版社 1993 年版，第 57 页。

② Воззвание Д.Л. Хорвата от 9 июля 1918г.// “*Дело не получило…*”. С.13. Цит. по: Аблова Н.Е.“*КВЖД и российская эмиграция в Китае: международные и политические аспекты истории (первая половина XX в.)*”. М.: НП ИД«Русская панорама» , 2004. С89.

③ Иванов Всев. *Из харбинского жития // “Дело не получило…”*. С.13. Цит. по: Аблова Н.Е.“*КВЖД и российская эмиграция в Китае: международные и политические аспекты истории (первая половина XX в.)*”. М.: НП ИД«Русская панорама» , 2004. С93.

④ 佟佳江编：《民国职官年表外编》，中华书局 2011 年版，第 123 页。

路线两旁之地亩管理权，完全握于俄人之手”。[①]“铁路俄员逐渐将所占房屋、地亩擅自转售日本、英、美诸国侨民。地亩处长俄员关达基（Николай Львович Гондатти）更于华民久经租住之地促令迁徙或增加租价”，[②]1921年3月还在哈尔滨道里区推行招标出租土地的新办法，[③]继续以拍卖等方式出租土地。

二　中东铁路地亩处之接管及地亩权收回之经过

（一）秘密谋划，强行收回

为收复地亩权，已就任东三省保安总司令的张作霖在1923年5月20日致电东省铁路督办王景春，“东路界内事宜，业经特设行政长官管理，所有东路路局原有地亩处一切权限，查与行政长官均有重大冲突，亦与原订合同所载之土地主权完全属于地方官厅之规定显有不符。长此放任，与我主权大有妨碍，应请通盘筹划，向路局提议即将该路附设之地亩处撤销，应管事宜，改归行政长官管理”。[④]7月28日，东省特别区行政长官朱庆澜发出布告，“查地亩处职掌所载各条多属行政事宜，按之管理东省铁路续订合同第六条所载，公司以后所有之权利，所有之义务，无论何项，均应严行限制于商业范围之内，所有一切政治事项，均应禁止之规定，显有抵触”。[⑤]同时宣布“将路局所设地亩处撤销，应由本署设立东省特别区地亩管理局，并派张镇守使焕相兼任该局局长，定于本年八月一日实行接管。唯所有从前地亩处该管事宜，凡系专属营业部分不背合同者，仍得

---

①《外交部主事夏维松报告视察中东路情形及意见书》，1920年12月，北洋政府财政部档案。

② 张伯英：《黑龙江志稿》卷三十七，黑龙江人民出版社1992年版，第1616页。

③ 哈尔滨市地方志编纂委员会：《哈尔滨市志》第四卷·土地篇，黑龙江人民出版社1998年版，第433—434页。

④ 张伯英：《黑龙江志稿》卷三十七，黑龙江人民出版社1992年版，第1616-1617页。

⑤ 张伯英：《黑龙江志稿》卷三十七，黑龙江人民出版社1992年版，第1617页。

酌拨路局保留之。曾经转租与各国侨民之地亩，凡订有租地合法契约者，仍一律继续有效。其旧有俄员，得受特别区地亩管理局之差委，照旧办事”。[①]8月1日，东省特别区地亩管理局正式成立，发布元号公函撤销原中东铁路管理局地亩处，宣布滨江镇守使张焕相就任局长并启用关防，陆续在哈尔滨、安达、扎兰屯、满洲里、一面坡、横道河子、绥芬河以及张家湾等地分设八个地亩分局，分段管理中东铁路地亩事宜。同日，“张焕相带领一队全副武装的警卫队进入中东铁路管理局办公大楼，准备强行接手地亩处，但遭到地亩处俄籍处长关达基的抵抗，大量的文件、地图和包括出租契约甘结等材料被隐匿在一个金属的和一个木制的柜子中，并锁在带有美、法、英、日四国领事封条的地亩处储藏室中”。[②]

（二）列强干涉，收回受阻

1923年7月28日的布告一经公布，随即引起日、美、英、法等多国抗议。7月31日，日本驻哈尔滨总领事山内四郎、美国驻哈尔滨领事乔治·查尔斯·汉森（George Charles Hanson）、英国驻哈尔滨领事赫尔伯特·菲利普（Herbert Phillips）、法国驻哈尔滨领事普伦敦等人召开紧急会议，妄图干涉东省特别区收回中东铁路管理局地亩处。[③]由于中东铁路管理局局长沃斯特罗乌莫夫（Борис Васильевич Остроумов）和关达基等白俄分子的抵制，以及美、法、英、日四国领事的干涉，导致地亩处的接收工作无法顺利进行。8月3日，吉林督军孙烈臣抵达哈尔滨，奉命协助东省特别区办理接收地亩处事宜，8月13日，黑龙江督军吴俊升也奉命抵哈，吉黑两省军事统帅的直接参与表明了奉张集团对收回中东铁路地亩权的坚定决心。

在此情况之下，白俄分子通过外国驻华领事和华俄道胜银行继续阻挠

---

① 张伯英：《黑龙江志稿》卷三十七，黑龙江人民出版社1992年版，第1617页。

② Blaine R. Chiasson, *Administering the Colonizer: Manchuria`s Russians under Chinese Rule*, 1918–29, UBC Press, 2011, p.128.

③ 郑长椿：《中东铁路历史编年》，黑龙江人民出版社1987年版，第182页

东省特别区当局接收地亩处。8月6日，美、英、法、日、意、瑞典各国驻哈尔滨领事致函哈尔滨交涉员蔡运升，认为“东省特别区长官公署设地亩管理局接管中东铁路管理局地亩处，对各国商民有直接或间接影响，并提出抗议”。[①]8月7日，中东铁路管理局局长沃斯特罗乌莫夫等铁路俄方要员与华俄道胜银行北京分行行长、华俄道胜银行哈尔滨分行行长、法国驻哈尔滨领事等召开会议，共谋反对中国当局接受中东铁路管理局地亩处办法。[②]8月11日，驻华英、美、法、日四国公使照会北京政府外交部，就东省特别区收回中东铁路管理局地亩处提出抗议，认为该行为“有违于华盛顿会议精神，并损害了各国在中东铁路地区的特许权和治外法权”。[③]8月24日，意大利驻华公使也附和四国提出抗议。[④]针对各国的抗议，奉系集团和东省特别区方面积极应对并严词驳复，8月22日，张作霖在保安总司令部召集孙烈臣、吴俊升、张作相、张汉卿、杨宇霆、王永江、张寿增等，召开紧急会议，对于中东路地亩问题，“无论如何，决不变更既定方针”。[⑤]按照这一精神，东省特别区行政长官公署照会各国公使，“查接管东省铁路地亩处一案，原系依据管理东省铁路续订合同第六条规定办理，纯属我国内政范围”“实以该处职掌各项事务多属违背原订合同，兼且侵犯国家行政”“依照旧订合同第六条所载，中国政府得随时严重取缔之规定，将其职掌中违约之部分撤销。并经布告中外商民人等，凡从前与该地亩处有租地合法契约者，一律继续有效，与中外商民人等之权利，并无丝毫影响”“此事纯属我国内政……原无答复之义务，但恐真相未明，故为解答如右”。[⑥]8月29日，在电询过东省特别区方面之后，北京政府外交部也向各公使发出照会，强调收回取缔地亩处乃是严格依据东路续订

① 郑长椿：《中东铁路历史编年》，黑龙江人民出版社1987年版，第183页。

② 郑长椿：《中东铁路历史编年》，黑龙江人民出版社1987年版，第183页。

③ Blaine R. Chiasson ,*Administering the Colonizer: Manchuria`s Russians under Chinese Rule*, 1918-29, UBC Press, 2011, p.128.

④ 郑长椿：《中东铁路历史编年》，黑龙江人民出版社1987年版，第183页。

⑤《张作霖对中俄交涉的方针》，北京《晨报》1923年8月28日第3版。

⑥ 张伯英：《黑龙江志稿》卷三十七，黑龙江人民出版社1992年版，第1617-1618页。

合同第六条规定，“亦不致损害现时铁路营业权利，更无违背华府决议之精神”。并援引东路督办王景春电称，“东路前在海参崴所用地段，原系俄政府拨给，去冬该处地方官不但将地亩收回，且将东路在该地段内所有岔道、栈房、货厂、船坞各项设备，悉数收回，以致影响交通。各国均未有所表示。今东省因地方人民之请愿，依照合同规定，只将铁路不用之地收回，并拟给价。于铁路交通暨各国商民均无妨碍，与海参崴情事迥不相同，理由又极充分，各友邦当能谅解”。[①] 吉林省议会、黑龙江省议会及各地商会也相继通电宣明支持收回土地主权。

8月31日，驻华四国公使推举美国公使舒尔曼（Jacob Gould Schurman）为代表，以考察中东铁路为名前往哈尔滨，妄图干预东省特别区当局收回中东铁路地亩处。在9月6日于哈尔滨中东铁路俱乐部发表演说，攻击中国收回地亩处是“野蛮举动”，鼓吹“恢复此事未发生之前原状”，[②] 随后舒尔曼离哈赴奉天，并于10日与张作霖就中东铁路问题进行了会谈。在会谈中，舒尔曼表示“目前的形势已经威胁到中国以及外国势力的权益”，建议“通过会议的形式解决铁路土地所属权的争议”，并“向铁路公司董事会提交中国方面对铁路土地所属权要求的声明”。[③]

（三）彻查土地，坚持收回

9月20日，张作霖致电东省特别区行政长官朱庆澜、中东铁路督办王景春、会办俞人凤，称“查东路地亩处职掌各事，多系侵害我国土地行政主权，收回管理自是正办。惟铁道用地应须地亩若干，用地之外附属地通计占用若干，亟应着手分别调查明确，以便解决。但未经解决以前，应认此案为调查时期，所有地亩处关于铁道用地以外之租放地亩一切事宜必须经由管理局核准后方得实行，其有在该局成立以后租放地亩未经该局核准

① 张伯英：《黑龙江志稿》卷三十七，黑龙江人民出版社1992年版，第1618-1619页。

② 郑长椿：《中东铁路历史编年》，黑龙江人民出版社1987年版，第184页。

③ “Credit for Settlement of Chinese Railroad Problem Given to Former Cornell President”, *The Cornell Daily Sun*,Vol XLIV, No. 66, December 12, 1923.

有案者，一律作为无效，以清权限而免纠纷。至将来铁道用地与附属地应如何划分之处，统俟调查峻事，并行筹议办理”。[①]按照张作霖的指示，东省特别区行政长官与铁路公司磋商协议，“决定将地亩一切案件检交铁路督办会同派员调查”。[②]10 月 6 日，由东省特别区长官公署、中东铁路督办公所、中东铁路管理局三方派人组织“中东铁路地亩调查委员会”，以便提出报告，处理善后事宜。[③]然而，关达基等人并不配合，仍“私匿地亩图据，诡词抗争”。[④]在 11 月 13 日于中东铁路公司召开的调查地亩委员会上，关达基公开声称关于地亩重要图据，均被驻哈各国领事封锁，仅约定于 19 日将留存的图册检送查阅。对此东省特别区行政长官公署致电严重质疑，“查关于地亩一案……业经公司决议，承认在公司内现将一切材料检交督办代表调查……现在已逾两月，所有关于地亩一切材料，公司早应负责检查齐备。查且调查地亩委员并无该地亩处长关达基在内，何以仍令在场，饰词抗交？”[⑤]由于中东铁路管理局俄籍官员以及各国领事的阻挠，地亩调查活动在此后的近一年时间里进展极为缓慢。

1924 年 5 月 31 日，中苏签订了《中俄解决悬案大纲协定》，9 月 20 日，东三省自治政府与苏联签订了《中华民国东三省自治省政府与苏维埃社会主义联邦政府之协定》（即《奉俄协定》），按照规定，中东铁路由中苏两国共管，为纯商业的企业，不参与任何政治活动。至此，美、日、英、法等国在地亩处问题上的活动不得不有所收敛。9 月 23 日，苏联新任命的中东铁路公司理事会副理事长谢列布略阔夫（Л.П.Серебряков）和中东铁路管理局局长伊万诺夫（А.Н.Иванов）抵达哈尔滨。9 月 29 日，被美、日、英、法驻哈尔滨领事无理封存一年之久的中东铁路地亩处文件启封，东省特别

---

① 《东三省保安总司令张作霖致东省特别区高级行政长官朱庆澜、中东铁路督办王景春、会办俞人凤电》，上海《民国日报》1923 年 9 月 27 日第 6 版。

② 张伯英：《黑龙江志稿》卷三十七，黑龙江人民出版社 1992 年版，第 1620 页。

③ 哈尔滨市地方志编纂委员会：《哈尔滨市志》第十七卷·外事篇，黑龙江人民出版社 2000 年版，第 37 页。

④ 张伯英：《黑龙江志稿》卷三十七，黑龙江人民出版社 1992 年版，第 1620 页。

⑤ 张伯英：《黑龙江志稿》卷三十七，黑龙江人民出版社 1992 年版，第 1620 页。

区地亩管理局开始正常工作。10月3日，伊万诺夫就任中东铁路管理局局长，沃斯特罗乌莫夫及关达基等白俄分子被撤职羁押。

地亩处的职权虽被东省特别区收回，但对于地亩情况的调查仍在继续，地亩调查委员会自1923年11月13日至1924年3月15日在铁路公司召开正式会议十次，陆续收到调查地亩材料表册八十二件，各站地图二百张。其中长、短期地租表册，仅有号数、面积、租价，而租户的姓名、租金欠缴情况没有记录，故3月15日之后，委员会派人赴铁路局将所缺内容补抄，其余在正式会议上所未尽之件以及有疑问的地方，也与铁路局主管人员进行接洽咨询。但由于“路局俄职员一再藉端延搁，设词推诿”，[①]导致调查一拖再拖。直到1924年11月地亩调查委员会向东省特别区行政长官公署递交了调查报告，详细说明了调查经过和调查结果，在报告书中详细说明了中东铁路占地总数、长期租地情况、短期租地情况、公用地情况，以及铁路局自列铁路用地情况。按照其最终调查数据，铁路局开列的铁路敷设直接用地和营业必需用地，“除哈尔滨一埠路局一再推诿至今，尚未开出需用数目不计外，统计三线铁路用地二万零八百五十六俄垧，合三万二千一百八十五华垧，约当全路占地总数五分之一，并经路局按站画出界限”，“界限以外之地即占地总数五分之四路局自认应归行政官厅管理，已无问题”，“唯查界限以内地亩，按之实际与必需用地仍未切合，应由地亩局按站实地调查，与路局开诚解说，重为划分”。[②]依照调查委员会的调查结果，1925年年初，东省特别区地亩管理局公布了《东省特别区地亩管理局暂定短期地亩租放章程》[③]，确定新户承租权以抽签法和投标法行之，其租价按地分等征收，中东铁路当局多占的土地始被陆续收回。9月8日，由张作霖具保，东省特别区地方审判厅释放了被羁押的沃斯特罗乌莫夫和关达基等人。至此，中东铁路地亩处事件方告一段落。

---

① 张伯英：《黑龙江志稿》卷三十七，黑龙江人民出版社1992年版，第1621页。

② 张伯英：《黑龙江志稿》卷三十七，黑龙江人民出版社1992年版，第1624页。

③《东省特别区地亩管理局暂定短期地亩租放章程》，参见哈尔滨市地方志编纂委员会《哈尔滨市志》第四卷·土地篇，黑龙江人民出版社1998年版，第434-436页。

三　关于地亩处事件的几点思考

第一，“地亩处事件”是在北京政府、奉系集团以及东省特别区等多方面共同努力之下，在错综复杂的国际矛盾中审时度势、行事果断的一次捍卫国家主权、维护国家利益的正义行动，是包括收回护路权、行政权、司法权、设警权，以及收回松黑航权在内的一系列主权收回行动的重要组成部分，是中国在内外交迫情况之下成功的对外交涉案例之一，是“中国近代以来从殖民者手中收复国家主权的开端，对中国人民反对帝国主义，争取民族独立斗争产生重大影响”。[①] 中东铁路是沙俄帝国主义侵略中国东北的产物，其意义远远超过了商业范畴，而中东铁路管理局更不是单纯的商业管理机构，而是“一个地道的货真价实的权力机关，是俄国侵略者对中国东北进行殖民掠夺和统治的常设机构，与其他帝国主义所设的总督衙门别无二样，是独立于中国主权之外的‘国中国’”。[②] 中东铁路管理局肆意违背中俄两国签署的一系列协定，篡改中东铁路合同和章程，无视中东铁路附属地是在中国有效管辖范围之内，是中国领土不可分割的一部分，并没有按约租给俄国，其行政主权理应归中国所有这一无可争辩的事实，强占中国大片土地，疯狂掠夺铁路沿线的各种资源，严重地损害了中国的主权独立和领土完整。面对这种情况，北京政府和奉系集团充分利用了对中国有利的各种条件，顶住了来自美、英、法、日等帝国主义国家施加的压力，交替运用外交、军事、政治几方面斗争手段，经过一年多的交涉和斗争，最终收回了被沙俄掠去近三十年的地亩权。

“地亩处事件”发生之时，正值东三省联省自治时期，奉系张作霖势力在第一次直奉战争失利之后退守关外，奉、吉、黑三省在奉系集团首领张作霖的统治之下已经宣告不受北京政府节制。奉系集团在第一次直奉战

① 薛衔天、金东吉：《民国时期中苏关系史（1917—1949）》，中共党史出版社 2009 年版，第 36 页。

② 陈志新等：《中东路风云》，吉林人民出版社 2000 年版，第 9 页。

争后不仅在军事上遭受惨重损失，同时也大大降低了在北京政府中的地位和影响。徐世昌辞职后，直系势力全面控制中央政府，免去了张作霖东三省巡阅使、奉天督军兼省长、蒙疆经略使等职，在政治上给予奉系有力一击。而张作霖也针锋相对地宣布“独立”，并趁机整修军备，扩充实力，以谋再战。一时间央地关系十分紧张。但正是在这样的背景下，在收回中东铁路地亩权等一系列主权收回事件的处理上，北京政府和奉系集团在战略上保持了高度一致，特别是美、英、日、法等国公使照会中国政府表示抗议之时，北京政府十分尊重东省特别区的意见，坚持既定方针，强调该事件乃是中国内政，顶住了来自帝国主义列强的压力，在关键时刻给予地方有力支持。北京政府与奉系集团在矛盾不断激化、龃龉不断的时候，能够在“地亩处事件”上达成一致并默契配合，一方面是因为中东铁路地亩权的收回是捍卫主权、维护国家权益的正义行动，不仅符合国家利益，同时也受到广大人民群众的支持，因此北京政府虽政令不通，却也乐见其成；另一方面，在东三省宣布独立之后张作霖已同北京政府决裂，在地亩权收回一事上极为坚持，曾表示，此事件“原应由中央政府交涉，然于东三省治安，亦有绝大关系”。[①] 白俄分子对中东铁路的控制也严重侵害了奉系集团的利益，损害了张作霖在东北地区的统治权威。故此收回包括地亩权在内的一系列主权也符合奉系集团的利益。

第二，取缔中东铁路管理局地亩处，收回铁路附属地地亩权是奉系集团主导并极力推动的，从民族大义、国家主权角度来说是值得肯定的，但也应该看到，收回地亩权也是出于奉系集团自身的利益考量，在国家与集团的利益出现矛盾时，奉张还是以己为重。因此奉系集团的政策导向，特别是张作霖个人对待中东铁路问题的态度对整个事件的走向有着重要的影响。在第一次直奉战争中，奉军投入兵力计五师十余旅，死于枪弹炮火之下有 2 万余人，战伤及逃亡的有 1 万余人，被直军围截缴械的有 4 万余

① 《张作霖对中俄交涉的方针》，北京《晨报》1923 年 8 月 28 日第 3 版。

人，所剩残部有2万余人，[①]军费耗损约3000万元[②]。战争的筹备和战时的供给导致军费开支居高不下，东北地区的财政收入中很大一部分被军方占用。战争之后，东三省的财政状况被严重削弱，各省财库的大量资金已被军方拿走。在1922年之后，张作霖继续穷兵黩武，对奉军进行了彻底整编，改变军制、番号划一、扩充兵源，同时大规模地改善和更新军备，购置了大批武器弹药，还耗巨资订购飞机和战舰。奉系集团的扩兵备战进一步加重了财政负担，东北地区的财政资金几乎无以为继，这些问题迫使奉张寻找更多更稳定的资金来源以维系军费开销。此外，为了发展经济、推动东北地区的开发与发展，自1923年起，奉系集团开始实行新垦殖和移民计划，吸引更多劳动力来东北地区参与经济生产。按照计划，大批“移民”中的70%被派送到黑龙江省，大约20%—30%被派到吉林省。在派往黑、吉两省的“移民”中，有一半人或者通过占有土地发展农业，或者通过在合适的草原上养马及其他牲畜而建立了农村。另一半人进入了林业，或进入了矿场。据统计，1923年到东北参与垦殖的民工人数至少为47.29万人，其中的23.52万人留了下来。[③]这些在东北地区工作和定居的“新移民”需要奉系集团和当地政府为其提供大面积的土地建设居民区，其所从事的农业、林业、矿业等行业也需要奉系集团和当地政府提供更多的支持，以满足吸引更多“移民”的要求。中东铁路管理局地亩处所掌握的土地和所得地租，以及其辖下的农场、林场、矿场等，正是奉系集团所急需的，这也成为奉系集团坚持力主取缔地亩处、收回地亩权的重要原因之一。

虽然国家利益和奉系集团利益在收回地亩权上高度统一，但收回地亩权只是奉系集团的利益之一，在这一时期其目光主要还是局限于国内，主要矛盾是同直系集团争夺对中央政府的控制权。随着奉军的不断壮大，张作霖急于发动二次对直战争，一雪前耻，凭借武力插足中央，东三省上下

① 来夏新：《北洋军阀史》，南开大学出版社2000年版，第718页。

② 上海宏文图书馆编：《奉直战史》，转引自章伯峰主编《北洋军阀》（四），武汉出版社1990年版，第111页。转引自来夏新《北洋军阀史》，南开大学出版社2000年版，第718页。

③ 参见［美］薛龙《张作霖和王永江：北洋军阀时代的奉天政府》，中央编译出版社2012年版，第91-93页。

都要无条件优先服从这一战略目标。正因如此，导致奉张在整个“地亩处事件”中态度前紧后松，这也是该事件拖延了近两年才得以最终解决的原因之一。

从张作霖个人角度来说，纵观其一生，无论是对沙俄还是对苏维埃政权都抱有深深的敌意和仇视，这种观念也直接影响到了奉系集团乃至在其统治时期的北京政府对俄对苏的外交政策。张作霖早年生活在辽西农村，这里是中国近代受沙俄帝国主义蹂躏最为严重的地区，张作霖目睹了俄国人的所作所为，留下了深刻的印记。十月革命后，大批白俄难民涌入东北境内，生活困苦不堪，这种情况也让张作霖对新生的苏维埃政权产生了不好的印象，张作霖曾说过：“主义好？还能有俄国的进步吗？现在连面包都吃不上，饿死多少人。”① 在中东铁路问题上，张作霖始终坚持收回路权国人自治的信念，1921 年 12 月 5 日，在与美国哥伦比亚大学孟禄博士谈及国际共管中东铁路时，张作霖曾表示“凡食毛践土的中国人，没有一个人能赞成这个办法的，你想想中国人还能有赞成那么办的吗？”“我姓张的是极端反对，无论他是什么国家、怎样决定的，我张作霖是绝不听那套的，我就知道中东铁路是中国人的铁路，应当归中国人管理，我自有办法，总之我是决不放松的”。② 张作霖对于俄国、苏维埃政权以及中东铁路的看法和态度，在“地亩处事件”中也得到了体现。

第三，“地亩处事件”发生之时中苏谈判正酣，中东铁路是双方分歧最大的问题之一。苏联政府坚持对中东铁路的控制权，公开表示“即使俄国把中东铁路所有权交给中国人民，也不会取消俄国在这条铁路上的利益”。③ 但苏联政府也很清楚，中东铁路在奉张的势力范围之内，没有通过张作霖而达成的任何协议都形同废纸，“张作霖的军事实力不仅能保障条

---

① 王化一：《张作霖二三事（节录）》，《吉林文史资料选辑》第四辑，吉林人民出版社 1983 年版，第 105 页。

② 吴相湘：《孟禄博士与张作霖谈话记录》，转引自司马桑敦等《张老帅与张少帅》，传记文学出版社 1984 年版，第 104 页。

③ ［美］马士・亨利：《远东国际关系史》中文版下册，第 643 页。转引自马平安、楚双志《张作霖时期东北与苏俄关系述略》，《沈阳师范学院学报》1996 年第 1 期。

约的签订，也能保障条约的实施”。[①] 所以在与北京政府谈判的同时，苏联与张作霖也在进行秘密联系。在加拉罕写给契切林的信中，明确提出“我们需要张作霖不仅是为了实现‘最终目的’，而且还为了实现在中国和远东地区的近期任务”，“我们在莫斯科的决定是完全正确的：关于中东铁路的问题确应与张作霖一起解决”。[②] 在苏联看来，奉张方面也有同其建立联系解决中东铁路问题的意愿和需要，“在与我们没有友谊的情况下，张作霖—这是不稳定的平衡，他对明天始终缺乏信心。……他做梦都在想登上北京的王位。然而，只有通过与我们达成协定和平解决中东铁路问题，只有与我们建立起足够牢固的友谊的时候，他才会无后顾之忧地向南推进自己的整个部队进攻北京。”[③] 正是基于这样的判断，苏联政府一方面公开谴责奉系集团放任白卫军分子在中东铁路沿线活动，另一方面以卢布赔偿、不支持冯玉祥和不宣传赤化为条件，利诱张作霖尽快与苏联签署协定，从而将中东铁路收为己用。

苏联的这种政策也直接体现在其对“地亩处事件”的态度上。东省特别区正式宣布取缔中东铁路管理局地亩处之后不久，加拉罕即抵达哈尔滨，在其对中、日、苏三国记者的声明书中表示“若夫东省铁路，系以俄国资力所筑成，其于经济上为俄国、为中国、为满洲裨益匪少。故东省铁路问题必见圆满，信而不疑。该路问题，当由中俄两国解决，不许他国置喙。各国关于地亩租借权而干涉，殊属无谓。而公使团亦关于此问题，竟提出抗议，尤属可异”。[④] 而在其写给契切林的信中则称，“中国人还干了一件蠢事：急于解决关于中东铁路地亩处的问题，在没有与我们签订条约的情况下使用了武力。这个尝试引起了外国列强的坚决反击，他们就此问

① О.Артемьева,“*КВЖД И Мукденское соглашение: новые материалы*”, *Проблемы Дальнего Востока*,vol.1,2012, pp.124-145.

② “*Переписка И.В.Сталина и Г.В.Чичерина с полпредом СССР в Китае Л.М.Караханом*”, 1923-1926 гг. М., 2008.№1.

③ “*Переписка И.В.Сталина и Г.В.Чичерина с полпредом СССР в Китае Л.М.Караханом*”, 1923-1926 гг. М., 2008.№1.

④ 《苏联全权代表加拉罕在哈尔滨对中、日、苏三国记者的声明书》，上海《民国日报》1923年8月24日第6版。

题向中国政府提出抗议照会，通过他们在奉天和哈尔滨的公使给张作霖施加压力”。[①] 在《奉俄协定》签订之后，苏联虽然放弃了有损中国主权的特权，却继续控制铁路行政管理大权。[②] 接收了中东铁路之后，苏联对其他问题则不闻不问，不仅不肯兑现其之前对张作霖的承诺，在中东铁路事务方面也百般拖延，致使附属地地亩调查迟迟未能结束。对此张作霖十分不满，1924 年 11 月 19 日，张作霖在致朱庆澜的电文中严词指出，“东路地亩问题，协定第一条规定极为明晰，现在苏俄方面岂能复生异议？”“总之，苏俄于此事利用延宕，我方须用快刀斩乱麻手段应之。不但不可静待双方政府解决，以遂其延宕之谋；亦不可再沿袭地亩局旧案，自生纠葛。”[③] 苏联对于“地亩处事件”的态度以及在中东铁路管理方面的一系列举动，为日后奉苏之间的矛盾与冲突埋下了伏笔。

Brief Introduction to the Land Department of Chinese Eastern Railway

Teng Ren　　Luo Wenqi

Abstract: The land department of Chinese Eastern Railway was an important institution in charge of running the Railway Zone. It was main executive department of Tsarist Russia for its expansion and colonization of China's North-East. Its existence seriously injured China's sovereignty and territory integrity. In 1923, Fengtian Clique, one of The Republic of China's warlord, took control of the land department of CER and created Eastern

① *“Переписка И.В.Сталина и Г.В.Чичерина с полпредом СССР в Китае Л.М.Караханом”*, 1923-1926 гг. М., 2008.№1.

② 马蔚云：《中东铁路与黑龙江文化——中俄（苏）关系中的中东铁路问题》，黑龙江大学出版社 2010 年版，第 141 页。

③ 张伯英：《黑龙江志稿》卷三十七，黑龙江人民出版社 1992 年版，第 1624-1625 页。

Province Special District to administer CER Zone, de jure abolished the land department of CER. However Russian didn't want to give in. Some foreign governments, including USA, British, French and Japanese ones, made pressure to China for this also. Finally, after more than one year struggle, through diplomatic,military and political activities by Central government and Fentian Clique, CER zone was taken back by Fentian Clique, which was hold by Russian for more than 30 years. This struggle foreshadowed the future conflict between Fengtian Clique of the Republic of China's worlord and the Soviet Union.

Keywords: Chinese Eastern Railway; The Land Department; Zhang Zuolin; Relationship between Fentian Clique and USSR

沙俄—苏联向哈萨克斯坦的人口迁移活动：根源、过程及影响

唐　陆①

【摘要】19世纪30年代—20世纪60年代，超过817万名移民迁入哈萨克斯坦。从19世纪30年代开始，沙俄政府推动哥萨克和自由农民向哈萨克斯坦移民，通过增加斯拉夫人口充实边疆地区。在20世纪三四十年代，苏联通过强制方式将富农和国内少数民族迁入哈萨克斯坦，以实现全面改造哈萨克斯坦阶级、民族构成与社会经济的目的。在20世纪50年代，为摆脱粮食供应困境，苏联组织、动员大量人口迁入哈萨克斯坦，开垦"处女地"和"饥饿草原"。移民迁入哈萨克斯坦，极大地改变了哈萨克斯坦的经济生产方式和民族构成，一定程度上促进了俄国—苏联边疆地区的工业化和现代化。然而，移民活动对哈萨克斯坦也造成了严重的消极影响。人口迁入不仅造成生态环境被破坏，加剧哈萨克斯坦内部民族矛盾，还为独立后俄罗斯—哈萨克斯坦关系遗留了复杂的历史问题。总体而言，沙俄—苏联时期的人口迁移活动具有极强的政治、经济目的。移民成为沙俄—苏联重塑哈萨克斯坦，使其纳入帝国体系的战略性工具。

【关键词】移民；哈萨克斯坦；沙俄；苏联

① 唐陆，上海外国语大学上海全球治理与区域国别研究院博士后。

在哈萨克斯坦的历史进程中，移民问题占有重要地位。19 世纪 30 年代—20 世纪 60 年代，超过 817 万名移民迁入哈萨克斯坦，人数相当于哈萨克斯坦独立时人口总数的 1/2。随着档案不断开放，国内外学界对于移民问题的认识不断加深。然而，无论是西方学界、俄罗斯学界，还是哈萨克斯坦学界，都带有一定偏见，始终难以跳出自身的历史认知。中国学者对此问题的讨论刚刚开始，且大多从“特殊移民”角度切入，尚未全面、系统、深入地展开研究。① 现代哈萨克斯坦经济形态、民族构成、人口数量的形成，是俄苏时期移民活动的直接结果，客观地看待这一历史现象具有极为重要的意义。

沙俄和苏联时期向哈萨克斯坦迁移人口的过程，可以划分为三个阶段。第一阶段是沙俄时期。农奴制改革后土地紧张，沙俄政府通过向东部移民缓解社会内部压力，大规模移民既有利于增加斯拉夫人口以巩固边疆，又适应了俄国资本主义发展的市场开发进程。第二阶段是苏联斯大林时期。集体化运动开始后，苏联政府向哈萨克斯坦大规模强制迁移人口，既服务于国内重大政治运动，也实现全面改造和开发哈萨克斯坦经济社会的目的。第三阶段是苏联赫鲁晓夫时期。为开发“处女地”与“饥饿草原”，苏联政府动员大批党团员迁入中亚，既巩固边疆，也为解决粮食危机寻找

① 俄国和西方学者从政治和民族角度，考察斯大林时期向哈萨克斯坦强制移民现象，但简单地将移民问题归结为斯大林模式的政治产物。哈萨克斯坦学者出于民族国家建构的需要，产生了两种主要看法，一部分学者全盘否定，认为移民是沙俄—苏联的殖民工具；另一部分学者基本肯定，认为移民过程是哈萨克斯坦多民族国家形成的过程，强调共同的历史记忆。参见 Бугай Н.Ф. Л. Берия-И. Сталину: Согласно Вашему указанию… М.: АИРО-XX, 1995; Земсков В.Н. Спецпоселенцы в СССР 1930–1960. М.: Наука, 2005; Полян П. Не по своей воле: История и география принудительных миграций в СССР. М.: Объединенное гуманитарное издательство, 2001; J. Otto Pohl, *Ethnic Cleansing in the USSR (1937–1949)*, London: Greenwood Press, 1999; T. Martin, *The Affirmative Action: Empire Nations and Nationalism in the Soviet Union 1923-1939*, Ithaca: Cornell University Press, 2017; Алексеенко Н.В., Ерофеева И.В., Масанов Н. Э. История Казахстанана народы и культура. Алматы: Дайк-Пресс, 2000; Атантаева Б.Ж., Камалджанова Т.А. Влияние миграции на формирование этнических диаспор Восточного Казахстана в 1937–2005 гг. Семей: Шакарима, 2014; 刘成《20 世纪 30 至 60 年代苏联中亚地区人口迁移研究》，硕士学位论文，西北师范大学，2020 年；师建军《苏联特殊移民问题研究》，博士学位论文，陕西师范大学，2008 年；左凤荣、刘显忠《从苏联到俄罗斯：民族区域自治问题研究》，社会科学文献出版社 2015 年版。

出路。

在本文看来，沙俄—苏联时期的人口迁移活动具有极强的政治、经济目的。对于沙俄和苏联政府而言，有意识地推动自由人口或通过强制方式向哈萨克斯坦大规模移民，不仅仅是为了达到充实边疆的目的。配合农业垦荒、工业化和政治运动，移民成为沙俄和苏联政府改造哈萨克斯坦的重要手段，是将其纳入帝国体系的战略性工具。由于移民输入，哈萨克斯坦的经济生产方式从游牧转向农耕、从畜牧业向工业转变，传统哈萨克社会的政治和民族成份也发生了根本变化。然而，移民活动也带来了严重的消极影响。生态环境和哈萨克斯坦传统的生活方式遭到严重破坏，而强行迁移以改变民族构成的做法，不仅给哈萨克斯坦内部带来了潜在的民族冲突风险，还为独立后俄罗斯—哈萨克斯坦关系遗留了复杂的历史问题。

一　哈萨克斯坦移民问题的形成

从 19 世纪 30 年代开始，随着沙俄以筑城方式向哈萨克草原推进，哥萨克人率先在乌拉尔河下游和额尔齐斯河流域进行殖民活动。[①] 到 1897 年，乌拉尔斯克、西伯利亚和七河地区的三支哥萨克大军，人数达 25.13 万人。[②] 农奴制改革后，为缓解俄国西部地区土地紧张状况，沙俄政府有意识地推动自由农民向东部地区迁移，铁路建设和周期性自然灾害加剧了这一进程。1882 年，修筑西伯利亚铁路引发了第一次移民浪潮，沙俄政府通过在土地分配、税收、交通等方面给予的政策优待，推动人口向哈萨克斯坦北部迁移。[③]1891 年，俄国中部农业区普遍歉收引发了第二次大规模

① История Казахской ССР с древнейших времен до наших дней // Под ред. Дмитров И. Алматы: Фонд Болатхана Тайжан, 2011, С.425.

② Козыбаев М.К. Проблемы методологии, историографии и источниковедения истории Казахстана: избранные труды. Алматы: Ғылым, 2006, С.242.

③ 沙俄内务部西西伯利亚局《关于在吉尔吉斯草原定居俄族移民》的备忘录，1882 年 6 月 23 日，ЦГА РК (Центральный государственный архив Республики Казахстана), ф. 64, оп. 1, д. 3968, л. 1–3。

移民潮。到第一次世界大战爆发前，哈萨克斯坦的移民人数达 195.1 万人，占当时全哈萨克斯坦总人口的 42%，[①] 占有土地 1935.5 万公顷。[②]

沙俄政府通过人口迁移，在巩固、充实边疆的同时，开始初步改造哈萨克斯坦的经济形态，以实现将哈萨克斯坦转变为沙俄帝国有机组成的目的。到第一次世界大战前，哈萨克斯坦的农业播种面积达 420 万公顷，谷物年收成高达 1.5 亿普特，[③] 工业部门生产煤 9 万吨、石油 11.8 万吨、电能 130 万千瓦时。[④] 然而，移民大规模夺占土地引起了哈萨克斯坦本土居民的极大不满。除哥萨克和自由移民得到的土地外，沙俄政府以各种名义在哈萨克斯坦强占的土地多达 4 430.6 万公顷。[⑤] 由于土地紧张，19.85 万户哈萨克斯坦牧民被迫从事种植农业。[⑥] 本土居民和移民的关系极为紧张，双方为争夺水源或牧场经常发生激烈的冲突。

十月革命后，布尔什维克在哈萨克斯坦建立了“吉尔吉斯苏维埃社会主义自治共和国”（哈萨克）。新成立的哈萨克斯坦政府推行“去殖民化”与“本土化”方针，力图全面削弱移民的影响。在 1921—1922 年的土改运动中，超过 70 万名移民遭到驱逐，209 万公顷的移民土地被分配给哈萨克斯坦牧民。[⑦] 同时，哈萨克斯坦政府禁止接收新的移民。1926 年人口普

---

① G. Wheeler, *A Modern History of Soviet Central Asia*, London: Weidenfeld and Nicolson, 1964, p. 78; C. Laumulin, M. Laumulin, *The Kazakhs: Children of the Steppes*, Folkestone: BRILL Global, 2009, p. 17.

② Собрание сочинений: Рыскулов. Т 2 // Сост. Григорьев В.К. Алматы: Қазақстан, 1997. С.229.

③ Blaine R. Chiasson, *Administering the Colonizer: Manchuria`s Russians under Chinese Rule, 1918-29*, UBC Press, 2011, p.130.

④ История индустриализации Казахской ССР 1926-июнь 1941 гг. Т 2 // Под ред. Баишев С.Б. Алма-Ата: Наука, 1967, С.388.

⑤ История Казахской ССР. Т 3 // Под ред. Нусупбеков А.Н. Алма-Ата: Наука Казахской ССР, 1979, С.411.

⑥ История Казахской ССР. Т 4 // Под ред. Нусупбеков А.Н., С.249.

⑦ T. Martin, *The Affirmative Action: Empire Nations and Nationalism in the Soviet Union 1923-1939,* Cornell university Press, 2001, p. 62; Очерки экономической истории Казахской ССР 1860-1970 гг. // Под ред. Баишев С.Б. С.119; История Казахской ССР. Т 4. // Под ред. Нусупбеков А.Н., С. 286.

查显示，哈萨克斯坦619.64万人中俄族移民仅为127.5万人。[①]然而，新政策“不仅未能解决移民问题，反而激化了哈萨克斯坦内部的社会和民族矛盾”。[②]移民和哈萨克斯坦本土居民相互倾轧，民族矛盾日益激化。

1925年9月，菲·伊·戈洛晓金（Ф. И. Голощекин）出任联共（布）哈萨克斯坦边区委第一书记，决心全面改造哈萨克斯坦，使之摆脱“落后面貌”。在戈洛晓金看来，游牧是一种极为落后的经济生产方式，[③]因此他主张通过集体化运动实现游牧和半游牧区牧民的定居。[④]定居将产生大量空置土地，通过大规模移民，充实游牧地区土地，发展种植农业，实现哈萨克斯坦从游牧经济生产方式向谷物种植农业的转变。[⑤]同时，借助移民劳力和技术，开展全面的工业建设，将哈萨克斯坦建成苏联的“原料和工矿业大型储备基地”[⑥]。在戈洛晓金的计划中，移民占有重要地位。

戈洛晓金的方针得到了联共（布）中央的基本肯定。[⑦]在哈萨克斯坦苏维埃建设问题上，联共（布）中央有自己的考虑。整个20世纪20年代，苏联政府都在考虑如何利用苏联东部和北部地区的富庶资源，以及如何有计划地向较为安全的东部腹地转移工业。从1925年开始，苏联政府逐步

---

① Асылбеков М.Х., Галиев А.Б. Социально-демографические процессы в Казахстане (1917-1980 гг.). Алма-Ата: Гылым, 1991, С.47.

② 《七河省委书记巴里巴耶夫致俄共（布）中央的政治信》，1925年10月24日，РГАСПИ (Российский государственный архив социально-политической истории), ф. 17, оп. 67, д. 87, л. 34–36。

③ 戈洛晓金在联共（布）哈萨克斯坦边区五大《关于边区党委工作》的报告，Партийное строительство в Казакстане: Сборник речей и статей Ф. И. Голощекина (1925-1930 гг.) // Под ред. Рысков П.М. Алма-Ата: Гос. Изд. РСФСР, 1930. С.27。

④ 哈萨克人民委员会《关于在哈萨克斯坦划分游牧区、半游牧区和定居区》的决议，ЦГА РК, ф. 30, оп. 1, д. 813, л. 106–114。

⑤ 戈洛晓金在《苏维埃草原报》上《处在哈萨克斯坦社会主义重建前夕》的文章，Партийное строительство в Казакстане: Сборник речей и статей Ф. И. Голощекина (1925–1930 гг.) // Под ред. Рысков П.М. С.256–257。

⑥ Резолюции VI Всеказакской краевой партконференции. Кзыл-Орда: Издание Казкрайкома, 1928, С.9.

⑦ 戈洛晓金在联共（布）哈萨克斯坦边区六大上《关于边区党委工作》的报告，Партийное строительство в Казакстане: Сборник речей и статей Ф. И. Голощекина (1925–1930 гг.) // Под ред. Рысков П.М. С.151–157。

调整工业布局，在乌拉尔、西伯利亚和中亚建设新的工业区。[①]1927年联共（布）十五大又提出“以移民方法开发人口稀少地区新土地、实行国家工业化”，即在工业开发的同时，通过大规模开荒解决城市粮食供应紧张的难题。[②]在此基础上，苏联政府逐渐形成了通过移民开发苏联东部边疆地区的构想。然而，由于东部边疆地区自然条件恶劣且物质基础薄弱，维持长期或季节性劳动力量十分困难。

哈萨克斯坦自然资源丰富，满足了苏联政府通过移民开发东部地区的主要设想。当时开展的大规模勘探[③]表明，卡拉干达地区拥有煤炭储量180亿吨，[④]巴尔喀什和热兹卡兹甘分别储备优质浅层铜矿2600万吨和325万吨，[⑤]乌拉尔—恩巴油田的石油规模居世界前列。[⑥]哈萨克斯坦土地资源丰富，北部地区黑钙土和栗钙土广布，是苏联东部的主要谷物产区。[⑦]可用农业用地达2.22亿公顷，其中耕地面积为3190万公顷、牧场面积为1.82

---

① Вдовин А.И. СССР: История великой державы (1922-1991 гг.). М.: РГ-Пресс, 2018, С.85–86.

② Коммунистическая партия Советского Союза в резолюциях и решениях съездов, конференций и пленумов ЦК 1898–1986. Т 4. М: Издательство Политической Литературы, 1984, С.76.

③ 苏联重工业部哈萨克斯坦科研协会《关于二五计划期间勘探工作》的报告，1937年11月，История индустриализации Казахской ССР 1926-июнь 1941 гг. Т 2 // Под ред. Баишев С.Б. С.52。

④ 联共（布）哈萨克斯坦边区八大《关于哈萨克斯坦发展国民经济二五计划》的决议，1934年1月16日，там же. С.26。

⑤ 国家政治保卫总局特别处《关于特殊移民分布地区》的评估通报，1931年2月3日，ЦА ФСБ РФ (Центральный архив Федеральной Службы Безопасности Российской Федерации), ф. 2, оп. 9, д. 20, л. 194–196；苏联科学院致哈萨克斯坦分院科研委员会三次会议《关于阿尔泰—额尔齐斯河和热兹卡兹甘地区开发、综合研究问题》的大会报告，История индустриализации Казахской ССР 1926-июнь 1941 гг. Т 2 // Под ред. Баишев С.Б. С.41。

⑥ 苏联内务部劳改营管理总局副局长列比洛夫致贝利亚、克鲁格洛夫、车尔尼雪夫和科布洛夫《关于苏联内务部劳改总局工作》的报告，1940年3月，ГУЛАГ: Главное управление лагерей 1918-1960 // Сост. Кокурин А.И., Петров Н.В. М.: МФД, 2000. С.752。

⑦ S. Cameron, *The Hungry Steppe: Famine, Violence, and the Making of Soviet Kazakhstan,* Ithaca: Cornell University Press, 2018, p. 34.

亿公顷。[①] 然而，到 1928 年 3 月，开垦土地总计才 306 万公顷。[②]

1925—1927 年，戈洛晓金接连发动政治运动，将联共（布）哈萨克斯坦边区委内部反对移民政策的“民族和谐”分子和“阿拉什”知识分子尽数肃清。1927—1929 年，戈洛晓金又发动打击“巴依”分子的“没收”运动，基本摧毁了哈萨克斯坦社会内部反对改造方针的社会阻力。到 1929 年，哈萨克斯坦政府在苏维埃建设方针上与联共（布）中央实现了一致，为接收移民做好了政治准备。与此同时，1929 年苏联内部开始的“大转变”，客观上为大规模移民活动创造了政治条件，于是从 1930 年年初开启了真正大规模、有计划、有组织的移民活动。

1930 年 1 月，全盘集体化运动开始，联共（布）中央决定通过迁移富农的办法来消除农村地区集体化运动阻力，并构想以移民方式开发东部偏远地区。[③]1 月 30 日，联共（布）中央政治局作出《关于迁移被剥夺财产的富农》的决议，并授权国家政治保卫总局向苏联北部和东部地区强制移民。1930 年，苏联政府将 38.83 万名富农迁往北部地区和乌拉尔，[④] 投入林木企业生产木料，[⑤] 以满足木材出口需要，或供应乌拉尔地区的新建木炭炼

---

① 赵常庆编著:《哈萨克斯坦》，社会科学文献出版社 2015 年版，第 2 和第 93 页。

② 联共（布）哈萨克斯坦边区委《关于共和国社会经济与政治状况》的概述，1928 年 3 月，Трагедия казахского аула 1928-1934: Сборник документов. Т 1 // Отв сост. Зулкашева А. С. Алматы: Раритет, 2013. С.24。

③ 联共（布）莫斯科州委书记兼中央政治局集体化委员会富农分委员会主席鲍曼《关于全盘集体化地区集体农庄和富农问题》的决议建议草案，1929 年 12 月 14 日，РГАЭ (Российский Государственный архив экономики), ф. 7486, оп. 37, д. 40, л. 58-53。

④ 国家政治保卫总局《关于二类流放富农》的通报，1931 年 2 月 9 日，Политбюро и крестьянство: высылка, спецпоселение 1930-1940. К 2 // Отв. ред. Покровский Н.Н. М.: РОССПЭН, 2005. С.681。

⑤ 国家政治保卫总局行动队长普琴茨基《关于迁移二类富农工作总结》的报告，1930 年 5 月 6 日，История сталинского ГУЛАГа Конец 1920-х-первая половина 1950-х годов. Т 5 // Отв ред. Верт Н., Мироненко С.В. М.: РОССПЭН, 2004, С.107-124；国家政治保卫总局《关于从事林木开采流放人员数量》的通报，1931 年 2 月 14 日，Советская деревня глазами ВЧК-ОГПУ-НКВД 1918-1939: Документы и материалы. Т 3 К 1 // Под ред. Берелович А. и Данилов В. М.: РОССПЭН, 2003. С.620-621。

铁厂。[①]按照联共（布）中央1930年1月的计划，当年应当向哈萨克斯坦迁移富农2万—2.5万户，[②]然而，哈萨克斯坦因集体化运动陷入经济困境和内部暴乱，加之特殊移民组织工作严重不足，因此1930年的大规模移民计划“夭折”。

从1931年开始，为了在卡拉干达建立苏联第三大煤炭基地，[③]苏联政府重启向哈萨克斯坦的移民计划。[④]1931年，苏联政府从西部农业区向哈萨克斯坦迁移22.61万人。[⑤]1932—1933年，饥荒使哈萨克斯坦损失了175万—225万人。由于人口大幅减少，苏联领导人进一步意识到将哈萨克斯坦作为主要移民地的潜力。1933年年初，国家政治保卫总局提出向哈萨克斯坦移民100万人以实现大规模垦荒，[⑥]最终实际迁入22.5万人。[⑦]集体化时期被强制迁入哈萨克斯坦的移民接近50万人，主要为乌克兰、俄罗斯西部和北高加索地区的斯拉夫裔农业人口。

1933—1934年，苏联政府全面调整国内政策，国内政治形势缓和，经济形势有所好转。由于对富农的迁移基本结束，大规模强制移民活动暂时停止。然而，1934年12月的基洛夫事件使苏联国内政治再次转向。1937年7月30日，苏联内务人民委员部下达第00447号《关于镇压原富农、刑事犯和其他反苏分子行动》指示，“叶若夫恐怖”开始，并导致了

---

① 《苏联共产党和苏联政府经济问题决议汇编》（第2卷），人民出版社1987年版，第211-212页。

② 联共（布）中央政治局《关于迁移被剥夺富农》的决议，1930年1月30日，РГАСПИ, ф. 17, оп. 162, д. 8, л. 60-69。

③ Пятилетний план развития народного и культурно-социального строительства Казакской А.С.С.Р. (1928/29-1932/33 г.). Алма-Ата: Госплан Казакской А.С.С.Р., 1930. С.34.

④ 联共（布）中央政治局《关于特殊移民工作》的决议，1931年5月20日，РГАСПИ, ф. 17, оп. 162, д. 10, л. 46, 51-54。

⑤ 国家政治保卫总局政情机要处《关于哈萨克斯坦和中亚的特殊移民人数》的通报，1931年9月，ГАРФ (Государственный архив Российской Федерации), ф. 374, оп. 28, д. 4055, л. 41, 33. 文件中1931年哈萨克斯坦境内特殊移民人数为25.26万人，但其中2.75万人为哈萨克斯坦内部迁移人口，因此1931年度从哈萨克斯坦外部迁入特殊移民的修正值为22.61万人。

⑥ 雅戈达与贝尔曼致斯大林《关于特殊移民区组织工作》报告，1933年2月13日，АПРФ (Архив Президента Российской Федерации), ф. 3, оп. 30, д. 196, л. 127。

⑦ 苏联农业银行驻哈萨克斯坦监察主任博格拉特致银行管委会主席捷武明《关于为特殊移民区拨款》报告，1933年8月4日，РГАЭ, ф. 7480, оп. 2, д. 1, л. 41。

新一轮的移民活动。

1936年9月，苏联政府从乌克兰西部向北哈萨克斯坦州迁移了5.95万名波兰族和德意志族居民。[①]1937年9—10月，又将17.17万名朝鲜人从远东迁往中亚，其中安置在哈萨克斯坦的有9.52万人。[②]到1938年11月，“叶若夫恐怖”基本结束，移民活动再次停止。[③]不过，由于苏联在1939年9月占领波兰东部领土后开展了大规模苏维埃改造活动，部分波兰居民被迁移到中亚和西伯利亚。迁入哈萨克斯坦的波兰来源人口有9.32万人。1933—1941年，迁入哈萨克斯坦的移民人数约29.67万人，迫迁人口主要为苏联边境地区的少数民族。

20世纪30年代还存在自由移民的现象。1929—1936年，为躲避集体化运动，超过110万名自由农民从俄罗斯中部各州、乌拉尔、西伯利亚、乌克兰迁入哈萨克斯坦。[④]在哈萨克斯坦政府的组织和安置下，绝大部分移民在锡尔河专区、塞米巴拉金斯克专区、阿拉木图专区等边境地区生活，加入了当地的集体农庄。[⑤]另有部分移民参加木材开采劳动，被分配到阿拉木图专区、锡尔河专区和库斯塔奈专区的各林木采运站。[⑥]此外，1931—1940年，快速工业化导致哈萨克斯坦劳动力严重短缺。为了保证建设工人，同时训练哈萨克斯坦本土工人，苏联政府动员西部地区55.9万人

---

① 普林涅尔致雅戈达《关于从西乌克兰向北哈萨克斯坦迁移波兰和德意志人进程》的报告，1936年9月29日，ГАРФ, ф. 9479, оп. 1, д. 36, л. 19。

② 叶若夫致莫洛托夫《关于从远东向乌兹别克斯坦及哈萨克斯坦迁移朝鲜族工作完成》的报告，1937年10月29日，ГАРФ, ф. 5446, оп. 29, д. 48, л. 17-18。

③ 联共（布）中央政治局《关于逮捕、检察监督及介入调查》的决议，1938年11月17日，Политбюро и органы государственной безопасности: сборник документов // Под ред. Мозохин О.Б. М.: Кучково Поле, 2017. С.503-508。

④ ［俄］O.N. 布鲁西娜：《中亚的斯拉夫人》，高永久等译，民族出版社2006年版，第38页；丁笃本：《中亚通史：现代卷》，新疆人民出版社2007年版，第172页。

⑤ 联共（布）哈萨克斯坦边区委第一书记戈洛晓金致联共（布）中央政治局《关于西伯利亚自由移民》的报告，1930年10月5日，АПРФ, ф. 3, оп. 30, д. 194, л. 74-74 об。

⑥ 联共（布）哈萨克斯坦边区委常委会《关于确定全盘集体化区及在林木开采领域使用擅自逃亡富农流放人员》的会议纪要，1930年3月2日，АПРК (Архив Президента Республики Казахстана), ф. 141, оп. 1, д. 2969, л. 26-27。

口迁入哈萨克斯坦，其中大部分为城乡失业群众，[①]部分为工业援建人员。[②]总体而言，由于1932年12月引入了身份证制度，苏联居民自由迁移十分困难，[③]自由迁移者实际上也是国家动员和政策导向的间接结果。

苏联卫国战争爆发后，大规模移民活动重新开始。1941年秋冬，苏联西部地区的德意志族居民被举族迁往西伯利亚和中亚，其中安置在哈萨克斯坦的有39.01万人。[④]战争期间的移民活动实际上是一种人口疏散行为，通过行政强制手段向东部疏散人口，既避免西部人口落入德国之手，也向东部地区提供了必要的劳动力。[⑤]尽管1941年下半年苏联政府将1523家企业和1000万人疏散至东部地区，[⑥]其中撤退到哈萨克斯坦的企业为150家、职工为48.4万人[⑦]，但劳动力状况仍不足以应对战时生产。德意志移民迁入后迅速被征召入"劳动大军"，参与哈萨克斯坦的石油、煤炭和冶金工业生产。

1943—1945年，苏联政府又对北高加索、克里米亚和外高加索地区的诸民族展开了强制迁移，包括卡拉恰伊、车臣、印古什、巴尔卡尔、卡尔梅克、克里米亚鞑靼、伊朗、希腊、亚美尼亚、土耳其、库尔德和赫姆申12个民族，其中北高加索来源人口47.08万人[⑧]、克里米亚来源人口7500余

---

① Аманжол К., Еркин А. История Казахстана: учебник для высших учебных заведений. Костанай: Костанайский региональный институт исторических исследований, 2006, С.293.

② Ракашевич В.К. и др. Братское содружество союзных республик в развитии народного хозяйства СССР 1917-1971. М.: Мысль, 1973. С.175-176.

③ 联共（布）中央政治局《关于身份证制度及清除城市多余分子》的决议，1932年12月16日，ЦК РКП(б)-ВКП(б) И Национальный вопрос 1918-1945. К 1 // Сост. Гатагова Л.С., Кошклева Л.П. и др. С.699-701。

④ 哈萨克人民委员会疏散处副处长雅可夫列夫《关于抵达哈萨克斯坦各州疏散人员和德意志移民人数》的通报，1942年1月13日，ЦГА РК, ф. 1137, оп. 9, д. 141, л. 99。

⑤ R. Manley, *To the Tashkent Station: Evacuation and Survival in the Soviet Union at War*, Ithaca: Cornell University Press, 2009, p. 43.

⑥ ［苏］雷巴科夫斯基编：《苏联人口七十年》，郭丽群译，商务印书馆1994年版，第33页。

⑦ R. J. Carmack, *Kazakhstan in World War Ⅱ: Mobilization and Ethnicity in the Soviet Empire*, Lawrence: University Press of Kansas, 2019, p. 80.

⑧ 斯科沃尔索夫、波格丹诺夫致贝利亚《关于北高加索来源特殊移民在哈萨克斯坦分配、生活与劳动安置工作总结》的报告，1944年4月22日，Депортация ингушей и чеченцев: документальное досье 1941 г.-1945 г. // Сост. Яндиева М.Д. М.: Мемориал, 2014, С.198。

人[①]、格鲁吉亚来源人口2.85万人[②]。哈萨克斯坦政府制定了宏大的移民经济安置方案，计划为工农业各经济部门补充必要的劳动力。[③]然而，由于物质条件极为落后，且移民缺乏必要的种植业和工业生产技能，不仅经济开发计划难以实现，移民也付出了沉痛代价。仅3个月时间，移民死亡1.23万人。[④]

冷战爆发初期苏联国内的政治、经济形势总体较为紧张，这为迁移活动创造了政治条件。1945—1953年，被强制迁入哈萨克斯坦的移民类型包括：德意志遣返人员、乌克兰民族主义分子、弗拉索夫分子、社会寄生分子、对国家特别危险犯罪分子和外高加索来源移民，总人数超过12万人。移民主要被安置在卡拉干达州、江布尔州和南哈萨克斯坦州，开发当地的煤炭和黄金资源。实际上，随着卫国战争结束，向哈萨克斯坦大规模强制移民活动已经基本完成，冷战初期的移民活动仅是对此前移民体系的补充和完善。此外，冷战初期因军工建设、航天事业和核试验工程进入哈萨克斯坦的各类人员不少于15万人。[⑤]

1953年3月斯大林逝世后，强制迁移停止，但向哈萨克斯坦的移民活动并未停止。1954年1月，赫鲁晓夫在苏共中央全会上表示，苏联陷入了严重的粮食供应危机，而扩大谷物产量的办法是大规模开垦哈萨克斯坦和西西伯利亚的熟荒地。赫鲁晓夫提出，1954—1955年应扩大1300万公顷的播种面积。[⑥]为响应国家号召，10年间180万名苏共党员、共青团员和

---

① 波格丹诺夫致苏联内务部特殊移民处《关于克里米亚来源特殊移民》的报告，1944年9月1日，ГАРФ, ф. 9479, оп. 1, д. 174, л. 33。

② 贝利亚致斯大林、莫洛托夫、马林科夫《关于从格鲁吉亚边境地区迁移土耳其族、库尔德族和赫姆申族行动》的总结报告，1945年1月1日，ГАРФ, ф. 9401, оп. 2, д. 67, л. 399-400。

③ 哈萨克人民委员会致苏联内务部《关于在哈萨克斯坦分配车臣—印古什特殊移民计划》的报告，1943年12月22日，ГАРФ, ф. 9479, оп. 1, д. 182, л. 5-16。

④ 贝利亚致斯大林、莫洛托夫《关于北高加索特殊移民安置情况》的报告，1944年7月12日，Депортация ингушей и чеченцев: документальное досье 1941 г.-1945 г. // Сост. Яндиева М.Д. С.207。

⑤ Атантаева Б.Ж., Камалджанова Т.А. Влияние миграции на формирование этнических диаспор Восточного Казахстана в 1937-2005 гг. С.118.

⑥ 赫鲁晓夫在苏共中央全会上《关于解决粮食问题及开垦处女地、熟荒地》的报告，1954年1月22日，Хрестоматия по отечественной истории // Под ред. Киселева А.Ф., Щагина Э.М. М.: Гуманитарный издательский центр ВЛАДОС, 1996. С.42-43。

农技人员来到哈萨克斯坦。[①] 苏联政府对哈萨克斯坦的农业投入力度特别大，5 年内调入拖拉机 12.7 万辆、联合收割机 4.62 万台、汽车 2.96 万辆，新建国营农场 573 家。[②] 从 1960 年开始，苏联政府在锡尔河流域开展了另一场声势浩大的改造工程。苏联政府决定引锡尔河水，灌溉渺无人烟的饥饿草原和克孜勒库姆沙漠，希望使之成为取之不尽的棉花基地。为此，超过 60 万人迁入哈萨克斯坦南部。

到 20 世纪 60 年代初，向哈萨克斯坦的人口迁移活动基本结束。赫鲁晓夫时期，苏联政府全面为被强制迁移人员平反，并允许部分少数民族返回故乡。1989 年 11 月，苏联最高苏维埃主席团判定"整族强制迁移行为是严重犯罪，违反了基本法制和社会主义建设的人道本质"。[③] 同时，由于苏联西部地区经济发达、环境优越，从 20 世纪 70 年代开始，苏联人口出现了从东部向西部的反向移民潮。[④] 西伯利亚和中亚地区的年轻人，更愿意到西部发达地区寻找机会。不过，20 世纪 30—60 年代迁入哈萨克斯坦的人口，基本都留在了迁居地，直到 1991 年苏联解体。

二 沙俄—苏联向哈萨克斯坦移民的历史影响

从 19 世纪 30 年代到 20 世纪 60 年代，移民对于哈萨克斯坦人口的变化产生了重要影响，哈萨克斯坦 2/3 的人口增长主要源于移民输入，本土居民的自然增长十分有限。[⑤] 由于沙俄—苏联时期的移民活动，哈萨克斯

① ［俄］瓦列里·季什科夫：《苏联及其解体后的族性、民族主义及冲突：炽热的头脑》，姜德顺译，中央民族大学出版社 2009 年版，第 221 页。

② Очерки экономической истории Казахской ССР 1860-1970 гг. // Под ред. Баишев С.Б., С.270.

③ 苏联最高苏维埃主席团《关于承认强制民族迁移为非法镇压罪行及保障各族权利》的决议，1989 年 11 月 14 日，Принудительное переселение крымских татар: путь к реабилитации // Сост. Бугай Н.Ф. М.: Аквариус, 2005. С.204-205.

④《苏联共产党第二十六次代表大会主要文件汇编》，生活·读书·新知三联书店 1982 年版，第 72 页。

⑤ Атантаева Б.Ж., Камалджанова Т.А. Влияние миграции на формирование этнических диаспор Восточного Казахстана в 1937-2005 гг. С.66, 118.

坦的经济社会发生巨变。在移民活动影响下，哈萨克斯坦的生产方式和经济形态经历过了从游牧向种植农业和大工业的转变，民族构成由以哈萨克族为主体居民向多民族社会转变，新的哈萨克斯坦逐渐形成。

第一，移民活动改变了哈萨克斯坦的人口分布和民族构成，并在一定程度上导致民族关系紧张。数量巨大的移民迁入导致哈萨克斯坦人口过快增长。从 18 世纪末到第一次世界大战爆发，哈萨克斯坦人口从 200 多万人增长至 600 多万人。1926—1959 年，除了 1932—1933 年，哈萨克斯坦人口增速始终居全苏首位，从 607 万人增长至 930 万人。①

人口涌入改变了哈萨克斯坦原有的人口分布格局。从 16 世纪哈萨克汗国和中亚诸汗国形成开始，中亚地区逐渐形成“南密北疏”的人口分布格局。在气候和自然环境方面，由于南部比北部相对优越，卡拉库姆和巴尔喀什湖以南地区集中了 3/4 哈萨克斯坦人口。②然而，沙俄—苏联时期迁入的移民，主要集中在以卡拉干达、阿克莫林斯克和塞米巴拉金斯克为中心的北部和东北部地区。1926 年，哈萨克斯坦北部地区每平方千米平均人口仅有 1.62 人，而南部地区则超过 4 人。③然而，到 1977 年全苏人口普查，北部各州的人口密度和数量普遍超过了南部各州。④到 1991 年，哈萨克斯坦的 1679.3 万人大部分集中在北部地区。⑤在哈萨克斯坦北部的许多农村

① Всесоюзная перепись населения 1937 года Общие итоги: Сборник документов и материалов // Сост. Поляков Ю.А., Жиромская В.Б. М.: Наука, 1992. С.32; Центральное статистическое управление. Итоги Всесоюзной переписи населения 1959 года: Казахская ССР. М.: Госстатиздат, 1962, С.12.

② Козыбаев М.К. Проблемы методологии, историографии и источниковедения истории Казахстана: избранные труды, С.242.

③ Собрание сочинений: Рыскулов. Т 2 // Сост. Григорьев В.К. С.271.

④ 比如，每平方千米的人口数量，北部各州如下：东哈萨克斯坦州为 8.9 人、科克舍套州为 7.9 人、库斯塔奈州为 8.2 人、巴甫洛达尔州为 6.2 人、北哈萨克斯坦州为 12.6 人、切利诺格勒州为 12.9 人。相比之下，南部各州每平方千米的人口数量为：阿拉木图州为 16.3 人、江布尔州为 6.4 人、克孜勒奥尔达州为 2.4 人、塔尔迪库尔干州为 5.7 人。参见苏联部长会议中央统计局编《苏联国民经济六十年：纪念统计年鉴》，陆南泉等译，生活·读书·新知三联书店 1979 年版，第 45 页。

⑤ 其中阿克纠宾斯克州、东哈萨克斯坦州、北哈萨克斯坦州、古利耶夫州、卡拉干达州、科克舍套州、库斯塔奈州、巴甫洛达尔州、塞米巴拉金斯克州、切利诺格勒州等北部地区人口为 1030.8 万人，而阿拉木图州、江布尔州、克孜勒奥尔达州、塔尔迪库尔干州、奇姆肯特州等南部地区人口为 648.5 万人。参见 Госкомстат СССР. Народное хозяйство СССР в 1990 г.: Статистический ежегодник. М.: Финансы и статистика, 1991. С.67, 72.

地区，绝大多数居民是俄族、波兰族、德意志族移民，当地几乎没有土著居民。[①] 原本人迹罕至的卡拉干达州，成为哈萨克斯坦的人口大州，人口的2/3由移民构成。[②] 人口分布和密度的变化是有计划移民的结果。

移民大规模输入改变了哈萨克斯坦的民族构成，哈萨克族人口比重降低，与俄罗斯关系密切的斯拉夫裔人口占比迅速攀升。1830—1959年，哈萨克族在哈萨克斯坦的人口占比从96.4%降至30%。[③] 至此，斯拉夫族裔居民向哈萨克斯坦的迁移达到高峰，欧洲来源人口占据了明显的主导地位。在20世纪60—80年代，中亚地区出现人口高自然增长率，本土人口增长首次压倒移民人口增长。[④] 直到独立前夕，哈萨克斯坦人口中43.23%为斯拉夫裔来源，哈萨克族人口仍只占39.7%。[⑤] 此外，在20世纪三四十年代，苏联内部朝鲜族、德意志族、波兰族、希腊族、土耳其族、赫姆申族等55个少数民族遭到迁移，[⑥] 其中迁入哈萨克斯坦的民族超过40个。由于多民族人口的迁入，哈萨克族和斯拉夫裔以外民族构成多元化，当代哈萨克斯坦是由129个民族组成的多民族国家。[⑦]

移民迁入导致哈萨克斯坦民族分布呈现出“大杂居小聚居”的特点。在宏观层面，俄罗斯族、乌克兰族、波兰族、德意志族、白俄罗斯族集中在北部地区，哈萨克族、乌孜别克族、维吾尔族、朝鲜族多居住在南部地

---

① 科克舍套州国安局《关于为特殊移民发放区内移动许可》的报告，1951年8月28日，АПРК, ф. 708, оп. 15, д. 1628, л. 72–73。

② 卡拉干达州委书记格利戈尔耶夫致哈共（布）中央书记苏日科夫《关于卡拉干达州对哈共（布）中央1951年2月20日〈关于特殊移民工作〉决议执行情况》的报告，1952年5月5日，АПРК, ф. 708, оп. 16/2, д. 54, л. 183。

③ 苏联国家中央统计局《关于本土居民占各加盟共和国总人口比》的通报，1989年，Хрестоматия по отечественной истории // Под ред. Киселева А.Ф., Щагина Э. М. М.: Гуманитарный издательский центр ВЛАДОС, 1996. С.16–18。

④ ［苏］雷巴科夫斯基编：《苏联人口七十年》，郭丽群译，商务印书馆1994年版，第52页。

⑤ Госкомстат СССР. Народное хозяйство СССР в 1990 г.: Статистический ежегодник, С.81.

⑥ ［俄］В.В. 卢涅耶夫：《二十世纪的犯罪》，黄道秀等译，北京大学出版社2015年版，第297页。

⑦ Представители скольких национальностей проживают в Казахстане (01.05.2023), https://ru.sputnik.kz/20230501/predstaviteli-skolkikh-natsionalnostey-prozhivayut-v-kazakhstane-34428781.html?ysclid=lkxvokgbhl791640142.

区。在微观层面，由于各移民群体喜欢集中聚居，因此在各村、区中心和城市周边逐渐形成了某一民族占明显优势的社区。[①]然而，移民迁入期间形成的居民点，并没有促使各民族群体成员之间相互接近，反而导致了他们的疏远。[②]不同民族交错而居，各民族的传统习俗和生活规范相互影响，产生了一定的摩擦、冲突。

大多数欧洲来源的斯拉夫裔和德意志族移民带有优越感，抗拒融入哈萨克斯坦社会，轻视哈萨克斯坦本土干部、居民，认为他们知识水平低下。[③]不仅如此，伴随着移民输入，俄语和俄罗斯文化强势输入，俄语作为移民和本土居民之间普遍交流用语，自身重要性进一步提高。加之苏联时期长期推行大俄罗斯化的结果，独立前只有1/3的哈萨克族会讲一点哈萨克语。[④]同时，移民拥有较好的生产技术和经验，而安置移民又占用了哈萨克斯坦宝贵的工作岗位、住房、医疗和社会福利资源，引起了本土居民的不满。

上述因素导致哈萨克斯坦本土居民对移民活动产生了严重的质疑和不满，外来移民和本土居民的关系持续紧张。哈萨克斯坦本土干部和社会精英在围绕工作、住房和受教育机会等方面，有意向本土居民倾斜，又引起了移民的不满。在斯拉夫裔移民和哈萨克斯坦本土居民中，逐渐产生了两

① 沙俄时期和20世纪30年代迁入哈萨克斯坦的移民，大多建立独立的公社、移民村，加之语言相互不通，与周围牧营和本土村落的哈萨克族交往有限。从1940年迁入波兰移民开始，苏联政府不再按照独立建村的原则安置移民，而是将移民分散到已有的各个俄罗斯族或哈萨克族村庄。卫国战争期间及战争结束至1953年间和战后迁入的移民，完全是按照这种方式展开安置的。比如，在阿克莫林斯克州的阿克莫林斯克区、索尔坦特区、新切尔卡斯克区，大部分村庄里生活着2—3个或更多的民族。参见共青团中央指导员别尔米亚科夫致共青团中央书记卡纳宾《关于阿克莫林斯克州开展青年特殊移民工作》的通报，1950年，От депортации к интеграции: Документы и материалы (посвященные 60-летию депортации чеченцев и ингушей в Казахстан) // Под ред. Абдуев Н.С. и др. Алматы: Дәуір, 2004, C.177。

② ［俄］O. N. 布鲁西娜：《中亚的斯拉夫人》，高永久等译，民族出版社2006年版，第47页。

③ K. R. Jolluck, *Exile and Identity: Polish Women in the Soviet Union during World War* Ⅱ, Pittsburgh: University of Pittsburgh Press, 2002, p. 227.

④ ［俄］瓦列里·季什科夫：《苏联及其解体后的族性、民族主义及冲突：炽热的头脑》，姜德顺译，中央民族大学出版社2009年版，第168、179-180页。

种庇护制度，各自提拔本民族的干部，相互排斥，遵循独特的权力分配模式。① 在移民活动影响下，对移民和本土居民的族裔区分不仅加强了移民的身份认同，还激发了哈萨克斯坦本土民族意识。同时，移民输入造成本土居民在人数上相对弱势，进一步激发了哈萨克斯坦本土民族情绪。本土民族主义又引起移民的不满，强化了以俄罗斯族为代表的民族主义，于是形成了恶性循环。

哈萨克斯坦独立后，为建构国家认同，新政府开展了声势浩大的哈萨克民族运动，强化哈萨克民族的“主体性”。哈萨克语被以法律形式固定为国语，俄语受到一定限制。在经济和教育领域，政策进一步向哈萨克族倾斜。由于上述措施，1989—1995 年超过 130 万名移民选择离开哈萨克斯坦。② 然而，20 世纪 90 年代推行的大哈萨克政策激化了哈萨克斯坦社会内部的民族矛盾，加之独立之初向市场经济转型的阵痛，哈萨克斯坦社会内部压力巨大。

从 1997 年开始，哈萨克斯坦政府开始推行多民族国家建构的政策，强化国家认同。不过，民族“主体性”和民族“回归”政策的方针没有改变。由于移民离开和哈萨克人口回归，到 1999 年，哈萨克族人口占比增长至 53%，俄罗斯族人口比例降至 30%。③ 截至 2022 年年底，哈萨克族人口已接近总人口比重的 70%。④ 同时，由于哈萨克族人口要比其他族裔人口更加年轻，哈萨克斯坦正在经历快速的“哈萨克化”。⑤ 尽管移民的影响

① ［俄］鲁·格·皮霍亚：《苏联政权史》，徐锦栋等译，东方出版社 2006 年版，第 318-319、575-576 页。

② Barbara Kellner-Heinkele and Jacob M. Landau, *Language Politics in Contemporary Central Asia: National and Ethnic Identity and the Soviet Legacy*, London: I. B. Tauris & Co. Ltd, 2012, p. 46.

③ Атантаева Б.Ж., Камалджанова Т.А. Влияние миграции на формирование этнических диаспор Восточного Казахстана в 1937–2005 гг. С.69.

④ Опубликованы данные об этническом составе Казахстана (29 июня 2022), https://tengrinews.kz/kazakhstan_news/opublikovanyi-dannyie-ob-etnicheskom-sostave-kazahstana-472009/?ysclid=lkxvc2rst8199533577.

⑤ M. Laruelle (eds.), *Kazakhstan in the Making: Legitimacy, Symbols, and Social Changes*, Lanham: Lexington Books, 2018, p. 172.

正逐渐减弱，但上述现象恰恰说明了移民在哈萨克斯坦历史进程中的重要作用。

第二，移民活动促使哈萨克斯坦的经济生产方式发生根本变化，在一定程度上促进了哈萨克斯坦的工业化和现代化。20 世纪 30—50 年代的大规模移民活动是苏联改造哈萨克斯坦的重要经济举措。总体而言，俄罗斯族、乌克兰族、朝鲜族、德意志族、克里米亚鞑靼族、希腊族、亚美尼亚族等移民要比哈萨克斯坦本土居民拥有更高的教育水平和工作技术，苏联政府利用移民发掘东部未开发地区的经济潜力。[①] 由于移民输入，哈萨克斯坦的经济结构和生产方式发生剧变。

由于大规模开荒，哈萨克斯坦经济逐渐从游牧和半游牧向种植农业转变。沙俄时期的移民垦荒活动虽然对哈萨克斯坦的农业开发有一定积极作用，但总体效果有限。第一次世界大战爆发前，全哈萨克斯坦播种面积仅占全俄播种面积的 3.9%，收成约占 2%。[②] 真正大规模的农业垦荒活动，是苏联时期移民活动的结果。

1931 年、1933 年和 1936 年以阿克莫林斯克为中心，移民在卡拉干达—阿克莫林斯克一线创造了巨大的纵向垦荒带。苏联卫国战争期间迁入的德意志族和北高加索来源移民，在加强纵向垦荒带的同时，向东西拓展，开发额尔齐斯河和伊希姆河两岸的土地。到 1950 年，在哈萨克斯坦北部形成了横纵大型模垦荒带，横亘北哈萨克斯坦州、阿克莫林斯克州、科克舍套州、库斯塔奈州、巴甫洛达尔州、卡拉干达州。1926 年哈萨克斯坦的农业播种面积为 338.7 万公顷，[③] 到 1953 年扩大至 972 万公顷。1954 年“处女地运动”开始后，7 年间 2300 万公顷土地得到开垦。[④]

---

① J. Otto Pohl, *Ethnic Cleansing in the USSR* (1937-1949), London: Greenwood Press, 1999, pp. 137-138.

② Очерки экономической истории Казахской ССР 1860-1970 гг. // Под ред. Баишев С.Б. С.39.

③ 联共（布）哈萨克斯坦边区委《关于共和国社会经济与政治状况》的概述，1928 年 3 月，Трагедия казахского аула 1928-1934: Сборник документов. Т 1 // Отв сост. Зулкашева А.С. С.24。

④ 张保国：《苏联对中亚及哈萨克斯坦的开发》，新疆人民出版社 1989 年版，第 140-142 页。

由于大规模开荒，哈萨克斯坦的粮食产量大幅提高。1913年，哈萨克斯坦的粮食年产量仅为216.2万吨，[①]到20世纪70年代初粮食年产量达到2166.2万吨，[②]接近全苏联其他地区商品粮产量的一半。至此，哈萨克斯坦作为苏联的重要粮仓，成为主要的谷物和甜菜生产基地。到独立时，哈萨克斯坦成为苏联加盟共和国中第三大粮食产地，谷物年产量高达2850万吨，相当于乌克兰1/2、俄罗斯1/4。[③]苏联东部地区的两个主要粮食产区——哈萨克斯坦北部和西西伯利亚纳雷姆，其形成都是长期移民活动的结果。

同时，20世纪30年代初的集体化、定居化运动使哈萨克斯坦损失了90.8%的牲口，[④]加之移民和定居人口以种植农业为主，哈萨克斯坦彻底丧失了苏联畜牧业基地的地位。到1991年，哈萨克斯坦总计拥有980万头牲畜，仅为乌克兰的1/3、俄罗斯的1/6。[⑤]20世纪30年代的内部经济改造运动以及移民垦荒的影响，促使哈萨克斯坦实现了从游牧经济向农业—畜牧业的转变。这一变化不仅符合苏联计划经济体系的分工安排，也实现了苏联中央政府改造民族边疆地区的设想。

移民输入推动哈萨克斯坦工业化，哈萨克斯坦的经济结构逐步实现从农牧业向工业的转变。在苏联第一个五年计划前，哈萨克斯坦完全是畜牧业地区，畜牧业产值占其经济总产值的53%。[⑥]苏联第一个五年计划要求，

① 蒲开夫编译：《苏联中亚5个加盟共和国经济统计资料汇编（1913—1980）》（上册），新疆社会科学院中亚研究所资料情报室，1983年，第51页。

② 苏联部长会议中央统计局编：《苏联国民经济六十年：纪念统计年鉴》，陆南泉等译，生活·读书·新知三联书店1979年版，第299页。

③ Госкомстат СССР. Народное хозяйство СССР в 1990 г.: Статистический ежегодник, С.471.

④ 到1933年春，哈萨克斯坦的牲畜总数从4029.4万头减少到369.9万头，参见哈萨克斯坦国家政治保卫厅《关于哈萨克斯坦牲畜状况》的特别通报，1933年10月25日，ЦА ФСБ РФ, ф. 2, оп. 11, д. 1050, л. 53。

⑤ Госкомстат СССР. Народное хозяйство СССР в 1990 г.: Статистический ежегодник. С.498.

⑥ Очерки экономической истории Казахской ССР 1860-1970 гг. // Под ред. Баишев С.Б., С.143.

“保证哈萨克斯坦从农业区向工农业区转变迈出重大一步”。[①] 为此，20 世纪 30 年代苏联政府为哈萨克斯坦经济发展总计投入 56.6 亿卢布，[②] 重点开发卡拉干达煤田、利德尔有色金属工业、巴尔喀什铜矿，并大规模开展铁路建设。移民工业开发是苏联的重要方针，诸如卡拉干达煤炭联合公司、阿尔泰有色金属联合公司、巴尔喀什冶铜建管局等大型企业的工人，50% 是强制移民。1928—1940 年，苏联政府在哈萨克斯坦总计建设大型工业企业 860 余家，[③] 哈萨克斯坦的煤炭、石油、电能年产量分别扩大 188.4 倍、2.78 倍和 84.2 倍。[④] 到苏联卫国战争爆发前夕，哈萨克斯坦初步实现了工业化。

在苏联卫国战争期间，由于超过 120 万名强制移民、50 万名疏散人员和 150 余家疏散企业输入，哈萨克斯坦经历了第二次工业化。39 万名德意志移民迁入哈萨克斯坦后，迅速被征召入“劳动大军”，按“准军事化”的生产队、大队、支队组织起来，成为战时苏联工业生产的重要力量。借助移民劳动力和技术，苏联政府在阿克纠宾斯克建立起全苏最大的铬铁合金厂，在古利耶夫兴建大型石油精炼厂，并使卡拉干达煤田成为战时苏联工业的煤炭供应心脏。战时哈萨克斯坦作为大后方，在苏联矿产产量中，哈萨克斯坦生产了 50% 的铜、86% 的铝、90% 的铅和 90% 的战略合金，[⑤] 向各条战线供应煤炭 3444.3 万吨。[⑥] 到 20 世纪 40 年代末，哈萨克斯坦的

---

① Пятилетний план развития народного и культурно-социального строительства Казакской А.С.С.Р. (1928/29-1932/33 г.), С.25-26.

② История индустриализации Казахской ССР 1926-июнь 1941 гг. Т 2 // Под ред. Баишев С.Б. С.227.

③ Найзагарин Т. Сотрудничество Казахстана с братскими республиками в условиях развитого социализма. Алма-Ата: «Казахстан», 1977, С.18.

④ История индустриализации Казахской ССР 1926-июнь 1941 гг. Т 2 // Под ред. Баишев С.Б. С.388.

⑤ Козыбаев М.К.. История и современность. Алма-Ата: Гылым, 1991. С.60; 克鲁格洛夫致斯大林、莫洛托夫、贝利亚、马林科夫《关于内务部 1945 年度建设投资及工业品生产情况》的报告，1946 年 1 月 12 日，ГАРФ, ф. 9401, оп. 2, д. 134, л. 245。

⑥ 哈共（布）中央《关于卫国战争期间共和国煤炭工业工作总结》的通报，1945 年 6 月 15 日，Казахстан в период великой отечественной войны советского союза 1941-1945: сборник документов и материалов в двух томах Т 2. // Под ред. Габдуллин М. Алма-Ата: Центральный государственный архив казахской ССР, 1967. С.99。

工业规模位居苏联加盟共和国第三位，工业化和城市化发展迅速。

通过移民促进哈萨克斯坦工业化的政策在斯大林逝世后并没有停止。卫国战争结束至20世纪50年代末通过强制方式，以及因军工建设、核试验输入哈萨克斯坦的移民，人数超过30万人。20世纪六七十年代，苏联政府又动员大批专家、医生、教师和技术工人赴哈萨克斯坦援建。同时，卫国战争以后哈萨克斯坦成为苏联工业投资的重点地区，平均每年投资额达到22亿卢布。① 在叶尔缅套建立大型钢铁厂，埃基巴斯图兹作为苏联第二大型煤炭基地异军突起，卡拉干达发展成为中亚最大的综合工业体中心。经过长时期的发展，苏联政府在哈萨克斯坦建立起复杂的工业体系。到1991年，哈萨克斯坦工业生产值达到247.64亿卢布，占苏联经济生产总值的49.25%。② 通过移民的工业开发，哈萨克斯坦成为一个大工业共和国。

伴随移民输入和工业化，哈萨克斯坦经历了快速城市化，移民保证了城市人口一半的增长。1928—1939年，哈萨克斯坦城市人口的机械增长超过180万人。③1939—1979年，哈萨克斯坦城市人口又增长了623.12万人，城市化率从27.7%扩大至53.9%。④ 比如，1926—1959年工业中心卡拉干达的人口从1.5万人扩大至39.7万人，其中超过2/3的人口为移民。⑤

为保障移民在哈萨克斯坦的生产、生活，苏联政府在城乡各移民聚居地区开展了大规模住房、城市和移民村建设，哈萨克斯坦的基础设施得到改善。为防治疫病和提供医疗保障，苏联政府为移民集中地区倾注了更多的医疗资源。移民区图书馆、电影馆、阅读角和学校的广泛建立，提高了

① 张保国：《苏联对中亚及哈萨克斯坦的开发》，新疆人民出版社1989年版，第134、138页。

② R. Pomfret, *Economies of Central Asia*, Princeton: Princeton University Press, 1995, p. 81.

③ Кайназаров Е.К., Кайназарова А.Е. История Казахстана с древнейших времен до наших дней: учебное пособие Алма-Ата: МВД РК, 1992. С.155.

④ Госкомстат СССР. Итоги Всесоюзной переписи населения 1979 года: статистический сборник Т 1. М.: Информационно-Издательский Центр (Госкомстат СССР), 1989. С.25-26.

⑤ S. A. Barnes, *Death and Redemption: The Gulag and the Shaping of Soviet Society*, Princeton: Princeton University Press, 2011, p. 195.

哈萨克斯坦民众的受教育和文化水平，但也进一步削弱了哈萨克斯坦传统文化的影响。仅在 20 世纪 30—50 年代，苏联政府在移民安置方面为哈萨克斯坦的投入不少于 12 亿卢布，建设住房 23 万栋、移民村 1300 多个、医疗卫生机构 530 多家、学校 600 多所，派遣管理干部和技术专业人员超过 4000 人。

必须指出，苏联时期的移民过程具有强制特点，移民本身付出了巨大代价。大量档案显示，移民活动中存在低效率、高代价的现象，安置工作时常停滞不前，移民生活陷入巨大困境。集体化时期迁入的移民，由于难以承受极端恶劣的自然和物质条件，超过 1/3 的移民死亡或逃亡。卫国战争期间迁入的少数民族则遭受了更大损失，仅 1944—1949 年就有 12.55 万人死亡。由于不能适应哈萨克斯坦的自然条件和经济生产方式，5 年间 10.1 万名北高加索移民失去了生命。①

第三，移民活动造成生态破坏，引起哈萨克斯坦本土民众的不满。伴随集体化和定居化改造运动，哈萨克斯坦的游牧人口转向定居，加之移民大量涌入，牧场变成耕地。为了发展经济，额尔齐斯河流域森林遭到砍伐，北部草原种上了小麦。由于人为农业活动，干旱的黑钙土、栗钙土受风沙侵蚀，植被进一步退化，破坏了土地肥力。②土壤质量下降，导致农业产量很不稳定。为了保证使用优质土地，苏联政府不断寻找和开垦新的熟荒地，这也是在哈萨克斯坦不断扩大开垦和播种面积的重要原因。

赫鲁晓夫时期进行的“处女地运动”，使哈萨克斯坦背上了更为沉重的生态负担。在 1954—1956 年运动初期，移民垦荒取得了巨大成效。到 1956 年，垦荒区的粮食产量超过 1953 年的 2 倍。然而，初期的高产过后，粮食产量迅速降低。从 1960 年开始，连续发生大规模旱灾。干裂的土地在西伯利亚暴风的打击下，缺少防护的表层土壤被吹走，处女地约一半面

① 苏联内务部特殊移民处《关于哈萨克斯坦境内流放人员与特殊移民死亡数量》的通报，1949 年 7 月 1 日，ГАРФ, ф. 9479, оп. 1, д. 925, л. 137-138。

② L. Symons, J. C. Dewdney, D. J. M. Hooson, R. E. H. Mellor, W. W. Newey, *The Soviet Union: A Systematic Geography*, London: Hodder & Stoughton, 1990, pp. 67-68.

积变成了荒漠和沙尘暴区。到1964年赫鲁晓夫去职，哈萨克斯坦北部地区的谷物产量每公顷降至610千克。①

1937年迁入哈萨克斯坦的朝鲜族和外高加索来源移民，在哈萨克斯坦南部的锡尔河、卡拉塔尔河、楚河流域从事水稻和棉花种植。棉花和水稻等经济作物尤其依赖供水。到1950年年末，大规模灌溉的消极影响已经产生，楚河开始干涸，卡拉塔尔河因泥沙沉积而难以发挥作用。改造饥饿草原的宏大工程造成了更为严重的后果。尽管灌溉面积从290万公顷扩大至720万公顷，但过度强力引水灌溉导致锡尔河逐渐干涸，咸海水平面下降7米。② 苏联政府"人定胜天"式改变自然环境的尝试造成了消极影响。

哈萨克人被称为"草原之子"，极为珍视草原和游牧文化。20世纪30年代，尽管哈萨克族对于背离传统生活方式感到怀疑和不满，但还是积极融入了农耕和工业社会。③ 然而，哈萨克族并未忘记传统生活。直到20世纪50年代，即使已经住进了房子，不少哈萨克族还在庭院里搭帐篷。④ 许多集体农庄仍然保留着夏天放牧的传统。牧民在春天的时候迁移到附近的牧场，秋天再赶回牧群，重新开始季节性迁徙放牧。

苏联政府通过强力方式改变哈萨克斯坦环境的行为，引起了本土居民的质疑和不满，本土居民视移民垦荒为"灾祸"。20世纪三四十年代，哈萨克斯坦的干部不敢公开表达对强制垦荒的不满。斯大林逝世后，社会压力有所缓和。因此，当赫鲁晓夫宣布开展"处女地运动"后，哈萨克斯坦党政机关的主要负责人竭力反对。⑤ 然而，在1954年年初的哈共中央全会上，反对垦荒运动的哈共中央第一书记沙亚赫梅托夫（Ж. Ш. Шаяхметов）受到严厉批判并遭撤换。⑥ 为了实现对哈萨克斯坦的改造，苏联政府往往

① [美]沃尔特·G. 莫斯:《俄国史》，张冰译，海南出版社2008年版，第365页。

② B. Z. Rumer, *Soviet Central Asia: "A Tragic Experiment"*, Boston: Unwin Hyman, 1989, pp. 78, 82.

③ Bhavna Dave, *Kazakhstan: Ethnicity, Language and Power*, London: Routledge, 2007, p. 1.

④ R. Kindler, *Stalin's Nomads: Power and Famine in Kazakhstan*, Pittsburgh: University of Pittsburgh Press, 2018, p. 226.

⑤ Martha Brill Olcott, *The Kazakhs*, Pittsburgh: University of Pittsburgh Press, 2018, p. 226.

⑥ [俄]Ю. В. 叶梅利亚诺夫:《未经修改的档案：赫鲁晓夫传》，张俊翔、石国雄译，译林出版社2009年版，第393页。

采取不顾哈萨克斯坦政治、经济条件和民族心理的粗暴方式。这种做法不仅带来了不可估量的现实危害，还为此后哈萨克斯坦社会的可持续发展埋下了隐患。

苏联垦荒政策的实践表明，哈萨克斯坦付出了巨大的生态代价。事实上，哈萨克斯坦是否适合大规模垦荒，是一个值得商榷的问题。半荒漠和荒漠占哈萨克斯坦国土面积的60%，气候寒冷而干燥，降水严重不足。哈萨克斯坦北部地区年降水量不过250毫米，而沙漠和南部地区只有100—150毫米。[①] 自然灾害频繁发生，最为严重的是旱灾与极端大风天气。比如，1922年的大旱使哈萨克斯坦在革命后长期饱受饥荒困扰。1931—1932年的连续大旱是导致1933年年初大饥荒的重要原因。1943—1947年接连发生的旱灾直接导致这一时期粮食困难。20世纪60年代初的旱灾和风灾，使“处女地运动”受挫。

由于地力和气候条件限制，哈萨克斯坦的粮食产量低，且很不稳定。在灾害时期，北部很多地区颗粒无收。即使是平常年份，谷物收成也普遍低于苏联的平均水平。比如，1937年哈萨克斯坦每公顷谷物产量仅为560千克，而全苏平均每公顷谷物产量为750千克。[②] 随着农机技术和化肥普遍使用，20世纪50年代，谷物产量开始有所提高，1970年达到每公顷880千克，此后一直维持在900千克左右。[③] 在苏联农业部的统计中，全苏按平均每公顷粮食产量被划分为三类地区，而哈萨克斯坦始终在最后一类地区。[④] 苏联时期，哈萨克斯坦的谷物单产水平始终低于全苏联平均水平。

---

① 吉力力·阿不都外力等编译：《中亚环境概论》，气象出版社2015年版，第276页。

② A. Nove, *An Economic History of the USSR 1917-1991*, London: Penguin Books, 1992, p. 262.

③ 苏联部长会议中央统计局编：《苏联国民经济六十年：纪念统计年鉴》，陆南泉等译，生活·读书·新知三联书店1979年版，第294页。

④ 苏联国家计委国民经济中央统计局局长维尔梅尼切夫致斯大林《关于截至1937年7月15日谷物作物收成情况》的报告，1937年8月5日，Трагедия советской деревни: Коллективизация и раскулачивание: Документы и материалы 1927-1939. Т 5 К 1 // Под. ред. Данилов В., Маннинг Р., Виола Л. М.: РОССПЭН, 1999, С.290。

哈萨克斯坦之所以能成为苏联的重要粮仓，与播种面积巨大有直接关系。比如，1990 年哈萨克斯坦的农业播种面积高达 3518.2 万公顷，超过乌克兰，达到俄罗斯的 1/3。然而，单位产量过低。1990 年苏联农作物产量平均每公顷为 1990 千克，而哈萨克斯坦每公顷农作物产量仅为 1220 千克，居所有加盟共和国末位。[①] 因此，在哈萨克斯坦大规模移民开荒是否可行，仍是一个值得商榷的问题。沙俄和苏联时期的历史表明，俄国（苏联）政府为了按照自己的意愿改造哈萨克斯坦的经济形态，并没有充分考虑哈萨克斯坦的自然条件和承受限度。

第四，人口迁移为独立后俄罗斯和哈萨克斯坦关系遗留了复杂的历史问题。在沙俄—苏联时期，因自由迁移、强制迁移、工业援建、军工项目、逃荒等因素输入哈萨克斯坦的移民超过 800 万人，相当于哈萨克斯坦独立时总人口的 1/2。在通过移民开发哈萨克斯坦的过程中，苏联政府投入了巨大的资源和精力，在哈萨克斯坦形成了复杂的工业体系和智力网络。作为苏联主体部分的继承者，俄罗斯不会坐视多年的苦心经营化为泡影。

哈萨克斯坦独立后，将去俄化和在地化当作国家生存、发展的基本国策，这一方针未来不仅不会发生变化，还会进一步加强。特别是俄乌冲突爆发后，哈萨克斯坦表现出进一步摆脱俄罗斯的迹象，尝试加强经济、文化方面的独立和安全。[②] 同时，哈萨克斯坦独立后，由于推行了一系列“主体性”和“回归”政策，哈萨克族人口大幅增加，目前已接近其总人口比重的 70%。[③] 可以预料，以斯拉夫裔为代表的移民群体在哈萨克斯坦社会中的现实影响力将进一步下降。然而，移民问题作为历史和意识形态问题，承载了太多的政治、经济、文化和历史记忆，仍然牵动着哈萨克斯坦全体

---

① Госкомстат СССР. Народное хозяйство СССР в 1990 г.: Статистический ежегодник. С.470–471.

② Токаев призвал отказаться от названий с именами деятелей СССР в Казахстане (06.17.2023), https://rg.ru/2023/06/17/tokaev-prizval-otkazatsia-ot-nazvanij-s-imenami-deiatelej-sssr-v-kazahstane.html.

③ Опубликованы данные об этническом составе Казахстана (06.29.2022), https://tengrinews.kz/kazakhstan_news/opublikovanyi-dannyie-ob-etnicheskom-sostave-kazahstana-472009/?ysclid=lkxvc2rst8199533577.

社会的关切。

尽管哈萨克斯坦不否认沙俄和苏联时期通过移民活动对哈萨克斯坦的建设，承认没有苏联时期的大规模移民开发，就没有现代的哈萨克斯坦，但仍视移民活动为“殖民”。① 一方面，独立后哈萨克斯坦亟须完成国家认同建构，因此对移民活动的消极影响有所夸大；另一方面，由于移民活动不是按照哈萨克斯坦本土居民意愿进行的，同时通过移民活动促进哈萨克斯坦内部改造的做法具有浓厚的政治色彩，因此哈萨克斯坦社会在情感上不能认同和接纳移民。② 近些年俄罗斯和哈萨克斯坦两国学者就相关历史问题展开的论战，反映出两国社会在历史认知上的较大分歧。③ 关于移民问题的历史与现实，如果俄罗斯不能摆脱大国主义，而哈萨克斯坦又不愿合理引导内部的民族主义情绪，那么这两个主权国家的正常关系必然受到影响，并进一步破坏欧亚大陆的地缘稳定。

结　语

沙俄—苏联时期向哈萨克斯坦移民是俄国现代历史的一个缩影。移民政策具有较强的连续性，其目的是改变哈萨克斯坦社会的基本形态，使其在政治、经济、民族和文化上真正成为沙俄和苏维埃帝国的组成部分。移民活动客观上为哈萨克斯坦经济建设创造了机会和条件，很大程度上促进了当地的工业化和现代化，实际上是一种“特殊开发”政策。然而，沙俄和苏联政府推动的移民活动包含了太多的政治、经济因素。不充分考虑移民接受地的自然和社会条件，强行输入人口开发经济和改变民族结构的做法最终带来了严重的消极影响。同时，将移民当作实现政治、经济目标的工具，而非独立的个体，既使移民承受了巨大苦难，也在移民和迁入地居

① Козыбаев М.К. Казахстан на рубеже веков: размышления и поиски. Т 1. Алматы: Ғылым, 2000. С.290.

② ［哈］努·纳扎尔巴耶夫：《前进中的哈萨克斯坦》，哈衣霞译，民族出版社 2000 年版，第 14-15 页。

③ 侯艾君：《互动与张力：中亚史学与俄罗斯史学》，《史学理论研究》2022 年第 4 期。

民之间竖起了藩篱。沙俄—苏联时期的移民活动使现代哈萨克斯坦的经济形态和民族构成加以形成，使新哈萨克斯坦得以产生。这迫使哈萨克斯坦必须走出一条自己的发展道路，在主权国家条件下重建社会的政治、经济和族群平衡。尽管移民的现实影响正在消退，但沙俄—苏联时期的移民活动在哈萨克斯坦这个国家打下的深刻烙印难以抹去。

Population Migration from Russia to Kazakhstan during the Tsarist Russia Soviet Union Period: Origins, Processes, and Impacts

Tang Lu

Abstract: Between the 1830s and 1960s, more than 8.17 million people migrated to Kazakhstan. Beginning in the 1830s, the Tsarist administration instigated the migration of Cossacks and liberated peasants to Kazakhstan, intending to strengthen the frontier territories by enhancing the Slavic population. In the 1930s and 1940s, the Soviet Union forcefully relocated kulaks and domestic minorities into Kazakhstan. The intent was to trigger a comprehensive transformation of Kazakhstan's societal strata, ethnic composition, and socio-economic structure. As the 1950s unfolded, the Soviet Union, in response to a food supply predicament, orchestrated a mass migration into Kazakhstan, aiming to reclaim unexplored lands and the Hungry Steppe. These migration waves significantly altered Kazakhstan's economic structures and ethnic demographics, contributing to the industrialization and modernization of the tsarist Russia Soviet Union frontier regions. However, this migration also inflicted substantial negative impacts on Kazakhstan. The migration not only led to ecological degradation and heightened Kazakhstan's internal ethnic tensions, but also left a legacy of complex historical issues affecting the relationship between kussia and kazakhstan. Broadly, the population movements during the tsarist Russia Soviet period were motivated by substantial political and economic considerations. Consequently, migration evolved into a strategic tool for the tsarist Russia Soviet government to restructure Kazakhstan and incorporate it within the imperial framework.

Keywords: Migration; Kazakhstan; Tsarist Russia ; Soviet Union